LA FIN D'UN EMPIRE FRANÇAIS AUX INDES

SOUS LOUIS XV

LALLY-TOLLENDAL

DU MÊME AUTEUR, A LA MÊME LIBRAIRIE :

Un essai d'empire français dans l'Inde au dix-huitième siècle : DUPLEIX, d'après sa correspondance inédite. Ouvrage accompagné de cartes. Un beau volume in-8° carré............ 7 fr. 50

PARIS, TYPOGRAPHIE E. PLON, NOURRIT ET Cie, RUE GARANCIÈRE, 8.

LA FIN D'UN EMPIRE FRANÇAIS AUX INDES

SOUS LOUIS XV

LALLY-TOLLENDAL

D'APRÈS DES DOCUMENTS INÉDITS

PAR

TIBULLE HAMONT

OUVRAGE ACCOMPAGNÉ DE CARTES

PARIS

LIBRAIRIE PLON

E. PLON, NOURRIT ET Cie, IMPRIMEURS-ÉDITEURS

RUE GARANCIÈRE, 10

1887

AVANT-PROPOS

Même dans une époque où les biographies abondent, l'histoire de Lally-Tollendal vaut la peine d'être contée. Et pourquoi? Serait-ce parce que la vie de cet homme est un drame plein de ce qui transporte et émeut, sillonné de péripéties tragiques, de coups de foudre? Serait-ce parce que c'est un roman, avec le charme de mélancolie, de tristesse qui s'attache aux héros vaincus par la fatalité des situations? Il y a, en effet, de tout cela dans son histoire; mais là n'est point la raison qui m'a fait écrire ce livre. Cette histoire, ce n'est pas seulement l'histoire d'un homme, c'est surtout l'histoire d'une période, d'un lambeau de nous-mêmes qui s'est déchiré lentement, dans un siècle où la fortune nous avait donné écrivains, philosophes, généraux, nous avait tout accordé, sauf un gouvernement.

Lally a été le principal acteur dans une grande entreprise dont l'Inde était le prix; il a été l'instrument inconscient d'une politique funeste, qui s'affirma comme la négation même des lois régissant la formation des empires européens en Asie, alors que ces lois, Dupleix venait de les découvrir par un effort de génie et de les appliquer avec une habileté et un succès merveilleux. Ce passé de gloire et de honte vaut la peine d'être analysé, aujourd'hui que la France semble animée du désir de réparer les défaillances du règne de Louis XV et de glaner un domaine dans ce que l'Angleterre nous a laissé à occuper sur le globe.

Dupleix et Lally-Tollendal sont deux entités contraires, et pourtant ils sont inséparables l'un de l'autre. Dupleix, c'est l'âme de la nation, c'est l'esprit de lumière; Lally, c'est le reflet de Versailles, c'est l'esprit de ténèbres. De leur opposition ressortent clairement les lois de formation coloniale; c'est à ce point de vue qu'il faut les étudier, et ce livre n'a point d'autre but.

Cet objectif donné, il fallait exposer et les secrets de la politique imposée à Lally et les secrets de son caractère; car on ne peut séparer l'une de l'autre, ou alors on ne s'explique plus ni l'action de l'homme ni l'action du ministère. Il n'y a pas d'histoire sans psychologie. Comment comprendre les faits, si on ne connaît profondément les caractères? L'un est le mobile de l'autre. C'était donc une nécessité de rechercher, pour asseoir le jugement, les documents que le gouvernement de Louis XV n'avait pas voulu divulguer, et ces documents, ils ne m'ont pas manqué.

Il y avait d'abord les mémoires où Lally-Tollendal raconte les péripéties des trois années de campagne dans l'Inde; puis les mémoires de Leyrit, le gouverneur de Pondichéry; les mémoires de Bussy, le commandant en second, le disciple et le représentant des idées de Dupleix; enfin, les mémoires pour l'instance en révision du procès par lequel Lally fut condamné à mort.

Ces différentes pièces, imprimées, mais devenues rares, sont intéressantes parce que, outre le témoignage des acteurs principaux, elles contiennent encore une foule de lettres intimes ou officielles. Mais elles ne suffisaient pourtant pas. Je me mis donc en quête de nouvelles informations, et tout d'abord j'allai à la Bibliothèque de l'Arsenal, compulser les papiers de d'Argenson, une mine inépuisable pour l'histoire du dix-huitième siècle. J'y trouvai des matériaux importants; je consultai la collection Ariel de la Bibliothèque nationale; puis, grâce à la bienveillance de M. Maury, le directeur des Archives nationales, à qui je veux adresser particulièrement l'expression de mes remercîments, je pus prendre connaissance des pièces du procès de Lally, conservées aux Archives nationales, lire les dépositions, les interrogatoires, les rapports, etc.

Je mis à contribution les archives du ministère des affaires étrangères, et non sans profit. Mais, cependant, ces sources si multiples d'informations étaient encore insuffisantes. Il me manquait des pièces essentielles, capitales : les instructions du cabinet de Versailles à Lally, les dénonciations contre Bussy adressées au ministre.

Ces pièces ne pouvaient être qu'aux archives du ministère de la marine. Après de longs mois de recherches, je finis par y découvrir ces instructions tant cherchées et une foule de lettres, de mémoires, de rapports secrets aux ministres, qui éclairaient d'une façon curieuse l'action de la France dans l'Inde. Dès lors, il me sembla possible de reconstituer le caractère de Lally et le drame où il fut mêlé.

Dans le cours de mes investigations, j'ai été particulièrement aidé et encouragé par MM. Girard de Rialle, directeur des archives du ministère des affaires étrangères; Guet, conservateur des archives des colonies au ministère de la marine; Lorédan Larchey, H. Martin, de la Bibliothèque de l'Arsenal; Lavalley, conservateur de la bibliothèque de Caen, et Baucher, de la bibliothèque de la Chambre des députés. Je prie chacun de mes obligeants confrères en recherches de vouloir bien trouver ici l'expression de ma très-profonde gratitude.

LA FIN D'UN EMPIRE FRANÇAIS AUX INDES

SOUS LOUIS XV

LALLY-TOLLENDAL

L'histoire coloniale de la France sous Louis XV, on peut la résumer ainsi : une épopée qui se termine par un désastre. L'épopée, c'est l'œuvre de la France; le désastre, c'est l'ouvrage du cabinet de Versailles.

La vitalité ne manque pas à la France du dix-huitième siècle. Elle a des idées et des hommes. A côté des philosophes et des écrivains, il y a des politiques et des généraux. Ce qui manque, c'est l'action d'un gouvernement pour rallier les forces éparses. Les classes officielles s'affaissent dans la décrépitude et l'impuissance!

De là la ruine des projets les mieux faits pour donner à la France gloire et force. Plélo, Montcalm, expressions caractéristiques du courage et de la clairvoyance de notre race ; Dupleix, incarnation la plus élevée du génie politique de cette dernière, sont tour à tour abandonnés de Versailles, qu'ils gênent. Qu'attendre autre chose d'un gouvernement qui n'a ni audace, ni énergie, ni volonté, ni persévérance; qui ne sait ni se tenir tranquille, ni agir; qui laisse porter les premiers coups à la Pologne, et, voyant le danger de la laisser tomber, après des menaces, se dérobe au moment décisif; qui oscille entre Frédéric et Marie-Thérèse, dont il ne sait qu'être le serviteur au lieu d'être l'allié?

La perte des établissements d'outre-mer est fatale, car le gouvernement n'a même pas l'idée que, pour fonder des colonies comme pour les conserver, il est nécessaire d'appliquer une politique mûrement étudiée, sûrement établie sur des bases solides, et dont l'esprit de suite est le pivot essentiel; il ne conçoit d'autre méthode que celle des expédients. Au fond, ces possessions lointaines lui pèsent; il les regarde comme une source d'embarras, de querelles fréquentes, et tout montre qu'il se sentira délivré d'un ennuyeux souci le jour où il ne les aura plus. Il fait tout pour étouffer l'esprit d'aventure; il pèse sur l'opinion pour lui inspirer la défiance devant tout projet d'agrandissement colonial, et il n'y réussit que trop bien. Pourtant, par une singulière contradiction, ces établissements méprisés, il les garde en tutelle avec un soin jaloux. Il a la rage de les régenter; il rogne quotidiennement et obstinément le peu de libertés que Richelieu et Colbert leur ont départies.

Le gouvernement veut rattacher étroitement les colonies aux différents services ministériels de la métropole. Il paralyse toute initiative des conseils coloniaux; son but, c'est de les réduire à rien, de leur enlever la décision et la connaissance des affaires locales pour les faire résoudre par un bureaucrate de Versailles; c'est donc l'ignorance qui administre et qui dirige.

Ce gouvernement, en vérité, c'est l'aveuglement érigé en système.

Quelques années après la chute de Dupleix et de ses projets, alors que le temps a fait son œuvre de modération et de justice, que le conquérant de l'Inde a exposé sa politique minutieusement et au grand jour, la fortune offre soudain à la cour le moyen de ressaisir la domination sur les peuples de la presqu'île hindoustanique. La guerre, celle qu'on appellera la guerre de Sept ans, s'allume entre la France et l'Angleterre. Une idée nette, une volonté ferme, un petit nombre de troupes, de l'argent, et le succès est certain; mais le cabinet de Versailles a les yeux fermés à la lumière. Il envoie bien une expédition commandée par Lally; mais ce n'est pas pour ramasser la couronne du Grand Mogol et la placer sur la tête du roi de France, c'est pour une affaire de boutique à protéger. Pour lui, il n'y a pas de question de l'Inde, il n'y a qu'une question de trafic. Sa seule ambition, c'est de favoriser les opérations de la Compagnie française, de lui assurer des gains par l'expulsion de la Société anglaise, sa rivale, et Lally, qui reflète les tergiversations et l'ignorance du ministère, n'applique que trop fidèlement les instructions de Versailles.

Toute différente fut l'action de l'Angleterre. Si, intellectuellement, elle ne montre pas à ce moment l'éclat et la puissance de sa voisine, dont les idées vont inonder le monde et l'agiter pour longtemps, politiquement elle est d'une supériorité incontestable. C'est une nation en travail pour la conquête d'un empire d'outre-mer, plus vaste que celui de Charles-Quint. Aux Indes, elle compte des serviteurs qui, inférieurs comme génie à Dupleix, ne lui cèdent en rien pour l'énergie et la persévérance dans l'action, et qui, sûrs d'être soutenus, ne regardent jamais derrière eux.

L'Angleterre a les vertus politiques des peuples conquérants, le sang-froid, la constance, une fermeté d'âme, une patience inébranlable, une résolution à toute épreuve, l'abnégation, la ténacité, la volonté de ne s'arrêter que lorsqu'il n'y aura plus rien à faire; qualités aussi utiles à un peuple que le génie. Et pour la diriger dans ce mouvement d'expansion sur le monde, l'Angleterre a la fortune de rencontrer un grand ministre, un des grands parmi les grands politiques de tous les temps, William Pitt. C'est la ténacité incarnée dans une âme. Il envoie au Canada et aux Indes armée sur armée, flotte sur flotte, sans se lasser jamais, soutenu par la nation avec qui il est en communion d'idées. L'Angleterre est splendide dans sa constance et dans son énergie. Étourdie par les premiers coups de Dupleix, elle n'en lutte pas moins avec obstination, malgré ses échecs répétés. Si elle a été impuissante à concevoir ce système de politique vaste et sûr qui venait de permettre à Dupleix de subjuguer en trois ans cette agglomération de peuples bouddhistes et musulmans qui vivent entre le Gange et le cap Comorin, elle a assez de bon sens pour se l'assimiler et de force pour le mettre en pratique, et cela, au milieu des angoisses de la défaite. Si la conquête du Canada fut surtout l'œuvre de Pitt, l'Angleterre doit à elle seule la prise de possession de l'Inde; c'est le fruit de son énergie et de son admirable esprit de suite. L'attitude de l'Angleterre dans ce drame est un des plus beaux exemples de fermeté qu'un peuple puisse offrir; c'est surtout un enseignement pour les nations vaincues qui ont au cœur l'amertume des annexions et la volonté de réparer la défaite.

CHAPITRE PREMIER

JEUNESSE ET AVENTURES DE LALLY.

Naissance de Lally-Tollendal. — Son éducation d'émigré. — On lui inculque la haine contre la maison d'Orange. — Ses premiers grades. — Lally volontaire diplomate en Russie. — Sa négociation avec Biren. — Hésitations de Fleury. — Les *Mémoires* de Lally. — Lally en Flandre. — La charge de Fontenoy. — Lally propose un plan pour secourir l'entreprise de Charles-Édouard. — Lally en Écosse. — Ses aventures. — Le marquis d'Éguilles. — Lally à Berg-op-Zoom, au siége de Maëstricht. — Lally maréchal de camp.

Peu d'hommes ont fourni une carrière plus fertile en contrastes et en événements dramatiques que celle de Lally-Tollendal; peu de soldats ont parcouru plus brillamment les diverses étapes de la vie militaire; aucun général n'a eu une fin plus triste. De son vivant, si ses services lui valurent quelque estime, ses fautes soulevèrent le tourbillon de colères et de haines qui l'emporta sur l'échafaud. Son procès et sa mort furent le signal d'une réaction en sa faveur. Cette infortune attira la pitié. Il y a encore quelque chose d'obscur dans ce caractère; on le juge diversement et toujours avec passion. Il a, comme autrefois, ses partisans et ses détracteurs; pour les uns, Lally-Tollendal est un grand homme et un martyr; pour les autres, c'est un traître. On peut aujourd'hui, grâce à l'ouverture des archives des différents ministères, avoir la prétention de reconstituer la physionomie de Lally-Tollendal et d'établir un jugement sur ses actes.

Il était né à Romans, dans le Dauphiné, en 1702. Son père, sir Gérard Lally, était originaire d'Irlande, où il possédait de nombreux domaines; ardent partisan des Stuarts, il avait mis son épée au service de Jacques II. Lorsque les victoires de Guillaume III forcèrent Jacques à chercher un refuge en France, sir Gérard, proscrit lui aussi, suivit le monarque dépossédé. Le gentilhomme avait la bourse légère, mais il était riche en illusions, et avait, comme tous les émigrés, devant les yeux le mirage d'une revanche prochaine. L'exil, qui a pour compagnons habituels le chagrin et la misère, fut relativement clément pour sir Gérard. Plus heureux que la majorité de ses frères d'infortune, qui, pour gagner le pain quotidien, d'officiers devinrent soldats dans ces compagnies héroïques promptement décimées par le climat d'Espagne et les combats sur le Rhin [1], il obtint le commandement du régiment irlandais, dont son parent, le général Dillon, était propriétaire. Tout en se battant bravement pour sa nouvelle patrie, le colonel restait au fond un *Cavalier*, et, avec l'obstination du proscrit, espérait, attendait, confiant, le rétablissement des Stuarts; c'était là sa pensée de derrière la tête. Aussi, les « premiers sentiments qu'il versa dans le cœur de son fils [2] furent-ils ceux d'une fidélité inviolable

[1] *Histoire de Charles-Édouard*, par Amédée Pichot.

[2] Mémoire au conseil du Roi par Trophime Gérard, comte de Lally-Tollendal, dans l'instance en révocation de l'arrêt qui a condamné son père. MDCCLXXIX.

pour le sang de ses anciens maîtres et d'une haine éternelle pour les rebelles qui avaient banni ses souverains et l'avaient lui-même dépouillé. Il lui inspirait en même temps la reconnaissance et le zèle dus à la nouvelle patrie qui les avait adoptés, et au maître qu'ils servaient. » Ces enseignements de sectaire laissèrent dans l'âme de l'enfant une empreinte ineffaçable. Adolescent, ces souvenirs furent l'aliment de ses rêves; homme, ils servirent presque uniquement d'inspirateur à son attitude et à ses actes.

Lally-Tollendal reçut la forte instruction des gentilshommes de ce temps-là. On lui enseigna les langues mortes et vivantes, l'histoire et les sciences; on lui donnait en même temps l'éducation militaire, et surtout on s'efforçait de joindre la pratique à la théorie. Au moment où le bambin, âgé de huit ans, vient de recevoir sa commission de capitaine dans le régiment de Dillon, sir Gérard fait camper son fils près de lui, devant Gérone, « voulant lui faire sentir au moins la poudre pour gagner le premier grade ». Quatre ans plus tard, devant Barcelone, l'enfant capitaine monte sa première garde de tranchée, et cela comme « récréation de vacances », selon le mot du père, qui le renvoyait ensuite au collége pour perfectionner ses études. On fait des soldats avec un tel système. Aussi Lally-Tollendal, que le régent avait voulu nommer colonel à dix-huit ans, — ce projet échoua par suite de l'opposition inexpliquée de sir Gérard, — se signalait-il aux siéges de Kehl et de Philippsbourg par son courage et son aptitude dans le service. Lors de l'attaque des lignes de Dettingen, il faisait une charge furieuse pour arracher son père des mains de l'ennemi et le ramenait aux applaudissements de tous.

La paix faite, la vie de garnison lui pèse. Les conversations au bivouac avec les Irlandais émigrés du régiment de Dillon ont exalté l'ardeur de son jacobitisme. Il passe en Angleterre pour étudier *de visu* les forces du parti jacobite et conspirer au rétablissement des Stuarts. Il met dans cette entreprise le zèle, le feu d'un fanatique. Il reconnaît les points de débarquement, examine les marches à faire, les points stratégiques à prendre ou à occuper, caresse les mécontents, noue des rapports avec les principaux partisans des Stuarts, et rêve de susciter contre la maison d'Orange une révolution dans les trois royaumes et une coalition des États d'Europe.

Sa tête s'allume; il est pris d'une fièvre d'action; il n'a plus qu'une idée, passer à l'exécution de ses projets et soulever l'Europe contre l'Angleterre. La Russie est, croit-il, l'ennemie qu'on peut mettre le plus facilement aux prises avec la Grande-Bretagne. C'est à Pétersbourg qu'il ira donc; mais comme pour réussir il lui faut un point d'appui et qu'il ne peut espérer le trouver qu'en France, il court à Versailles, où l'attend le grade de capitaine de grenadiers, et, une fois à la cour, en vrai conspirateur, il dissimule et joue double jeu. Devant les indifférents ou ceux dont il se méfie, il prend l'attitude d'un croisé et crie bien haut qu'il va aller en Russie comme volontaire pour combattre les Turcs, aux côtés du maréchal Lascy, son parent. A Belle-Isle et à Chavigny, qu'il sait hostiles à l'Angleterre, il tient d'autres discours. Il constate la nécessité pour la France d'abaisser la puissance de la maison d'Orange, et montre que le moyen le plus pratique consiste à établir une alliance offensive et défensive entre le cabinet de Pétersbourg et celui de Versailles. Il réchauffe leur zèle dans des entrevues fréquentes, et les pousse à circonvenir le cardinal de Fleury. Il fait tant et si bien que ce dernier lui prête l'oreille. Au fond, le ministre, qui avait des vues, lui aussi, sur la Russie, n'était pas fâché de rencontrer un négociateur de la trempe de celui qui se présentait. « Vous vouliez, lui disait-il, faire une campagne en volontaire grenadier, vous la ferez en volontaire diplomate, et le Roi saura récompenser votre zèle. »

La mission pourtant était délicate, toute d'aventure, et offrait même quelque danger. Le jeune capitaine n'avait aucun titre officiel, pas même de passe-port. D'instructions du gouvernement, point. Il avait la double perspective d'être considéré par le cabinet russe comme un aventurier, comme un espion, et d'être désavoué par Versailles en cas d'insuccès. En le quittant, le secrétaire d'État Amelot lui avait jeté comme un seau d'eau froide ; sa dernière parole, c'était : « Souvenez-vous que l'on ne vous charge de rien ; ayez à vous comporter avec sagesse et discrétion. » En réalité, Fleury ne pensait pas à engager une négociation sérieuse par le canal de Lally ; ce qu'il cherchait en celui-ci, c'était un éclaireur, une sorte d'enfant perdu de la diplomatie, qui tâterait le terrain et le renseignerait sur la force du parti français dont le maréchal Munich était le chef et dont Biren, alors à l'apogée de la faveur, pouvait devenir le pivot. Lally ne voyait qu'à demi clair dans le jeu du ministre, qui l'avait ébloui par des phrases pompeuses et des réticences habiles; mais il avait le feu de la jeunesse, la foi, l'idée fixe; il croyait pouvoir forcer au besoin la main à la fortune; il partit enthousiaste et plein de confiance.

En débarquant à Riga, on l'arrêtait; sa détention dura deux mois, et il ne devait sa mise en liberté et le passe-port pour Pétersbourg qu'aux instances de l'amiral Gordon, l'agent de Charles-Édouard. Lally fut à la cour de Russie l'objet d'une vive curiosité. Un tel voyage était, pour un habitué des salons de Versailles, chose si insolite, et la captivité à Riga lui donnait un cachet si mystérieux qu'on soupçonnait un agent diplomatique sous l'uniforme de l'officier. Il avait donc à essuyer les questions, les offres de service du chancelier, le comte d'Ostermann, qu'il craignait en tant qu'Allemand, et il s'en tirait avec adresse, se servant même du ministre pour se faire présenter à Biren, qu'il croyait avec raison « moins rompu en matière politique et d'un crédit plus immédiat auprès de l'Impératrice [1] ». Ce favori, que l'amour d'une souveraine avait ramassé dans une cabane pour l'élever au trône de Courlande, n'offrait de l'ambition que les côtés vulgaires, avec l'avidité d'un reître et l'orgueil d'un paon; mais il gouvernait la Russie, et, pour Lally, c'était donc l'homme à séduire.

Le volontaire diplomate prit le ministre par la vanité. En parvenu qui veut paraître de pair avec les gens de vieille souche, aux premiers mots, Biren s'enflait et

[1] Archives des affaires étrangères, Moscovie, 1738.

faisait parade des sentiments d'estime qu'il avait pour le cardinal. Lally, le bon apôtre, laissait tomber dans la conversation que Son Éminence le duc de Fleury serait flatté, heureux même en se sachant ainsi apprécié par l'homme qui tenait dans ses mains les destinées de la Russie, et qu'il avait grande envie de l'en instruire. A ces mots, Lally vit la figure de Biren s'épanouir; il se leva aussitôt, prit congé et de cinq ou six jours ne reparut plus.

Cependant, Biren, agréablement chatouillé, sentait son impatience croître devant les lenteurs calculées de Lally, et bientôt, n'y tenant plus, lui envoyait son chambellan, — un Français, M. de la Serre, très-patriote et très-attaché à son maître, — pour lui proposer de se voir seul à seul et en secret, au cas qu'il eût quelque chose à lui dire. Lally, qui sentait combien le masque lui était favorable et qui au fond eût été très-embarrassé de le quitter, après avoir marqué son ressentiment du traitement qu'il avait essuyé à Riga, déclarait qu'il n'était chargé de rien, qu'il était un simple voyageur curieux de connaître une nation dont on n'avait presque pas l'idée en France, mais qu'il était trop heureux des sentiments professés par le duc en faveur du cardinal, pour ne pas prendre sur lui de l'en instruire. Biren répondait brusquement qu'aucune démarche ne lui causerait plus de plaisir, et qu'il fallait sur-le-champ et sous ses yeux écrire au cardinal pour lui marquer l'estime et la confiance qu'il avait en lui. Lally rédigea aussitôt la missive que Biren se chargea de faire parvenir [1].

[1] Archives des affaires étrangères, Moscovie, 1738.

D'autres entretiens suivirent, où Biren, faisant bon marché des difficultés pendantes entre le cabinet de Pétersbourg et celui de Versailles, montrait un désir croissant de s'aboucher avec Fleury, et, sans faire confidence de ses projets, laissait deviner toutefois qu'il en avait, et d'importants, car, déclarait-il, «j'ai des propositions à soumettre à Son Éminence; mon embarras, c'est de les faire arriver et de savoir comment le cardinal les accueillera. A-t-il confiance en moi? Je ne puis me servir du ministre de Russie en France; mais on pourrait peut-être s'en ouvrir de bouche à l'ambassadeur français à Pétersbourg. Nous terminerions en peu de temps une négociation qui ne peut que traîner par les voies ordinaires, si le cardinal et moi nous pouvions nous aboucher une bonne fois, car je puis tout en Russie et le cardinal peut tout en France [1]. »

Ces ouvertures si pressantes rendaient Lally heureux et l'embarrassaient en même temps, car si, d'une part, elles étaient comme la démonstration de sa perspicacité en lui fournissant la preuve que ce n'était pas une chimère de chercher à rapprocher la Russie et la France au détriment de l'Angleterre, de l'autre, elles le surprenaient sans qualité pour y répondre, sans mandat pour les éclaircir, sans autorité pour les faire préciser et leur donner un corps. Il était déjà depuis quatre mois en Russie, — il avait passé ce temps à étudier profondément l'organisation militaire et politique de ce pays, ses relations avec les divers cabinets, le caractère des ministres, le fond de l'âme et du cœur de Biren, — et

[1] Archives des affaires étrangères, Moscovie, 1738.

aucun encouragement ne lui venait de France. Pas un mot d'Amelot; Fleury n'avait point répondu à la lettre dictée par le duc de Courlande. Le moment critique était arrivé; les illusions du début étaient loin. Encore quelques jours et Lally passerait à Pétersbourg pour un espion ou pour un aventurier. Il jugea sa situation d'un coup d'œil, et lui, qui était entré en Russie « comme un lion, se crut trop heureux d'en sortir comme un renard[1] ».

Dans un entretien avec Biren, il lui expliqua alors la nécessité où il se trouvait de retourner promptement en France. « Il est douteux, lui dit-il, que le cardinal, dont après tout j'ignore les sentiments, me fasse réponse, et puis le billet que nous lui avons adressé est bien insignifiant. Par lettres, vous le savez aussi bien que moi, nous ne pouvons rien faire; restant ici, je serai impuissant. A Versailles, au contraire, j'aurai l'oreille du cardinal; dans une conversation, je puis tout dire. Je l'éclairerai donc bien mieux sur vos dispositions et sur leur importance. Il me faut donc partir, et tout de suite[2]. » Biren approuvait ce plan, et, avant de quitter Lally, lui parlait encore pendant une heure des griefs de la cour de Russie contre celle de France, en déclarant avec feu que son plus vif désir était de cimenter l'union de ces deux puissances.

Lally revint en France, sinon satisfait, du moins pas découragé de sa campagne diplomatique, qui lui coûtait dix mille livres. N'avait-il pas bien rempli son rôle

[1] Archives des affaires étrangères, Moscovie, 1738.
[2] *Ibid.*

d'éclaireur et posé les jalons d'une négociation future, n'ayant rien compromis, mais tout préparé? Il sentait pourtant un peu d'aigreur au souvenir de l'abandon de Fleury. « Il arrêta inopinément à l'audience le cardinal, qui lui dit d'un ton froid et sérieux : « Vous croyez que « nous pouvons aller aussi vite que vous, et vous n'atten- « dez pas même notre réponse ! — Monseigneur, répon- « dit Lally, un capitaine de grenadiers va droit au but. « Un gentilhomme qui, par zèle pour son Roi, court « un danger sans gloire, ne doit pas être laissé à la « merci d'étrangers encore à demi barbares. Je n'ai « pas reçu une ligne de vous ni de M. Amelot. Après « avoir obtenu par delà de ce que je pouvais espérer, « j'ai vu le moment où leur confiance allait se changer « en ressentiment. J'avais compté sur une volonté plus « ferme de votre part, sur plus d'égards et sur plus « d'appui. — Allons, répliqua le cardinal en souriant, « ne vous fâchez pas trop; la colère d'un capitaine de « grenadiers fait peur à un prêtre. J'aurai donc un « mémoire? — Vous en aurez deux. — Tant mieux; « je suis bien sûr que nous aurons à louer votre esprit « et votre zèle, si vous ne nous avez pas donné l'occa- « sion de célébrer votre patience. — Votre Éminence « jugera peut-être qu'il a fallu même de la patience « pour rassembler les éléments de ce travail [1]. »

La froide attitude du cardinal au début, son brusque retour surexcite Lally, qui sent que, s'il laisse échapper cette occasion de convaincre le ministre, c'en est fait de ses projets. Il écrit donc les deux rapports demandés,

[1] *Biographie universelle* (art. *Lally*).

et, dans cette œuvre de persuasion, ce jeune homme, qui en quatre mois a deviné la Russie, montre la lucidité de raison d'un politique et les ressources d'un vieux diplomate; il a des accents d'une éloquence entraînante dans sa précision et dans sa brièveté, et une habileté rare pour grouper les arguments qui peuvent frapper le ministre.

Cette ardeur, cette finesse, cette hauteur de vues, il les doit à la passion qui l'anime, la haine, la plus clairvoyante de toutes les facultés humaines. C'est parce qu'il exècre l'Angleterre et la complice de celle-ci, l'Allemagne, qu'il lui naît des idées si neuves et si politiques qu'elles offrent encore aujourd'hui le charme de la vérité et de l'actualité. Rien de plus intéressant que ces mémoires qui font si bien connaître la situation de la Russie, ses ressources et ses destinées.

« Je ne puis donner à Votre Éminence [1] », écrit-il à Fleury, « une idée plus simple et plus juste de la Russie qu'en la comparant à un enfant qui seroit resté longtemps au delà du terme ordinaire dans le sein de sa mère, y auroit pris croissance pendant plusieurs années, et, entrant enfin dans le monde, ouvriroit les yeux et verroit des objects faits à sa ressemblance, étendroit ses bras et ses jambes sans scavoir comment s'en servir et se sentiroit des forces sans scavoir à quoy les employer.

« Il n'est pas surprenant qu'une nation dans cet état se laisse conduire par les premiers hommes qu'elle aperçoit; les Allemands (si je dois donner ce nom à un assemblage de Danois, Prussiens, Holsteinois, Livo-

[1] Archives des affaires étrangères, Moscovie, 1738.

niens, Courlandois) ont été ces premiers hommes. Ils se sont servis des bras de cette nation et ils ont toujours dirigé ses mouvements. La cour de Vienne, attentive à ses intérêts, a su profiter de ce rapport de nations, et l'on peut dire qu'elle a gouverné celle de Russie depuis l'avénement de la princesse régnante au thrône. Elle luy a fourni des sujets pour les premières places dans le ministère et dans les troupes. Elle luy a fait faire la guerre et la paix suivant son gré, et c'est à ses insinuations que la Russie vient d'entreprendre cette dernière guerre contre le sentiment du duc de Courlande, alors comte de Biron [1], et du comte d'Ostermann et à la persuasion du comte Jagosinsky, séduit par la cour de Vienne, qui contoit (*sic*) profiter de la guerre entre le Turc et le Persan pour s'emparer de la Bosnie.

« La Russie feroit la guerre pendant vingt ans avec succès dans la Crimée et aux embouchures du Nieper, du Bog et du Niester qu'elle s'épuiseroit de plus en plus d'hommes et d'argent. Elle ne peut se rendre maîtresse de Caffa, n'ayant et ne pouvant y avoir de flotte, et quand elle auroit toute la Crimée, elle ne pourroit pas la conserver, en étant séparée par un désert de trois cents lieues infesté par deux cent mille Tartares. Elle ne peut porter ses vaisseaux à l'embouchure des deux fleuves qui se jettent dans la mer Noire, et il lui seroit beaucoup plus à charge que Gibraltar ne l'est aux Anglais. La seule conquête utile qu'elle puisse conserver est celle d'Azof, parce qu'il est contigu à ses États,

[1] On sait que Biren se vantait à tort de descendre de la famille française de Biron.

protége ses Cosaques, et la rend maîtresse du Don.

« L'armée du comte de Munich a plus souffert par la faim que par le fer dans cette dernière campagne (une guerre avec les Turcs). Aussi n'a-t-il pu la tenir longtemps (la campagne), ce qui sera aisé à comprendre quand on saura qu'une armée, opérant en ces pays, est obligée de porter avec elle des vivres pour six mois, qui sont ordinairement consommés au quatrième, joint au défaut des fourrages nécessaires à plus de trois mille bœufs ou chevaux de trait sans conter (*sic*) la cavalerie de l'armée.

« La Russie ne respire qu'après la paix, et c'est un proverbe familier à Pétersbourg que le comte d'Ostermann ne verra et ne marchera que quand elle sera faite ; ce ministre n'a point paru à la cour et n'est pas sorti de sa chambre depuis le commencement de cette guerre.

« Les cours de Vienne, de Hollande, d'Angleterre ont toujours travaillé à éloigner toute liaison entre celles de France et de Russie, en y répandant un esprit de méfiance et même d'aversion, dont il faut être témoin pour le croire. J'en ai senti les effets. C'était un discours public à Pétersbourg, cet hiver, — et rien n'ose s'y dire publiquement qui n'émane du ministère, — que la France employoit tout son crédit et même de l'argent à la Porte pour y faire une paix particulière pour l'Empereur, et laisser tout le poids de la guerre sur la Russie ; qu'elle cherchoit à faire agir la Suède, et que l'on scavoit fort bien l'objet de l'ambassade de M. de Saint-Séverin. La cour de Russie a même été si alarmée des incertitudes que l'Empereur sembloit marquer pour cette prochaine campagne que Sa Majesté l'Impératrice luy a fait déclarer qu'elle étoit en état de faire la guerre seule, mais que les conquêtes qu'elle feroit sur les Turcs dans les frontières de l'Empire luy resteroient. Je cite mon auteur, c'est le duc de Courlande. C'est ce qui a donné lieu à l'envoy du général Botta, qui a renouvelé à Sa Majesté l'Impératrice les assurances que son maître ne mettroit bas les armes qu'après avoir obtenu une paix glorieuse aux deux nations.

« Telle était la situation de la cour de Russie avant l'avénement du comte de Biron au duché de Courlande. Cette succession lui étoit déjà promise par le feu roy Auguste; il l'a méritée du fils en le mettant sur le thrône, et il ne s'en cache point. Il étoit de son intérêt de ménager la cour de Vienne pour ne pas être traversé; cet objet est rempli, et ses vues présentes sont faciles à découvrir.

« La czarine a exigé de ses sujets, à son avénement à la couronne, un serment par lequel ils s'obligeoient à reconnoître et à obéir à celuy ou à celle qu'elle nommeroit pour luy succéder. Les étrangers mêmes ont prêté ce serment à Pétersbourg et à Moscou. La princesse Anne, fille de la duchesse de Mecklebourg (*sic*), sœur aînée de la czarine, est la princesse désignée, quoique la chose ne soit pas déclarée. La cour de Vienne a proposé un mariage entre elle et le prince de Brunswick-Wolfenbutel, proche parent de l'Impératrice. On regardait la chose comme assurée, et la princesse même y témoignoit de l'inclination. Cette alliance mettoit entièrement la Russie sous les ailes de la cour de Vienne. Le comte de Biron n'osoit s'y opposer ouvertement; cependant il a scu en éloigner la conclusion.

2.

« Son fils est à présent prince héréditaire d'un duché contigu aux états de Russie, et on ne doute pas que les vues du père ne soyent de mettre la couronne dans sa famille et qu'il ne réussisse si la czarine vit encore quelques années. Si elle meure avant l'exécution du projet, il est de l'intérêt du duc (Biren) de se ménager une retraite sûre dans ses États et de la rendre meilleure en les affranchissant des dettes et des hypothèques dont ils sont chargés. Dans l'un et l'autre cas, la paix devient absolument nécessaire à son projet. L'armée est occupée; la Russie est épuisée d'argent par la guerre. L'Empereur n'est pas en état de luy en prêter...

« La persuasion dans laquelle est le duc de Courlande (Biren) que la France seule peut terminer cette guerre par l'influence qu'il lui suppose sur la Porte, l'a déterminé à s'ouvrir à moi sur l'envie qu'il a de traiter avec Votre Éminence...

« ...Les affaires de Russie se rapportent toutes à différents colléges. Les colléges ressortissent au Sénat; le Sénat au cabinet. Le cabinet ne s'assemble jamais sans que la czarine le préside. Le comte d'Ostermann et le prince Veaskoy (?) sont les membres qui le composent. Le dernier n'y est que pour la forme et ne se mêle que des petites affaires du pays. M. Bever, frère d'un capitaine au régiment de Saxe, en est secrétaire; c'est luy qui fait les expéditions à la tête de vingt commis, la plupart soldats. Toutes les affaires sont rapportées au duc (Biren); c'est par luy que la czarine voit; c'est par luy qu'elle entend; c'est par luy qu'elle parle. Ses ordres et ses décisions sont portés au comte d'Ostermann, et c'est à luy à trouver les expédients, à imaginer les moyens pour les faire réussir.

« L'objet de la cour de Russie est de jeter de la poudre aux yeux de toute l'Europe. Il n'est projet si extraordinaire qu'elle n'accepte. Tel est celuy de s'ouvrir un commerce par le Kamtchatka au Japon, celuy de faire de nouvelles découvertes en Amérique, celuy d'établir une communication entre le Don et le Volga. Je luy connois pour près de deux cent millions de projets sur lesquels elle a déjà avancé cent mille écus, car les projeteurs sont tous payés et entretenus. L'objet de la cour est rempli, et l'on dit en Europe : la Russie est riche, voyez les dépenses qu'elle entreprend.

« Il est difficile, pour ne pas dire impossible, de scavoir au juste la quantité d'espèces qu'il y a en Russie, parce que, dans un pays où il n'y a pas de propriété, le paysan et le seigneur sont également intéressés à cacher celles qu'ils ont à leur maître respectif, qui a le droit de les dépouiller. Aussi le paysan a soin d'enfouir son argent et le seigneur le fait passer dans les banques étrangères. On compte qu'il circule en Russie cent cinquante millions de notre monnoye.

« Je citerai à Votre Éminence un trait qui la mettra au courant de leur administration en matière de finance :

« Pierre Ier avait fait frapper pour dix millions d'espèces de cuivre en pièces de cinq sols, de sol, de demi-sol et de quart de sol. Les quarts de sol ont presque leur valeur intrinsèque, mais huit quarts de sol sont égaux en poids aux pièces de cinq sols. Les Polonais et les Lubecquois ont senti cette différence et ont fait frapper de ces pièces de cinq sols avec lesquelles ils font leurs emplettes en Russie et se font payer en rouble et en demy et quart de sol pour les marchandises qu'ils y portent. Ainsi voilà pour la Russie une perte de 150 pour 100. On s'en est aperçu il y a quatre ans et l'on comptait déjà en Russie pour vingt-cinq millions d'espèces de cuivre. Les Anglais et les Hollandais ont proposé des remèdes, on les a écoutés, on s'est méfié et l'on en est resté là. On vient de faire une nouvelle recherche de ces espèces, et on en trouve actuellement pour trente-cinq millions. Ainsi voilà vingt-cinq millions de cuivre entrés en Russie depuis Pierre Ier en échange de vingt-cinq millions d'argent sortis du pays, et la Russie se trouve actuellement en perte de quinze millions...

« ...La force principale de la Russie consiste dans quatre-vingt-dix mille hommes de bonnes troupes, qui font, depuis trente-huit ans, la guerre sans interruption. La cour néglige tout le reste, et donne son unique attention à l'entretien de cette armée...

« ...La France a payé depuis un temps immémorial des subsides aux cours du Nord, qui souvent n'ont pas répondu aux avantages qu'elle s'en promettait. La Suède donne à l'Europe, dans la conjoncture présente, une forte preuve de son impuissance, et je ne hasarde point en assurant Votre Éminence qu'il est au pouvoir de la Russie d'écraser la Suède en dix ans et sans tirer l'épée. La Russie est en effet en état de fournir abondamment du cuivre à toute l'Europe, et cela pour les deux tiers du prix auquel la Suède le fournit. Les offres en ont été faites à la Russie par des entrepreneurs, et il ne manque actuellement à la cour de Pétersbourg que les avances d'argent pour le travail. »

Lally passait ensuite à l'exposé des arguments qui militaient en faveur d'une alliance de la France avec la Russie, et il indiquait les moyens qu'on devait employer pour réussir. Rien de plus pratique que tout le plan d'action qu'il trace et qu'il propose au cardinal. Rien de plus clair que l'appréciation du rôle de Biren, l'axe de tout le projet. Qu'on en juge : « Si la czarine meurt aujourd'hui pour demain, écrivait-il à Fleury, le duc de Courlande ne tient à rien et se trouve à la veille de rentrer dans son premier état. Il a désobligé la Russie, et Dieu sait le parti que cette nation lui ferait; son duché serait un asile peu sûr pour lui... Il faut donc que le duc cherche l'appui d'une puissance considérable en Europe qui soutienne ses vues, soit pour mettre le trône de Russie dans sa famille, soit pour assurer à lui et aux siens la possession tranquille de ses États. Il ne peut rien entreprendre tant que la guerre durera; il sait que la France peut seule, quand elle le voudra, terminer cette guerre onéreuse (la guerre avec la Turquie), et je puis assurer Votre Éminence que si elle veut s'employer efficacement pour procurer la paix à la Russie en lui conservant la forteresse seule d'Azof, non-seulement le duc fera rejeter par sa maîtresse la médiation de l'Angleterre et de la Hollande, mais qu'il n'est point d'avantages dans le commerce qu'il ne fasse accorder à la France. »

Comme la médiation de la France lui paraissait être le pivot de la négociation à entamer et le gage de la future alliance qu'il rêvait, il y revenait encore dans les

[1] Archives des affaires étrangères, Moscovie, 1738.

mémoires adressés au cardinal. « Si la Russie fait la paix sans l'interposition des bons offices de la France, son éloignement pour celle-ci augmentera, et les liaisons avec l'Allemagne n'en deviendront que plus étroites. Si la France, au contraire, s'emploie efficacement pour la Russie, la Russie contractera une obligation envers la France, et ce sera un acheminement à des engagements plus forts entre les deux cours. »

Enfin, et prenant la question de plus haut, il traitait de l'intérêt mutuel des deux États à se lier étroitement. « Certaines puissances » (l'Angleterre et l'Allemagne), écrivait-il dans ces pages qui n'ont point vieilli, « ont trouvé leur intérêt à entretenir la mésintelligence entre Versailles et Saint-Pétersbourg. La Russie témoigne aujourd'hui le désir de former avec la France une union durable. La France doit-elle se prêter à ce désir ou s'y refuser? c'est là la question. L'union de deux monarchies, dont l'une commande au sud et l'autre au nord de l'Europe, semble devoir être avantageuse à toutes deux. L'éloignement que l'on suppose entre elles est une objection frivole, puisque la France est aussi éloignée de la Porte et de la Suède qu'elle l'est de la Russie, et cependant il n'est personne qui ne convienne des avantages que la France a retirés de son alliance avec ces deux puissances... La Russie peut, au travers de la Pologne, sans obstacle, transporter des troupes dans le cœur de la Silésie... On objectera peut-être que la Russie est épuisée d'argent; je conviens que la Russie a perdu beaucoup de son pouvoir depuis Pierre Ier, mais la Russie a encore 130,000 hommes de bonnes troupes et 60,000 barbares qui ont des bras pour piller et pour détruire, et des jambes pour échapper. Quant à l'argent, je répondrai : Qui est-ce qui a de l'argent? Après tout, si la Russie fait avec un sol ce que la France fait avec dix, n'est-elle pas aussi riche que la France, quoique la France ait dix fois plus d'argent qu'elle?... La cour de Russie a conçu de la méfiance pour l'Allemagne. Les vues de celui qui gouverne en Russie ne répondent pas à celles que le Saint-Empire s'est formées... La Russie veut établir sa marine et ne peut compter sur les secours de l'Angleterre, jalouse de la puissance maritime russe. Enfin, les Anglais ont conduit plusieurs années de suite leur flotte dans la Baltique pour détruire la flotte russe. La Russie a dissimulé son ressentiment; elle saisira l'espérance, même éloignée, de se venger. »

Il proposait en dernier lieu la conclusion d'un traité de commerce, qui aurait le triple avantage de faciliter les négociations pour une alliance offensive et défensive entre les deux cours, de ruiner le commerce anglais et hollandais avec la Russie, trafic très-important, puisqu'il employait six cents vaisseaux, d'enrichir enfin la France en lui permettant la vente et le transport direct de ses vins, de ses sucres, de ses soies, de ses étoffes.

« Le commerce des Anglais et des Hollandais, ajoutait-il, est un commerce de nécessité pour eux. La Russie ne craint pas de le perdre. Elle trouvera toujours de l'avantage à acheter de la première main à la France les marchandises de France que les Anglais et les Hollandais y portent et falsifient. La France fera sur les Anglais le profit que ceux-ci font. »

Trop intelligent pour ne pas apprécier la force des

raisons qui militaient en faveur d'une alliance russe, Fleury, à la lecture de ces dépêches, se sentit comme entraîné un moment; mais, routinier et timide au point de ne passer à l'action que lorsque le temps et l'habitude ne la rendaient plus effrayante, il recula aussitôt devant la hardiesse d'un projet qui consistait, après tout, à mettre le feu aux quatre coins de l'Europe. Sa raison lui conseillait d'accepter, son cœur n'osait pas, et les lenteurs naturelles à la vieillesse ajoutaient encore à son indécision, qu'entretenaient en outre les remontrances d'Amelot, franchement hostile à toute tentative d'union avec la Russie. Il fit donc comme les faibles, il louvoya, ne décourageant pas tout à fait Lally, lui demandant de nouveaux renseignements, l'écoutant parfois, le renvoyant le plus souvent à Amelot, le consolant même lorsque ce dernier lui montrait trop sa volonté de ne rien faire, mais ne cédant pas aux demandes répétées de Lally, qui voulait retourner en Russie, toujours sans caractère officiel, pour s'aboucher de nouveau avec Biren et l'amener à s'expliquer davantage. L'opinion du cardinal fut sans doute qu'il fallait laisser mûrir tout cela. Peu à peu, cependant, il montrait plus de chaleur pour le système proposé par le jeune capitaine, qui redoublait de zèle dans sa prédication. On pouvait prévoir le moment où le ministre allait autoriser une nouvelle mission de Lally auprès de Biren, lorsque la mort enleva le cardinal, entraînant avec lui les espérances du volontaire diplomate et la plus belle occasion qu'ait eue la France d'ébranler pour longtemps la puissance allemande.

Chagrin, Lally l'était; mais la guerre de 1741, — où,

par une singulière dérision, il allait voir ces Russes, dont il avait voulu faire nos alliés, tourner leurs armes contre nous, — fournissait un aliment à son activité. L'histoire de Lally-Tollendal, dans cette période de sa vie, c'est celle d'un soldat qui veut forcer la fortune et gagner ses grades avec l'épée. Il est donc partout où il y a des coups à donner, partout où il y a des occasions de se produire. Il fait la campagne de Flandre, celle de 1742, et il y déploie des talents de tacticien tels que le maréchal de Noailles le demande pour aide-major général. Très-apte à cette difficile fonction, le soir de Dettingen, au conseil de guerre, il émet un avis qu'on suit et qui aide au ralliement de l'armée. On le retrouve aux siéges de Menin, d'Ypres, de Furnes, loué pour ses services, sachant aussi les faire valoir, si bien qu'on crée pour lui un régiment qui portera son nom, qu'il organise et discipline en quatre mois.

C'est le moment où le destin lui accorde une grande joie. Il assiste à une défaite des Anglais à Fontenoy. Il contribue pour une part, petite il est vrai, au gain de la bataille, en reconnaissant d'abord un chemin par lequel l'armée française pouvait être tournée, et que le maréchal de Saxe se hâta de couvrir par des travaux de campagne, en conduisant enfin la charge de la brigade irlandaise contre le flanc de la fameuse colonne. Cette attaque décisive « avait été arrêtée au fort de la crise, dans un dialogue aussi vif et aussi prompt que l'éclair, entre Richelieu, courant de rang en rang, et Lally, impatient de ce que l'on ne mettait pas à profit le dévouement des troupes irlandaises ». Il enlevait les soldats par ces quelques mots, appel d'un proscrit à des proscrits : « Songez que ce n'est pas seulement contre les ennemis de la France, que c'est contre vos propres ennemis que vous allez combattre, et ne tirez pas un coup de fusil que vous n'ayez la pointe de vos baïonnettes sur leur ventre ». Un élan les mena au plus profond de la colonne.

De Fontenoy, Lally sort avec une auréole d'héroïsme un peu farouche, et un mot. Quand le Dauphin vient, sur le champ de bataille, annoncer d'avance les grâces du Roi à Lally blessé, ayant à ses côtés son lieutenant-colonel avec un coup de baïonnette dans l'œil, son major le genou percé d'une balle, Lally lui répond en les montrant : « Monseigneur, les grâces du Roi sont comme celles de l'Évangile, elles tombent sur les borgnes et sur les boiteux. » Quelques heures après, devant le front des troupes, Lally s'entendait proclamer brigadier et recevait sa nomination des mains du Roi; toutes les gazettes célébrèrent sa prouesse.

Il était encore dans l'ivresse de la gloire, qu'il cachait sous une attitude de modestie instinctivement inventée par son caractère, quand il apprit la descente en Écosse du prétendant Charles-Édouard. A cette nouvelle, toutes ses passions de proscrit se rallument; il est repris de cette fièvre d'action dont il avait déjà ressenti les atteintes au moment de son expédition en Russie; son imagination travaille sous l'aiguillon de ses haines. Il sent jaillir de son cerveau tout un plan d'opération contre son éternelle ennemie, mais il ne peut encore l'exposer aux ministres. La campagne n'est pas finie. Il lui faut, pendant un mois, ronger son frein. Il profite de cet espace de temps pour mûrir ses projets et les corriger. Sitôt libre, il court à Versailles et recommence ses pèlerinages d'autrefois auprès des puissants du jour. Comme il n'est plus le premier venu, comme sa charge de Fontenoy lui a valu de la renommée, et puis comme le ministère, tout en ne voulant rien faire, veut avoir l'air d'agir, on l'écoute. Sa proposition d'envoyer dix mille hommes au secours de Charles-Édouard semble pratique, les deux d'Argenson l'appuient. On nomme Richelieu général en chef de l'armée à opérer en Écosse, et on lui donne Lally, l'âme de l'entreprise, comme maréchal des logis. Lally met toute sa fougue au service de l'expédition projetée. « Il déploya », dit Voltaire, qui par ordre du gouvernement travaillait avec lui, « un zèle et une audace capables d'exécuter les plus hautes entreprises, un courage d'esprit opiniâtre et des mœurs douces que ses malheurs altérèrent par la suite. » Quand tout lui semble préparé et qu'il croit tout sûr, Lally prend les devants avec quelques pelotons de son régiment, et passe en Écosse, sans se douter qu'on ne ferait rien, que l'escadre rassemblée à Boulogne et à Calais serait bloquée par la flotte anglaise, et que l'armée réunie sur les côtes du détroit se disloquerait au souffle des vents contraires et des calculs timides et intéressés d'un gouvernement dont la règle de conduite était : « Faire le moins possible pour les Stuarts, afin de rendre leur chute moins grande, lorsque, à la paix, la France les abandonnerait [1]. »

Lally arrivait au moment où le Prétendant, forcé de compter avec la pusillanimité de Murray et de ses prin-

[1] D'Argenson, *Mémoires*, t. III, p. 71. Éd. Janet.

cipaux officiers, suspendait sa marche sur Londres et rentrait découragé, abattu, en Écosse. Lally eut beau parler des armements de la France, des dix mille hommes rassemblés sur nos côtes, il ne put rendre la confiance à Murray et aux autres qui, en entrant en Angleterre, avaient senti comme le vide autour d'eux. Force lui était de suivre la retraite, en désolé.

Au bout de quelques jours il voyait nettement que, cette agglomération d'hommes qui entourait Charles-Édouard, c'était une coalition de preux, mais point une armée. Elle avait le courage, l'élan, l'abnégation, la foi; il lui manquait l'ensemble, la solidité, et ce quelque chose d'artificiel, de mécanique même, qui est le produit de l'organisation patiente et forte, de la discipline et du temps. Splendides, héroïques dans toute action qui se déciderait par la furie d'une charge, les clans devaient se montrer détestables, quand il faudrait tenir en ligne et serrer les rangs sous le feu d'une artillerie bien servie. Lally en arrivait donc à cette conclusion obligée, qu'il fallait aux clans l'appui d'une troupe régulière, et, tout en ne doutant pas encore de l'arrivée des régiments français réunis à Dunkerque, il se disait qu'on devait en hâter l'envoi et le débarquement, si on ne voulait pas voir un beau jour quelque banal incident de guerre se transformer en un désastre. Il se rapprocha alors de l'agent officieux, ambassadeur en *masque*[1], que le gouvernement de Versailles avait placé près du Prétendant, Boyer, marquis d'Éguilles et de Tarade, dont l'aimable et énergique figure mériterait d'être étudiée

[1] Papiers et lettres de d'Éguilles, Arsenal, section des manuscrits.

à fond dans une monographie spéciale. D'une famille de robe, — son père était procureur général au parlement d'Aix, — il avait reçu une forte éducation, avait étudié en droit, et s'était fait recevoir avocat pour complaire au désir de son père, qui voulait lui laisser la survivance de sa charge; mais l'amour des aventures l'avait entraîné dans une carrière moins pacifique. Il était devenu chevalier de Malte et officier sur les galères de France.

D'Éguilles, qui avait, par sa mère, de ce sang héroïque des Forbin d'Oppède, est en vérité un type à la Plélo; c'est bien le frère moral de celui-ci. Il a les mêmes goûts artistiques et littéraires, les mêmes tristesses patriotiques, la même élévation dans les idées, le même besoin de voir la France grande et forte. Comme Plélo, c'est un lettré doublé d'un homme d'action, qui est prêt à donner sa vie pour racheter l'honneur de son gouvernement, et, s'il ne tombe pas frappé à mort sur les bruyères de l'Écosse, ce n'est pas faute de s'exposer aux balles. A toutes les batailles, il charge l'épée à la main, avec un sourire à la pensée de ses fonctions pseudo-diplomatiques. Il fut pris le soir de Culloden, resta treize mois en prison, et fut enfin délivré par un échange que le roi de Prusse voulut bien faire de lui avec des prisonniers autrichiens. Le ministère montra envers lui l'ingratitude la plus révoltante. On refusa même de lui rembourser ses avances. Bachaumont, son ami dévoué, le soutint de ses deniers personnels et n'épargna ni démarches, ni son crédit auprès des ministres pour faire rendre justice à l'infortuné marquis, qui serait tombé dans une gêne voisine du dénûment, si son père ne lui avait acheté, pendant la campagne d'Écosse, la charge de président à mortier au parlement d'Aix. Il y vécut en lettré et en philosophe, au milieu des lettres, des tableaux et des objets d'art qu'il rassemblait peu à peu.

Les dépêches que d'Éguilles adresse d'Écosse à Versailles sont des modèles de clairvoyance et de sagesse politique; il y rend tangible à tout esprit non prévenu la nécessité qu'il y a pour la France de soutenir l'entreprise du Prétendant. Il montre la fortune de l'Angleterre ébranlée au point qu'avec l'appui de dix mille soldats français Charles-Édouard est sûr de tout abattre devant lui, et il déclare en même temps ce secours indispensable, étant données les habitudes et l'organisation des clans. Il écrivait au ministre des affaires étrangères, le 3 novembre 1745, d'Édimbourg, ces mots prophétiques :

« ...Je me borneray à vous assurer de nouveau que l'armée est prête d'entrer en Angleterre au nombre de dix mille hommes au moins avec treize canons et des munitions. Mais malgré cela, Monseigneur, ils sont perdus, même en gagnant des batailles, si les Français ne débarquent point, car les troupes de ce païs-cy, accoutumées à se débander après une victoire, tout comme après une défaite, affaiblies d'ailleurs par les morts et les malades, ne pouvant pas être recrutées et mêlées d'Anglais, se trouveroient bientôt réduites à si peu de chose, que les seules troupes des trois places d'Angleterre et des quatre châteaux d'Écosse réunies suffiroient peut-être pour les détruire, n'en restât-il point d'autres à la cour de Londres, ce qui n'est pas vraisemblable, vu le nombre qu'elle en a et la facilité d'en faire encore venir par mer. »

Comme Plélo dans l'ambassade de Danemark, il est l'incarnation de l'intelligence du pays. Il signale les périls et les ressources, la ligne de conduite à tenir, il prédit les victoires et les défaites ; c'est un prophète qui lit dans l'avenir, mais c'est un prophète qui parle à des sourds.

L'accord entre Lally et d'Éguilles fut spontané ; il y avait chez les deux abandonnés mêmes craintes, mêmes inquiétudes. D'Éguilles se serait damné pour obtenir un secours. Lally en eût fait autant pour l'apporter. Il ne voyait pas un rival dans l'ambassadeur secret, et par conséquent l'orgueil qui devait le dévorer et le perdre quelques années plus tard ne le troublait pas. Enfin, leur rencontre fut si courte qu'ils n'eurent que le temps de s'unir. Ils s'entendirent donc pour une tentative suprême en faveur du Prétendant, sorte d'appel *in extremis* adressé à Versailles, que d'Éguilles devait faire comme agent politique, dans ses dépêches, et que Lally appuierait près des ministres de son autorité de témoin et de militaire. Et comme pour mieux cimenter leur union, la fortune leur permettait de combattre côte à côte dans cette journée de Falkirk, la dernière victoire du Prétendant.

Lally partit bientôt après. Il traversait l'Irlande, réchauffait le zèle des amis du prince Charles-Édouard, passait en Espagne pour y solliciter des secours, n'obtenait que des promesses et revenait en hâte à Londres avec l'espoir d'y fomenter quelque conspiration. Il y était à peine depuis trois jours que la police lui transmettait l'ordre de quitter immédiatement le royaume. Des messagers d'État le conduisirent à Portsmouth. Il s'évade au moment de l'embarquement et rentre à Londres. On le découvre. Sa tête est mise à prix.

Au moment où on vient l'arrêter, il s'échappe déguisé en matelot et gagne le bord de la mer. Des contrebandiers le rencontrent; ayant besoin d'un marin à leur bord, trompés par le costume, ils l'entraînent de force vers leur barque. Au bout de soixante pas, l'ami de Charles-Édouard entendit un de ces hommes proposer à ses camarades de chercher ce brigadier Lally, afin de gagner la somme promise par la proclamation à qui le livrerait. Après quelques hésitations, l'avis est rejeté, grâce à l'opposition de Lally lui-même, qui leur dit d'un air détaché qu'il y a mieux à faire et qu'il est préférable de débarquer clandestinement les marchandises du navire sur les côtes de France. « Je connais le rivage dans tous ses replis, assure-t-il, l'opération est facile et le gain sera énorme. » Il décide les contrebandiers à tenter l'aventure. Dans les eaux françaises, un garde-côte aperçoit la barque suspecte et lui donne la chasse. Lally est au gouvernail; il manœuvre pour se laisser accoster, et bientôt lui et les contrebandiers sont conduits dans les prisons de Boulogne, où il se fait reconnaître et délivrer par le marquis d'Avaray, gouverneur de la place. Il court aussitôt à Versailles.

Il dépensa beaucoup d'activité et d'éloquence pour ne recueillir, après tout, que de l'eau bénite de cour, des promesses timides faites sur un ton d'énergie qui lui en imposa, parce qu'il avait besoin de croire. Le ministère n'avait au fond qu'un but : inquiéter les Anglais par l'apparence d'une descente à laquelle il ne songeait pas. Il laissait quelques milliers d'hommes se démoraliser entre Calais et Boulogne, et pour se débarrasser de Lally, il l'envoyait au milieu de ces troupes. Lally, parti avec les illusions habituelles aux émigrés, dut enfin reconnaître qu'il n'était pas à un poste d'action. Les nouvelles d'Écosse devinrent de plus en plus alarmantes, et aucun ordre d'embarquement n'arriva de Versailles. Rester l'arme au pied, quand son Roi était aux abois, en danger de mort peut-être, c'était pour Lally un supplice; il traînait sur la côte sa fureur et son désespoir, n'attendant plus rien que d'un miracle. Il apprenait le désastre de Culloden; il fut anéanti à la pensée de son prince fugitif, à la merci du berger qui l'abritait sous sa hutte, du matelot qui le cachait sous les cordages de sa barque. Les humbles, plus fidèles, plus grands que bien des grands de la terre, ne vendirent pas leur Roi. Charles-Édouard réussit à gagner la France. Lally ne pensa plus qu'à la guerre : « Songeons, écrivait-il, à battre les Anglais de ce côté-ci de l'eau, puisqu'on ne peut les battre chez eux. »

Il voulut revoir le Prétendant, alors à Saint-Ouen. L'entrevue fut cordiale et triste. La douleur et la colère de Lally éclataient au spectacle du dénûment du prince, au souvenir des trahisons. Charles-Édouard lui sautait au cou, lui remettait des lettres patentes qui le créaient pair d'Irlande, comte, baron, puis lui demandait de soutenir encore une fois les intérêts des Stuarts à Versailles, et de réclamer des secours pour une nouvelle expédition en Écosse. Les titres, Lally les refusait respectueusement mais obstinément, ne voulant les porter qu'au lendemain de la victoire. Quant à la mission, il l'acceptait avec joie [1]. Acte de courage et de dévouement de la part de Lally, car le lot probable pour le négociateur : c'étaient la disgrâce à Versailles et la privation de tout commandement. Chose assez rare, le dévouement ne fut point imputé à crime ; on l'envoya tout de même à l'armée.

Au combat, il se montra ce qu'il avait toujours été, un soldat, tout de bravoure et de fougue. Il fournit à la journée de Lawfelds une charge aussi brillante que celle qui l'avait mis en réputation à Fontenoy. Maréchal général des logis de l'armée, il travaillait, sous la direction de Lowendal, au plan d'attaque de Berg-op-Zoom, et, pendant tout le siége, faisait avec une égale furie le double métier d'ingénieur et de garde de tranchée, blessé une fois et presque englouti par l'explosion d'une mine. Peu après, s'étant aventuré témérairement, en hussard, dans une reconnaissance, il fut pris. — Le maréchal de Saxe, qui craignait pour lui l'animosité des Anglais, menaça le général ennemi d'user de représailles sur les prisonniers qu'il avait au camp. On lui répondit que M. de Lally était ennemi des Anglais, mais que les Anglais étaient amis du mérite, et que, par conséquent, M. de Lally était au milieu de ses amis ; qu'on l'échangerait, au reste, dès qu'il le voudrait. Lally revint à l'armée assez tôt

[1] Lettres de créance du prince C. Édouard pour Lally. Archives des affaires étrangères, fonds Stuart.

pour contribuer au siége de Maëstricht, y être gravement blessé et obtenir le grade de maréchal de camp, avec ce bel éloge du maréchal de Saxe : « On peut dormir tranquillement, Lally est à l'ennemi[1]. »

La paix faite, Lally, à peine guéri de sa blessure, se reprenait à sa haine et partait pour Londres dans le dessein de porter de nouveaux coups à la maison usurpatrice. Le duc de Cumberland le fit expulser au bout de quelques jours. Dans cette aventure, il se rencontra dans une taverne avec le prince de Galles, qui s'était déguisé pour entretenir le conspirateur, en qui il trouvait quelque chose d'excentrique.....

Rien n'aigrit un caractère comme les alternatives répétées de fausses joies et de déceptions. Lally n'était plus l'homme aux mœurs douces qu'avait connu Voltaire; c'était un esprit ombrageux, irascible, défiant. On le craignait; on ne l'aimait pas, tout en estimant ses services. D'Argenson, en 1752, dans son journal, en parle comme d'un personnage méchant, ambitieux, cupide, ingrat. Il n'était pas si noir que cela pourtant; mais il y avait chez lui, certainement, une dangereuse modification de l'âme, et elle se manifestait juste à une période décisive de sa carrière, au moment où il obtenait le commandement d'une expédition chargée d'expulser les Anglais de l'Inde.

[1] *Biographie universelle* (art. *Lally*).

CHAPITRE II

PRÉPARATIFS DE L'EXPÉDITION DE L'INDE.

L'état de l'Inde. — L'œuvre de Dupleix et la conquête. — Rappe de Dupleix. — Godeheu et son traité. — Bussy reste dans le Dékan. — Leyrit se maintient dans le Carnate. — La politique de Bussy. — Ses exploits et ses traverses. — Bussy assiégé dans Aïderabad par l'armée du grand vizir. — Triomphe de Bussy. — L'état des esprits à Paris. — La politique des directeurs en lutte avec celle de Dupleix. — Lally en communauté d'idées avec les directeurs. — Le plan de Lally. — Le gouvernement l'approuve. — Les instructions du cabinet de Versailles. — Préparatifs et départ de l'expédition de l'Inde.

L'Inde était alors le théâtre de la plus étonnante révolution politique [1]. L'empire mogol était depuis de longues années en pleine décomposition; mais le théâtral appareil qui enveloppait ce cadavre en dissimulait si bien la faiblesse qu'il épouvantait encore les Européens et les Hindous. Ce fut un Français, Dupleix, qui comprit le premier que l'empire d'Aureng-Zeb, comme celui de Charlemagne, était condamné à un démembrement prochain. Qui hériterait des débris de ce pouvoir si redouté naguère? Seraient-ce les nababs, les grands feudataires du Mogol, ou le Peischwa, le chef des Marhattes, ces barbares du Nord, audacieux comme

[1] *Un essai d'empire français dans l'Inde. Dupleix*, par Tibulle Hamont. E. Plon et Cie.

les Normands? Serait-ce, au contraire, une des nations européennes installées dans l'Inde, c'est-à-dire l'Angleterre ou la France? La fondation d'un empire franco-indien semblait à Dupleix une œuvre de politique facile à réaliser avec du temps, de la volonté, de l'argent, un peu de fer. Il n'y avait qu'à prendre parti pour un des prétendants à la vice-royauté du Dékan, l'établir sur le trône, et se servir de ce fantoche au titre pompeux, comme d'un porte-voix, pour dicter à l'Inde les volontés de la France. Pour triompher, il ne fallait que du prestige, et il l'avait eu immense. L'Inde en était restée éblouie.

Alors, il était intervenu dans les guerres des princes du pays, surtout dans les querelles de succession. Les Anglais avaient compris la nécessité de se poser, eux aussi, en prétendants à l'empire, et ils avaient appuyé de leurs baïonnettes les princes évincés par la politique de Dupleix. Alors avait commencé cette épopée des quatre ans où le marquis de Bussy, héros doublé d'un homme d'État, renouvelle les exploits des Cortez et des Pizarre, conquiert en une campagne l'immense royaume du Dékan; où trois compagnies de grenadiers français mettent en déroute des armées de cent mille hommes; où il faut déjouer les intrigues des diplomates les plus roués; où il ne suffit pas de gagner des batailles, mais où il faut encore dissoudre par des négociations habiles les coalitions sans cesse renaissantes, provoquer des révolutions de palais, subir sans défaillance les revers les plus cruels. Après avoir réparé un désastre tragique, Dupleix avait ramené la fortune sous nos drapeaux. Encore quelques efforts et les Anglais étaient écrasés avec leur protégé, et la domination de la France assise pour toujours.

Tout cela, c'était l'œuvre du génie de Dupleix; mais il y avait un facteur dont il n'avait pas assez tenu compte : la Compagnie dont il était l'agent.

Celle-ci, devant la note des frais de guerre, recula, sans voir qu'elle recupérerait, et au centuple, les dépenses, par la possession de l'Inde. Elle craignait la dépréciation du taux des actions, l'abaissement du dividende. Par avarice, elle refusa l'empire, et elle le refusa avec la passion d'un avare qui tremble pour ses écus. Dupleix ne lui apparaissait plus que comme un homme qui vide la caisse et qu'il fallait abattre à tout prix. Elle ne cessa ses intrigues que lorsqu'elle eut obtenu du ministère le rappel et l'ordre d'arrestation conditionnel de l'homme d'État qu'elle appelait dédaigneusement un Verrès, et que l'Inde nommait le faiseur de prodiges. La Compagnie et la cour substituèrent Godeheu à Dupleix. Autant eût valu Augustule pour tenir la place de César.

Cet homme, on l'avait choisi à dessein, à cause de sa haine pour Dupleix, à cause de ses déclamations pour la paix à tout prix dont il avait saturé chaque assemblée d'actionnaires. Il emportait des instructions nettes et précises; il devait détruire l'œuvre du proconsul et, pour cela, abandonner les conquêtes et les alliés, empêcher à jamais toute intervention de la France dans les guerres des princes indigènes, enfin régler toutes ces questions par un traité avec les Anglais. Et ce traité, véritable suicide de la France, il le signait. Par peur, il acceptait pour la patrie de renoncer au rôle de puissance politique dans la péninsule, de se reléguer dans une affaire purement commerciale, de paraître, en un mot, comme une esclave de l'Angleterre sur ce sol où le pays avait exercé glorieusement sa domination!

Cette honte, la France ne devait pourtant pas la subir tout entière. Godeheu, quand il partit au bout d'un an, n'avait pas achevé son œuvre de ruine. Il avait ébranlé l'édifice construit par Dupleix, il le laissait lézardé, mais il n'en renversa ni les assises, ni la clef de voûte; il avait oublié que le Dékan était le pilier qui supportait tout l'ouvrage. Le Dékan entre nos mains, dès lors, avec de l'énergie, de la volonté, de l'esprit de suite dans la politique et dans la guerre tout était réparable. Bussy, entouré de baïonnettes françaises, plein du prestige de la force, dictant sous forme de conseils ses ordres au souverain qui commandait despotiquement à des millions de sujets, resta la main appuyée sur le trône du Dékan.

Ainsi la question de l'Inde subsistait entière. Cela était si clair que Leyrit, qui succéda à Godeheu dans le poste de gouverneur général, le vit d'un coup d'œil, quoiqu'il fût d'un esprit médiocre, quoiqu'il eût semblé jusque-là favorable au principe de non-intervention. Il comprit que c'était un crime d'abandonner nos alliés et nos conquêtes. Se boucher les yeux et les oreilles comme Godeheu, cela n'empêchait pas l'Inde d'être en révolution, cela n'arrêterait par les compétiteurs en train de se disputer les débris de l'empire mogol. La curée était commencée; il fallait dompter ces voraces ou évacuer l'Inde. Mais, reprendre l'œuvre de Dupleix sans Dupleix, c'était écrasant. En honnête homme,

Leyrit accepta l'immense fardeau, mais non sans trouble, non sans inquiétude. Après quelques hésitations, il se fixa son rôle. Il ne voulut pas tenter de grands coups. Sa seule ambition, ce fut de se maintenir, de ramener une sorte d'équilibre entre nous et les Anglais, de rétablir nos affaires si fort ébranlées, de vivre, enfin, jusqu'à l'arrivée des secours annuels. Il était convaincu que Bussy tiendrait, malgré tout, le Dékan sous sa domination. Sa part, à lui, c'était le Carnate ; il résolut de s'y cramponner.

Les Anglais, affranchis de toute crainte, s'y conduisaient comme en pays conquis. Quelques mois après le départ de Godeheu, ils avaient déjà violé la principale clause du traité conclu entre les deux Compagnies, — l'obligation de ne pas intervenir dans les guerres des princes indigènes, — et ils avaient appuyé de leurs armes les prétentions de leur allié Méhémet-Ali-Kiau sur Madura et Tinivelly, se taillant un royaume dans les débris de notre empire. Leyrit protesta hautement, puis à son tour soutint de ses bataillons l'entreprise du rajah de Maïssour sur le Terriore. Anglais et Français ne se chargeaient pas encore sur les champs de bataille ; mais il était évident que si le hasard les mettait en présence, les fusils partiraient tout seuls. Tout était donc prêt pour une dernière lutte, qu'on tenterait hypocritement en mettant son drapeau dans la poche, lorsqu'on apprit tout à coup, en novembre 1756, à Pondichéry et à Madras, que la guerre, celle qu'on appela plus tard de Sept ans, venait d'être déclarée, le 17 mai 1756, entre la France et la Grande-Bretagne. Les deux Compagnies levèrent leurs étendards, et les combats commencèrent aussitôt.

Leyrit[1] résolut de s'emparer de Trichinapaly et confia l'armée, forte d'environ onze cent cinquante Européens et trois mille cipayes, à d'Autheuil. Mais d'Autheuil n'était plus le soldat énergique qui menait victorieusement la charge à la bataille d'Ambour. Vieux et podagre, il conduisit mollement les opérations, et suivit les errements qui avaient usé tant d'armées françaises sous les murs de Trichinapaly. Il voulut prendre cette place par famine, se cantonna dans l'île de Cheringam et sur les rochers des environs, sans réussir à maintenir un blocus rigoureux. Il ne battit point le corps envoyé par les Anglais au secours de la forteresse, laissa ravitailler celle-ci et fut contraint de lever le siége. Saubinet le remplaça; c'était un officier de valeur et d'audace.

Leyrit reprit presque toutes les citadelles du Carnate, nettoya cette province des Anglais qui l'infestaient, et les força ainsi de s'abriter derrière les remparts des trois villes qui leur restaient encore, Arcate, Madras, Trichinapaly. Ses projets avaient donc réussi, et leur succès dépassait ses espérances. Enfin, et pour comble de bonheur, l'influence française était plus forte que jamais dans le Dékan. Tenir dans nos mains cette immense contrée, c'en était assez pour contre-balancer les avantages des Anglais dans le Bengale, qu'ils venaient d'envahir.

Bussy avait traversé de terribles épreuves, et il en avait triomphé à force d'énergie et de sens politique.

[1] Voir l'*Histoire des Français dans l'Inde*, par Malleson; les lettres de Leyrit à Dupleix (Mémoires pour et contre Dupleix); les lettres de Bussy à d'Argenson, section des manuscrits, à la Bibliothèque de l'Arsenal.

La chute de Dupleix avait eu son contre-coup dans le Dékan : contre-coup funeste aux intérêts de la France et à ceux de son général.

Les preuves du danger, il les recueillait à chaque minute dans les paroles, dans l'attitude même de cette féodalité du Dékan, remuante et fière, qui, la veille, pleine de respect, le regardait comme le maître de ses destins, et qui, aujourd'hui, ne montrait plus qu'une pitié dédaigneuse pour le politique qu'elle croyait vaincu. Salabet-Singue assiégeait Bussy de ses craintes ; le départ de Dupleix le laissait isolé, sans appui, comme l'*enfant sans mère*. « Votre souverain, disait-il avec désespoir à Bussy, votre souverain m'avait promis, par la bouche de celui que j'appelais mon oncle et qui n'est plus là, de me soutenir contre mes ennemis, d'établir, de faire respecter mon autorité. Vous aussi vous me l'aviez juré ! et maintenant j'entends dire partout que c'est le roi d'Angleterre, votre ennemi et le mien, qui tient dans sa main l'Inde et mon sort ! Vous m'avez mis dans la balance avec Méhémet-Ali ; vous avez laissé placer à la tête d'une de mes provinces cet homme qui me hait, qui s'est toujours révolté contre moi. Si je marchais pour le chasser du Carnate, les Anglais le soutiendraient. Et vous, vous qui autrefois juriez de me défendre, vous ne tireriez pas un coup de fusil pour me protéger ? Le traité de Godeheu vous lie les mains ! il vous défend toute action contre les Anglais et contre Méhémet-Ali. Et pourtant, en m'appuyant sur la France, je croyais m'appuyer sur un peuple de guerriers. N'en aviez-vous donc que l'habit ? Étaient-ce donc les Anglais qui étaient les soldats ? Godeheu a déclaré hautement que votre unique ambition, c'est d'acheter et de vendre, que vous ne voulez plus paraître dans l'Inde que comme des marchands. Votre nation n'avait-elle que deux hommes de guerre à fournir, vous et Dupleix? Mes vassaux vous estimaient en vous redoutant; ils ne respectent que le métier des armes, le seul viril. Ils vous mépriseront le jour où ils vous verront poudreux, chargeant vos caisses. L'état de mes affaires exige impérieusement l'appui d'un pouvoir européen. Êtes-vous prêt à marcher à la tête de vos troupes, pour me rendre les services dont vous me combliez autrefois? Vous le désirez, je le crois; mais le pouvez-vous, et votre Roi vous le permettra-t-il? Il me faudra donc solliciter les secours des Anglais, m'humilier devant eux [1]! »

Ces plaintes, Bussy les écouta dans une attitude froide, presque impassible. Quelques gestes de protestation, des hochements de tête, deux ou trois soubresauts du corps dénotèrent seuls l'agitation de son âme, troublée par la colère, la douleur et l'inquiétude. Il appréciait la vérité et la force des paroles de Salabet-Singue. Ce discours du soubab, Bussy se l'était déjà adressé à lui-même. Il ne voulait pas cependant convenir que c'était Salabet-Singue qui avait raison, que l'instrument faisait la leçon au maître. Il fallait rassurer le soubab; quant à le convaincre de l'absence de tout péril, Bussy ne l'espérait pas. Il affectait donc la confiance, quand il se leva pour protester. Avec énergie et un ton passionné qui était voulu, en quelques mots brefs, âpres, il fit l'apologie de ses travaux et de sa

[1] Voir les lettres de Bussy à d'Argenson, manuscrits de l'Arsenal.

gloire. « N'est-ce pas à moi que vous devez le trône? Qui vous a fait monter sur un éléphant, paraître devant les troupes et acclamer par l'armée soubab du Dékan? Moi. Qui vous a sauvé, lors de la trahison des nababs de Canoul et de Cadapa? Moi. Qui a repoussé l'invasion des Mahrattes et protégé votre trône chancelant sous l'effort de ces intrépides cavaliers? Encore moi. Qui a mis en fuite vos ennemis, qui a réduit votre noblesse à obéir, qui a affermi votre pouvoir, qui a conclu les traités qui font votre force, qui a démasqué les traîtres, qui a renversé les ministres achetés par l'or de nos ennemis? Moi, toujours moi. Pourquoi donc trembler aujourd'hui! Je vous protége toujours, et ne partirai pas. L'ingérence de Godeheu dans nos affaires n'est qu'un accident. Dupleix reviendra bientôt, plus puissant que jamais. Tranquillisez donc vos esprits et ne parlez plus de pactiser avec les Anglais, vos pires ennemis. » Le soubab parut alors moins inquiet; mais Bussy, au sortir de l'entrevue, n'en restait pas moins persuadé que ce n'était pas avec des protestations qu'il maintiendrait son influence. Il sentait qu'il lui fallait une nouvelle guerre pour le rendre indispensable; il cherchait les moyens d'en susciter l'explosion, quand le hasard la fit naître.

Le Maïssour était théoriquement vassal du Dékan, et soumis comme tel à un tribut, qui, naturellement, n'était payé que lorsque le soubab le réclamait, le sabre au poing. Il y avait là de grosses sommes à recouvrer; toutes les chances de succès paraissaient être du côté de Salabet-Singue. Il avait une forte armée, concentrée, prête à l'action; et, pour décider la victoire les troupes légendaires de Bussy. On pouvait donc surprendre le Maïssour et l'écraser sans qu'il eût le temps de se mettre en défense, toute son armée guerroyant au loin devant Trichinapaly.

Les courtisans de Salabet-Singue remontrèrent tout cela à leur maître. La facilité de l'expédition tenta le soubab, qui donna l'ordre de marcher, à la grande satisfaction d'un parti puissant qui détestait Bussy et croyait que celui-ci allait refuser de prendre les armes contre le Maïssour, allié avec la France. Le fait est que le général de la Compagnie était dans une situation dangereuse. Attaquer les Maïssouriens, c'était rompre l'alliance avec eux et les jeter, selon toute apparence, dans les bras des Anglais. Refuser d'agir contre eux, c'était ruiner l'influence française dans le Dékan. Cela paraissait inextricable. Bussy ne se laissa pas démonter, et, avec un sang-froid extraordinaire, jugea l'importance de ce coup de partie. Il était peut-être le seul homme qui pût le jouer et le gagner.

L'armée s'ébranla bientôt, et comme la célérité constituait la base des plans de Bussy, il lui donna des ailes. En quelques semaines, il traversa les espaces qui s'étendent d'Haïderabad à Seringapatam, la capitale des Maïssouriens. Dès qu'il fut dans le pays de ces derniers, il maintint une discipline rigoureuse parmi les troupes, ne permettant pas même le vol d'une orange; il n'entrait pas dans ses calculs de voir les habitants souffrir. Son second acte fut d'envoyer au rajah une lettre confidentielle, où il lui remontrait qu'il était à son grand déplaisir contraint et forcé de marcher contre le Maïssour; que la politique avait ses nécessités; qu'ainsi lui-même, le représentant de la France, déplorait cette guerre et n'avait qu'un désir, l'apaiser; que ce serait un acte absurde de la part du rajah d'entamer une lutte inégale alors qu'il s'agissait de quelques milliers de roupies, et que le souverain du Maïssour avait devant lui la perspective d'un paravana concédant la possession de Trichinapaly et garantissant l'aide de l'armée de Salabet-Singue dans l'attaque de cette place, si importante pour les intérêts de la France et du Maïssour; qu'il se faisait fort d'obtenir tout cela, à condition que le rajah daignât comprendre et l'horreur de la situation et la nécessité d'en sortir par un acte politique.

La réponse à cette lettre se fit un peu attendre. Bussy n'en pressait que plus sa marche. Il enleva rapidement les petites places qui servaient d'avancées à Seringapatam et parut à l'improviste devant cette ville, au moment où les Mahrattes, toujours en quête de butin, lançaient leur immense cavalerie sur le Maïssour. La rapidité des mouvements de Bussy avait déconcerté le rajah, qui n'avait pas eu le temps de ramener l'armée au secours de sa capitale. Les offres de Bussy le tentaient; l'invasion des Mahrattes l'effrayait. Il se décida à signer avec Bussy, qu'il regardait comme son sauveur, une convention qui assurait le payement du tribut. L'armée de Salabet-Singue quittait aussitôt le Maïssour pour retourner à Haïderabad. Bussy emportait des preuves de la reconnaissance du rajah. Ainsi le politique général avait triomphé de difficultés en apparence insurmontables. Il avait accompli ce tour de de force de servir Salabet-Singue et de protéger le Maïssour, en satisfaisant les deux potentats. Enfin, par son habileté, il était passé du rôle de mercenaire à celui d'arbitre, de médiateur, et son pouvoir semblait encore grandir.

Mais quoique Salabet-Singue semblât plus que jamais retombé sous la domination de Bussy, ce dernier n'était pas complétement rassuré, car le soubab était d'un caractère faible et changeant comme les flots; pour le maîtriser il fallait être sans cesse à côté de lui; et puis, au sein de la noblesse du Dékan, il y avait, on le sait, une faction nombreuse qui ne trouvait point dans l'alliance avec Bussy la satisfaction de ses convoitises. Elle avait essayé plusieurs fois de le renverser sans succès. La chute de Dupleix semblait lui fournir de nouvelles armes. Elle l'exploita comme un moyen d'effrayer les indifférents. C'était le prétexte dont on enveloppait les appétits. Shah-Nawas-Kan, le grand vizir de Salabet-Singue, était, sans qu'on s'en doutât, l'âme de la conspiration. Il n'avait plus que du mépris pour les Français depuis les déclarations de Godeheu, et admirait les Anglais. Il sapait sourdement et sans arrêt l'influence de Bussy, qui marchait sur un terrain semé de chausse-trapes. La conjuration grandissait dans le mystère du harem. Salabet-Singue n'entendait plus que de sourdes malédictions contre les étrangers; ses favorites et ses bouffons lui montraient sans cesse son trône en péril. Bientôt il sentit sa confiance en Bussy ébranlée. Il n'y avait plus pour Shah-Nawas-Kan qu'à profiter d'une occasion pour porter le dernier coup aux Français. L'éloignement momentané de Bussy, parti pour apaiser la rébellion d'un nabab, la fournit bientôt. Le général avait triomphé de la révolte en appliquant ses immuables principes de médiation, et il rapportait un traité de nature à satisfaire le soubab et à grandir encore le prestige de la France[1].

Shah-Nawas-Kan connut le premier les clauses de la convention; il les reporta aussitôt à Salabet-Singue en les colorant adroitement des plus noires couleurs. Appuyé par les clameurs du harem, il réussit à persuader au soubab que l'acte de Bussy était un crime de haute trahison. Séance tenante, il fit signer au prince un paravana qui enjoignait au général français l'ordre de quitter immédiatement ses fonctions et emplois auprès de Salabet-Singue et de sortir sans délai du Dékan avec toutes ses troupes. Shah-Nawas-Kan envoyait aussitôt à Bussy cet insolent décret par un courrier rapide. Il écrivait en même temps au gouverneur de Madras[2] pour solliciter le secours des Anglais, au Peischwa, le chef des Mahrattes, pour lui proposer l'assassinat de Bussy. Ces deux démarches furent vaines; les soldats de la Grande-Bretagne n'eurent pas le temps d'arriver. Le Peischwa refusa avec dégoût de participer au meurtre du capitaine dont il avait tant de fois apprécié la valeur et les ressources. Au fond, il espérait s'attacher Bussy et ses troupes, les prendre à son service, et, à l'aide de ces soldats invincibles, établir sa domination sur l'Inde entière.

A la réception de l'insolent paravana du soubab, Bussy n'éprouva aucun trouble. Il connaissait sa force; il savait qu'avec ses six cents grenadiers, ses deux

[1] Voir Malleson, *Histoire des Français dans l'Inde.*
[2] Malleson.

cents cavaliers européens, ses cinq mille cipayes, il pouvait anéantir toutes les armées du Dékan. Il n'avait qu'à opérer une marche rapide jusqu'à la résidence de Salabet-Singue pour ressaisir le prince, et faire tomber la tête du perfide vizir. Mais ce parti, auquel tant d'autres se seraient arrêtés, lui sembla absolument impolitique. Il avait raison. Le secret de sa puissance était tout entier dans ce fait, c'est qu'il apparaissait aux yeux des princes mahométans comme un protecteur librement choisi, ardemment réclamé, non comme un maître. Ce prestige, une action violente l'en dépouillait brusquement. Au lendemain d'un coup de force, on ne verrait plus en lui qu'un conquérant détesté.

Quitter le Dékan, non certes! Il voulait avoir l'air d'obéir au soubab, convaincu que le temps et l'incapacité du vizir à maîtriser les événements, lui permettraient de reprendre bientôt son pouvoir sur Salabet-Singue. Il résolut donc de gagner Haïderabad et d'y attendre un revirement certain du faible monarque.

L'entreprise pourtant était difficile. Il avait un énorme trajet à parcourir de la frontière sud-ouest du Dékan, où il était, jusqu'à Haïderabad, situé au centre de cette vaste contrée. Il lui fallait passer au milieu de peuplades hostiles, traverser des fleuves comme la Chichena, et, pour comble, il apprit bientôt que l'armée de Salabet-Singue était à sa poursuite. Il atteignit, malgré tout, Haïderabad. Il demanda aussitôt des secours à Pondichéry et au commandant de Mazulipatam. Puis, comme il n'avait pas assez d'hommes pour défendre la ville, il prit position dans un jardin entouré de murs et s'y retrancha. Il y fut bientôt comme dans

4.

une citadelle, d'où il pouvait défier les efforts de l'armée de Shah-Nawas-Kan.

Il y tenait depuis quinze jours, repoussant avec vigueur les attaques des Hindous, perdant peu de ses grenadiers par le feu, mais inquiet de la désertion de ses cipayes, quand il apprit tout à coup qu'un faible détachement envoyé par le gouverneur de Mazulipatam, sous le commandement de Law, était proche, mais qu'il était arrêté dans sa route, plus encore par la timidité de son chef que par les masses qui le débordaient. Law perdait la tête, voulait abandonner l'entreprise, au moment de recueillir le fruits des combats qui avaient ensanglanté chaque étape de son chemin. Lui, chargé de délivrer Bussy, écrivait à ce dernier pour le supplier de le secourir.

Les affolements de Law, Bussy ne les partagea pas une seconde; il avait jugé d'un coup d'œil, mais nettement la situation. Il pouvait à la rigueur culbuter l'armée de Shah-Nawas-Kan avec ses seules forces, sans l'intervention de Law; mais il ne pouvait accepter la retraite de celui-ci, car ce fait porterait au comble l'insolence des Hindous. L'important, c'était de rendre de l'audace à son timide lieutenant. Il lui envoya donc un ordre formel, au nom du Roi, pour lui enjoindre d'avancer, le déclarant responsable de l'échec, le stimulant par des appels à l'amour-propre et des réticences semblables à des railleries. Il lui notifiait en même temps qu'il allait se mettre à la tête des troupes et exécuter une vigoureuse sortie. Au fond, cet ordre, c'était un égal mépris de Law et des Hindous qui l'inspirait, car Bussy, pour opérer un mouvement si dangereux en apparence, alors qu'il avait devant lui l'immense armée de Shah-Nawas-Kan, ne prit avec lui que cent cinquante hommes, et quand il eut parcouru environ deux ou trois kilomètres, chassant tout devant lui, il fit un signe à cette multitude de coolies qui marchaient dans son ombre et leur dit de dresser sa tente si connue dans l'Inde, « haute de trente pieds, assez vaste pour contenir six cents hommes[1] ». Comme dans un conte de fées, les charpentiers et les valets apportèrent les uns les étais, les autres les draperies ; tout un peuple de cuisiniers prépara les mets, et quelques heures après, Bussy, siégeant sur un trône orné des armes du roi de France, en habit chamarré de pierreries, entouré de ses officiers en costume pompeux, dînait devant une table chargée de vaisselle plate, tandis qu'un chœur prenant pour thème les exploits des Français, faisait retentir l'air de ses chants, soutenus par une musique guerrière dont les modulations, emportées par la brise, parvenaient aux oreilles de Nawas-Kan et de ses généraux. A l'aspect des drapeaux qui flottaient au-dessus de la tente, au son des trompettes françaises, à ces rumeurs guerrières qui s'échappaient du camp, le grand vizir sentit un frisson de peur. Il eut la vision de Bussy à cheval à la tête de ses bataillons, l'épée haute, montant dans la fumée de la bataille, conduisant la charge et broyant les hommes sur son passage. Dès lors, il se jugea perdu et n'osa pas détacher un soldat pour marcher contre le corps de Law, qui, après un dernier combat, parut enfin dans

[1] Seir Mutakherrin.

la plaine d'Haïderabad et donna la main à Bussy.

Une heure après un émissaire du soubab arrivait au camp français, porteur de propositions d'accommodement. Salabet-Singue restituait au général toutes les fonctions dont il l'avait destitué. Bussy était donc redevenu le maître de la situation. Quelques mois plus tard, il s'emparait de la forteresse de Dowlutabad, qu'on considérait comme imprenable, et Shah-Nawas-Kan périssait honteusement. La noblesse du Dékan se prosternait devant le vainqueur, qu'elle jugeait un demi-dieu. Bussy, fidèle à ses principes de modération, n'abusa point de son triomphe et ne prit pas l'attitude brutale d'un soldat vainqueur. En homme habitué à mettre un gant de velours sur sa main de fer, il sut caresser en se faisant craindre. Au reste, il avait déjà d'autres préoccupations bien plus graves. Sans être clairement fixé sur les intrigues de la Compagnie à Versailles, il flairait un danger de ce côté-là; il craignait une disgrâce qui l'abattrait brusquement. On avait procédé ainsi avec Dupleix, et n'y avait-il pas toutes les chances pour que lui, le dernier représentant de la politique d'expansion et de conquête, fût frappé à son tour?

La prudence commandait de se prémunir contre une telle éventualité. Il écrivait à d'Argenson des mémoires qui étaient un récit des derniers événements, une apologie de ses actes, une protestation du bon sens et de la vérité contre le système d'abandon inauguré par les directeurs de la Compagnie : « Mes succès, disait-il, m'eussent fait

[1] Voir Bibliothèque de l'Arsenal, section des manuscrits, lettres inédites de Bussy à d'Argenson, n° 5769.

honneur auprès de ces illustres citoyens qui, comme vous, sont, par leur rang et leurs qualités guerrières et politiques les juges-nés et compétents du mérite, si la jalousie n'eût présenté mes services sous les fausses couleurs qui les ont fait méconnaître... Les événements qui ont suivi mes opérations dans cette partie de l'Asie ont quelque chose de si surnaturel et de si élevé au-dessus des événements ordinaires qu'il n'a pas été difficile à l'envie d'en obscurcir l'éclat, en les revêtant des couleurs du roman... Les riches domaines que la Compagnie possède dans cette partie de l'Inde, sont incontestablement le fruit des campagnes que les Français ont faites dans le Dékan. » Au milieu d'une longue énumération de conquêtes, il citait l'exemple frappant de l'acquisition de la province de Condavir. « C'était, dit-il, un objet de trop grande conséquence pour en faire la demande; mais elle était trop à la bienséance de la Compagnie pour négliger les occasions de la joindre à ses autres domaines. Il s'en présenta enfin une qui seconda mes vues. Je reçus de la cour de Dehly, vers la fin de 1752, les dignités d'Aphtazari et de Mamurat, et comme il est d'usage d'assigner à celui qu'on élève à ce rang un jacquir ou domaine convenable, je saisis l'occasion aux cheveux pour demander la province de Condavir. On me l'accorda; mais on voulait qu'elle fût l'apanage des nouvelles dignités que je venais de rendre à la nation mogole. Je refusai obstinément, et c'est la Compagnie qui en eut la possession. Si la nation n'avait eu sur la côte d'Orixa de quoi compenser ce qu'elle a perdu à celle de Coromandel, et de quoi balancer par les avantages qu'elle a dans le Nord ceux que nos rivaux ont usurpés dans le Sud, où en serions-nous? Si la *nation, en perdant son crédit dans la révolution arrivée au gouvernement français dans l'Inde, n'est pas tombée dans l'ignominie, à l'instigation de nos rivaux, c'est à l'armée du Dékan qu'elle le doit...* Je n'hésite pas à le dire, j'ai rempli toute ma mission, j'ai assis, soutenu, affermi un prince sur le trône et dans l'héritage de ses pères; par là j'ai procuré à la Compagnie des avantages solides et réels, tant qu'il plaira aux Français de se conserver la faveur du maître du Dékan... L'on n'aura vu en moi qu'un officier d'infanterie, dont les plus grands exploits doivent se borner à attaquer une redoute et à faire le coup de feu... C'est une idée fort imparfaite de la mission dont j'ai été chargé... Mon zèle et mes efforts ont su m'élever au-dessus de moi-même. Serait-ce, en effet, sans efforts que j'aurais pu jouer un rôle qui m'a attiré l'estime et la haine de toute l'Asie? Aurais-je pu, sans être soutenu par ce sentiment, paraître sur la scène avec tant d'éclat, tantôt en homme d'épée, tantôt en homme d'État. Aurais-je pu placer des rois sur le trône, et les y soutenir avec le peu de forces qui m'avaient été confiées; mettre en fuite des armées nombreuses; emporter des villes d'assaut avec une poignée de gens; concilier les intérêts de la cour de Dehly, ceux des seigneurs mogols avec ceux de Salabet-Singue; ceux de la nation mahratte avec les chefs qui règnent sur elle; ceux de tant de rois, rajahs et princes indiens qui m'ont fait le médiateur et l'arbitre de tous les différends qui peuvent les diviser? Aurais-je pu conclure des traités de paix par ma seule médiation, les garantir par mon crédit, les faire garder, ratifier et renouveler, par la seule crainte de déplaire à ma nation? Aurais-je pu faire rechercher l'alliance des Français par toutes les puissances de l'empire mogol, et faire acheter notre amitié au prix des vastes domaines que la Compagnie possède? Aurais-je pu éloigner et remplacer à ma volonté de puissants ministres contraires à nos intérêts? Aurais-je pu, en un mot, sans les forces surnaturelles de l'amour de la patrie et de mon devoir, porter l'honneur de la nation, que la Compagnie est chargée de soutenir, à un point de gloire qui la fait préférer à tous les peuples de l'Europe? »

Bussy avait le droit d'être inquiet et de faire son apologie. Deux politiques étaient en lutte : celle de Dupleix, devenue la sienne ; celle des directeurs de la Compagnie. L'une était une conception qui permettait de subjuguer l'Inde. Le temps et les Anglais l'ont suffisamment prouvé. L'autre n'était que le produit d'intérêts mesquins, de timidités mercantiles et d'incapacités routinières. Chose étrange! l'opinion à Paris et à Versailles se montrait hostile au système de Dupleix et de ses disciples. Cette impression, on l'avait puisée dans la lecture des pamphlets que Labourdonnais lançait du fond de la Bastille. Émue et captivée par ces déclamations intéressées qui représentaient comme un tyran et comme un fou, l'homme d'État dont l'unique ambition était d'asservir l'Inde au bénéfice de son pays, la foule avait son jugement fait et n'en voulait plus démordre. Le croirait-on? l'histoire de la conquête du Carnate et du Dékan, cette épopée accomplie en trois ans par une poignée de Français, ce drame si récent, plein de ce qui transporte les hommes, sillonné de victoires, de coups de foudre, de trahisons, de désastres, de relèvements subits, d'infortunes extraordinaires, ce drame n'était connu que de quelques curieux. Paris n'avait point entendu le bruit de l'écroulement du trône des Mogols. La Compagnie, au reste, avait tout fait pour le rendre sourd. Et quand, par aventure, on entendait dire que ce Dupleix voulait étendre les possessions de la France jusqu'aux portes de Dehly et faire, au seul nom français, trembler l'Hindoustan, un tel langage semblait l'effet du délire. On riait du projet de vaincre, avec huit cents Européens, des armées dont le nombre seul eût étouffé cette poignée d'hommes.

Les lamentations des actionnaires, nombreux à Paris, en contact journalier avec la bourgeoisie et la cour, augmentèrent encore le discrédit où la politique d'expansion coloniale était tombée. Ce ne fut qu'un cri contre les promoteurs de ces expéditions lointaines dont l'issue était la ruine. On les accusa d'affaiblir la France en dispersant les forces de celle-ci au bout du monde; on leur reprocha de faire le jeu de l'Allemagne et de nous attirer les inimitiés de l'Angleterre pour quelques mauvaises parcelles d'un sol d'où ne sortaient que la fièvre et la peste. Les gens froids les regardèrent comme des fous. Les passionnés, — et les déclamations de ceux-ci impressionnent toujours, — les dénoncèrent comme des scélérats voilant l'âpreté de leurs convoitises sous l'éclat d'un patriotisme trompeur, n'ayant qu'un but: cimenter l'édifice de leur fortune avec de la chair et du sang français.

Les directeurs de la Compagnie étaient, au contraire,

en faveur près de l'opinion; leur nullité et leur inertie passaient pour de la sagesse; leur routine pour de la maturité d'esprit; la bassesse de leurs projets pour de la raison. Ils étaient l'axe du parti opposé à Dupleix, et les instigateurs de toutes les intrigues tramées contre celui-ci. C'étaient eux qui avaient sollicité et obtenu son rappel et sa disgrâce; c'étaient eux qui le ruinaient. Le gouvernement, qui n'avait que du dédain pour les colonies, appuyait les directeurs.

Les directeurs s'enorgueillissaient du succès de leur politique et déclaraient avoir sauvé la Compagnie et la France. Leur aveuglement était complet; ils ne soupçonnaient pas que, dans la conclusion du traité de paix entre les deux Sociétés, l'Angleterre les avait effrontément joués; ils ne soupçonnaient pas qu'ils lui avaient livré leurs armes et perdu l'empire de la plus vaste péninsule du monde pour protéger un comptoir que les Anglais, une fois maîtres de l'Inde, jetteraient à la mer comme ils le voudraient. Ils ne soupçonnaient pas d'arrière-pensées chez les diplomates de la Grande-Bretagne; ils ne soupçonnaient rien et ne voulaient rien croire.

Dupleix, à son retour, avait beau leur rappeler l'acharnement des Anglais dans la lutte engagée pour la possession de Trichinapaly, cette clef du Carnate; il avait beau leur dire que le but de la Grande-Bretagne était clair; qu'instruite enfin par le succès de l'œuvre dont il était le créateur, elle avait compris à son tour que la succession au trône de Dehly était ouverte, et que pour arriver à en recueillir l'héritage, elle suivait une politique mathématiquement calquée sur celle qu'il avait inaugurée lui-même; il avait beau leur montrer les progrès des Anglais, la constance de leur action, la ténacité de leur ingérence dans les affaires de la péninsule, il prophétisait en vain et n'obtenait qu'un haussement d'épaules des directeurs, qui répondaient d'un air ennuyé que ces craintes étaient chimériques; qu'ils savaient mieux que personne à quoi s'en tenir sur les tendances des Anglais, gens pratiques par nature, protégés contre les rêves de l'imagination; qu'enfin les intérêts du commerce préoccupaient trop ce peuple, pour qu'il eût l'idée ridicule de conquérir l'empire le plus vaste et le plus peuplé du monde avec quelques mauvaises troupes, lancées à l'aventure à trois mille lieues de la métropole. D'ailleurs, ajoutaient-ils comme conclusion, le gouvernement pense là-dessus comme nous.

C'était donc comme un courant de forces irrésistibles qui éloignait de Dupleix les contemporains, et les entraînait vers les directeurs. Lally obéit à la loi commune. Poussé par la main du destin, il alla vers les directeurs pour s'éclairer sur la situation et la force de résistance de nos établissements de l'Inde. C'est à ses hommes qu'il demanda conseil sur la politique à suivre; il n'y a pas d'autre cause aux désastres qui signalèrent son expédition.

Tout en subissant l'influence des directeurs, plus aptes à peser du poivre qu'à comprendre les problèmes de l'expansion des peuples, Lally ne pouvait étouffer dans son âme quelques frémissements qui ressemblaient à une révolte du bon sens. On lui avait répété sur tous les tons que le système de Dupleix était une folie ; il le croyait, tout en se disant que, dans l'œuvre de cette imagination en délire, il y avait pourtant bien de la grandeur. Et il en arrivait peu à peu à cette conclusion : qu'il y avait là un entassement de chimères à répudier énergiquement et quelques résultats acquis et solides à garder ; en un mot, ce qu'il y avait à faire, c'était une transaction entre les rêves et la réalité. Ces impressions différentes lui dictèrent le plan des opérations militaires et politiques à exécuter dans l'Inde. Il le remit aussitôt à M. de Séchelles.

Au fond, ce projet était baroque et dangereux. « C'est, disait-il, une impossibilité absolue d'avoir la paix dans l'Inde avec les Anglais, et, par conséquent, d'y faire un commerce utile tant que ces derniers y existeront. C'est en même temps une nécessité impérieuse, absolue, de renoncer au système de Dupleix, source de tant de désastres. Est-ce à dire qu'il faille oublier nos intérêts et notre gloire? Non. La politique à suivre, c'est de commencer par exterminer les Anglais dans l'Inde ; cela fait, il faut donner, en plein éclat de la victoire, l'exemple d'une modération qui conciliera le respect et l'amour de tous les voisins. C'est le moment où il faudra rendre toutes les provinces usurpées à leurs souverains légitimes [1]. » La conclusion du projet n'était pas tout à fait en rapport avec le début. L'idée d'une transaction « entre les vues retrécies de l'esprit mercantile et le délire pernicieux d'une ambition follement effrénée », s'y affirmait nettement. Il proposait [2] « de renon-

[1] Collection Ariel. Bibliothèque nationale, section des manuscrits.

[2] Voir le mémoire pour l'instance en cassation de l'arrêt condamnant Lally à mort, Rouen, 1779. Voir aussi la collection Ariel.

cer à toutes ces possessions onéreuses séparées de Pondichéry par deux, trois, quatre cents lieues, divisées en quatre masses, qui ne pouvaient pas s'étayer mutuellement, tant elles étaient éloignées l'une de l'autre, et d'y substituer, par l'échange avec les princes, quelques domaines serrés et contigus, formant avec Pondichéry une seule masse, ni trop peu solide, ni trop étendue, telle enfin qu'on n'éprouvât jamais ni le besoin d'attaquer, ni la crainte de l'être ».

C'était bien là le projet d'un homme qui n'avait pas la moindre notion des affaires de l'Inde. Lally cherchait à concilier des choses inconciliables, sans se douter que celles-ci se retourneraient contre lui pour l'étouffer. Le malheureux semblait ignorer que si, depuis dix ans, Anglais et Français s'étaient battus avec acharnement, c'était pour la possession de l'Inde, non pour favoriser des intérêts de comptoir, non pour détruire une concurrence. La question commerciale, l'idée de conquête l'avait fait oublier. Trois compétiteurs en présence : le Français, l'Anglais, le Mahratte, réclamant la succession du Grand Mogol, un seul pouvant être vainqueur, et l'obligation pour celui-ci d'égorger les deux vaincus à l'issue de la lutte, telle était la situation.

L'expulsion des Anglais, l'abandon des prétentions de la France au trône de Dehly modifiaient-elles l'état des choses? Non ; car il restait les Mahrattes, et ceux-ci victorieux seraient obligés, par leur triomphe même, de déposséder, d'exterminer les nababs et les rajahs, lieutenants du Mogol ; ils ne pourraient donc, à plus forte raison, reconnaître les actes de ceux-ci, se croire liés par les traités du gouvernement qu'ils terrassaient. Or, dans le système de Lally, c'étaient les lieutenants mêmes du Mogol qui donnaient à la France l'investiture de ces « *domaines serrés et contigus formant avec Pondichéry une masse solide.* » Il fallait donc, alors, ou se soumettre à des barbares ivres et vainqueurs, ou arrêter les déprédations de ces sauvages cavaliers, défendre à distance nos établissements et, par conséquent, rouvrir l'ère des guerres longues et ruineuses. Que devenaient donc alors ces intérêts commerciaux, si précieux selon Lally, qu'il en faisait la base de son action et de sa politique? Il eût été bien plus simple de laisser pour quelque temps la question mercantile au second plan, de reprendre l'œuvre de Dupleix, et, comme l'avait voulu celui-ci, chasser les Anglais, non en tant que citoyens de la Grande-Bretagne, non en tant que sujets de la maison d'Orange, mais en tant que compétiteurs dangereux à une succession importante; puis, cela fait, il n'y avait plus qu'à contraindre les Mahrattes à subir le joug, — l'entreprise était aisée, la main de Bussy les ayant déjà mis à genoux, — et, ces travaux accomplis, à régner en paix sur l'Inde. C'était la politique la plus pratique et la plus réalisable. Aujourd'hui, l'état de l'Inde en fournit suffisamment la preuve. Mais le gouvernement français n'avait que du dédain pour une œuvre qui lui aurait apporté la grandeur et la force.

Les projets de Lally, avec leur apparence de netteté et leur étroitesse, étaient donc faits pour plaire à Versailles. Ainsi, on ruinerait la Grande-Bretagne, sans toutefois s'engager dans une aventure coûteuse, pleine de surprises, et d'où on ne sortirait plus. La guerre de Sept ans était commencée; il fallait répondre aux agressions des Anglais. Moras, le successeur de Séchelles, aiguillonné par les directeurs, s'enthousiasma à la lecture du mémoire de Lally. Aussitôt, il mande celui-ci, qui oubliait dans son commandement de Boulogne ses théories sur l'expédition de l'Inde, absorbé qu'il était par les préparatifs d'une descente du Prétendant en Angleterre, et lui annonce qu'il faut prendre la direction des opérations dans l'Inde. Et, pour briser toute résistance, il montre à l'ami de Charles-Édouard la lettre de Louis XV au roi de Pologne et celle de Rouillé au même monarque. Toutes deux exprimaient la volonté de ne point appuyer les entreprises du Prétendant. Lally accepta, alors, le commandement qu'on lui offrait. Le Roi l'y nomme, et on le crée successivement lieutenant général, inspecteur général et grand-croix de l'Ordre de Saint-Louis.

Lally lui-même, et avec raison, avait demandé à être investi des plus vastes pouvoirs. Il ne voulait s'immiscer en rien dans l'administration civile de la colonie; il voulait être le premier dans l'Inde et avoir le pas sur tous; il réclamait pour lui le droit de conclure des traités. « Il serait absurde, écrivait-il au ministre, que le général qui aurait pris Madras, et à qui on aurait fait des propositions, fût dans le cas de répondre à son ennemi : Excusez, monsieur, c'est à mon directeur, qui est à Pondichéry, qu'il faut s'adresser; il m'a loué pour me battre, c'est avec lui qu'il faut que vous capituliez [1]. » Tous ces pouvoirs, on les lui donnait. La cour ne le considérait pas seulement comme un général, elle le

[1] Lettre de Lally, 1er novembre 1756, Archives de la marine.

chargeait encore de rétablir l'ordre dans l'administration, de réformer les abus et de réprimer les malversations. On ordonnait aux gouverneurs et employés de la Compagnie, aux soldats et aux marins de lui obéir, comme ils feraient à la propre personne du Roi; et on lui intimait l'obligation « de concerter avec les directeurs, gouverneurs et commandants particuliers des établissements de la Compagnie, les projets qu'il formerait sur les opérations de guerre, par rapport aux influences que ces opérations pourraient avoir sur le commerce de la Compagnie, et aux effets qui pourraient en résulter vis-à-vis des puissances du pays[1] ». Cette clause était dangereuse; c'était créer dans le gouvernement de l'Inde un dualisme, source fatale de conflits et de discordes.

Ce péril, que le caractère de Lally augmentait encore, d'Argenson l'avait vu et l'avait signalé dans des paroles prophétiques adressées aux délégués du comité secret de la Compagnie, qui venaient lui demander d'appuyer la nomination de Lally au commandement de l'armée de l'Inde[2]. « Vous vous méprenez, leur disait-il. Je sais mieux que vous ce que vaut M. de Lally; mais il faut nous le laisser en Europe. C'est du feu que son activité. Il ne transige pas sur la discipline, a en horreur tout ce qui ne marche pas droit, se dépite contre tout ce qui ne va pas vite, ne tait rien de ce qu'il sent et l'exprime en termes qui ne s'oublient pas. Tout cela est excellent parmi nous; mais dans vos comptoirs

[1] Instructions données par le Roy, etc., Archives de la marine.
[2] *Biographie universelle* (art. *Lally*).

d'Asie, que vous en semble? A la première négligence qui compromettra les armes du Roi, à la première apparence d'insubordination ou de friponnerie, M. de Lally tonnera, s'il ne sévit pas. On fera manquer ses opérations pour se venger de lui. Pondichéry aura la guerre civile dans ses murs avec la guerre extérieure à ses portes; croyez-moi, les plans de Lally sont excellents; mais il faut charger un autre que lui de l'exécution. Délibérez sur tout cela et revenez me voir. » Les députés revinrent demander plus que jamais Lally. « Vous le voulez, dit le ministre; je m'en lave les mains. Je vais proposer M. de Lally au Roi, qui le nommera. Mandez à vos agents qu'ils aient à marcher droit. Quant à nous, ajouta-t-il en se tournant vers le duc de Fitz-James et le comte de Thonand, venus pour appuyer la demande de la Compagnie, prêchons à Lally la modération, même en faisant le bien, et la patience, même en voyant le mal. » Rien ne pouvait empêcher la destinée de Lally de s'accomplir.

Moras lui remettait les instructions politiques et militaires arrêtées en conseil des ministres; c'était un monument d'étroitesse et d'ignorance. « Il est important, y était-il dit, que le sieur de Lally rétablisse l'ordre et la discipline dans les troupes de la Compagnie et que, sur la connaissance que le sieur de Lally acquerra des affaires de l'Inde, il puisse mettre la Compagnie en état de terminer les troubles, et de se retirer des engagements où elle est entrée avec les puissances du pays,

[1] Mémoire pour servir d'instruction à M. de Lally, lieutenant général du Roy, etc., Archives de la marine, fonds des colonies.

troubles qui, comme la guerre, sont également ruineux et préjudiciables au commerce.

« Les liaisons où la Compagnie est entrée avec les Maures (c'est-à-dire les feudataires du Mogol), et les engagements que l'on a pris avec eux ont, à bien des égards, mis la Compagnie dans leur dépendance. Elle a été obligée d'augmenter ses troupes, de soutenir une guerre presque continuelle, dont on ne pourrait se flatter de voir la fin si on continuait à suivre les mêmes errements. Le résultat de ces guerres a été que les gens de guerre ont fait fortune, mais que le pays est ruiné.

« ...L'Inde ne cessera d'être agitée de guerres... Il est essentiel que la Compagnie s'en retire aussitôt qu'elle le pourra, sans se compromettre, avec la ferme résolution de n'y avoir à l'avenir aucune part, et de ne s'occuper que de son commerce pour le relever de son dépérissement, où il est tombé depuis que les gouverneurs de Pondichéry ont commencé à s'ingérer d'affaires qui devaient être à jamais étrangères à la Compagnie...

« ...Tant que l'on sera à la coste de Coromandel dans une sorte d'équilibre avec les Anglais et qu'on aura la guerre avec eux, celle des deux nations qui voudrait se retirer d'avec les Maures courrait le risque de voir les puissances du pays se réunir à son ennemy contre elle, et, par cette raison, il ne convient pas encore de se concentrer dans les établissements que l'on veut conserver...

« ...On a généralement représenté à la Compagnie des Indes les affaires du Dékan comme devant donner le mouvement à toutes celles de la coste de Coromandel;

cela devait être si le gouvernement mogol avait conservé son influence et ses prérogatives; mais il est revenu par des voyes indirectes que le soubab Salabet-Singue n'était qu'une vaine ombre; que l'on s'était servi de son nom pour entretenir les troubles et faire illusion à la Compagnie; que peut-être même ce prince n'avait jamais été nommé soubab par la cour de Dehly; que les firmans d'investiture étaient faux; qu'il avait été obligé de céder à Balagirao, le chef des Mahrattes, deux des plus considérables provinces de ses États...; qu'il ne luy reste pas de quoy vivre; qu'il est dans la plus grande misère; que Bussy, qui commande le corps de troupes françaises qui est auprès de sa personne, a esté obligé de luy prêter dix mille roupies pour subvenir aux dépenses de la table; qu'enfin ce prince, fort au-dessous du rôle qu'on a voulu luy assigner, n'aspire qu'à se faire faquir.

«Le sieur de Lally ne devra rien négliger pour approfondir la vérité ou la fausseté de ces faits, parce que de là dépend en partie la conduite qu'il doit observer par rapport au corps de troupes qui est dans le Dékan. Tous ceux qui ont été intéressés jusqu'icy à partager les revenus des provinces concédées par Salabet-Singue ne se préteront pas facilement à développer ce système de fourberie, s'il est vray qu'il ait quelque fondement.

« ...Sa Majesté laisse au sieur de Lally la liberté de rappeler les troupes du Dékan ou non, d'y laisser Bussy pour commandant ou de lui en substituer un autre; mais, avant que de se déterminer à rappeler ces troupes, M. de Lally doit considérer qu'il est important de ne perdre que le plus tard possible le revenu des provinces concédées pour l'entretien de ces troupes, et que du moment où Salabet-Singue sera sans l'appui des troupes françaises, on ne peut prévoir quel sera le sort du Dékan, ni le caractère de celui qui remplacera ce prince, si les premières vues de celui-ci ne seront pas de se vanger (*sic*) sur les Français de l'épuisement où se trouvent ses États. Il serait à désirer que M. de Lally pût découvrir dans l'Inde quelque personne bien instruite de l'état du Dékan et des intérêts de cette cour. Les officiers des troupes de la Compagnie ont intérêt à entretenir l'illusion, et l'on ne peut assurer si M. de Leyrit (le gouverneur de Pondichéry) ne s'est pas laissé préoccuper par eux et prévenir jusqu'à un certain point. M. de Lally peut lui confier qu'on aurait désiré qu'il se fût livré moins aux idées de son prédécesseur (Dupleix) sur le système dont il paraissait si éloigné lorsqu'il était à Chandernagor...

« ...M. de Lally aura beaucoup de peine à déraciner l'esprit de cupidité qui règne à Pondichéry, et ce serait un des plus grands services qu'il pourrait rendre à la Compagnie...

« ...On pourrait utilement employer les troupes du Dékan à donner de la jalousie aux Anglais dans le nord de la côte de Coromandel, tandis qu'on agirait dans le sud...

« ...Si l'on a la supériorité sur les Anglais, tous les princes Maures, Méhémet-Ali-Kan, le roi du Tanjaour, celui du Maïssour, ne sont guère à redouter; ils se rangeront toujours du parti le plus fort. Méhémet-Ali-Kan, las de la dépendance où le tiennent les Anglais, embrassera le parti qui l'en délivrera. Le roi de Tanjaour n'aime pas la guerre et ne demande qu'à régner tranquille. Le roi de Maïssour est trop éloigné pour faire ni bien ni mal. Les Mahrattes sont les ennemis les plus redoutables. Balagirao, ennemi secret de Salabet-Singue, n'aspire qu'à se rendre maître de tout le Carnate; mais ses troupes, mal disciplinées, ne tiendront jamais devant un corps de soldats européens. Balagirao ne pourrait être redoutable qu'autant que la Compagnie se proposerait d'avoir plus de domaines qu'elle n'en pourrait garder...

« ...On ne peut trop recommander à M. de Lally de ne prendre aucune part dans les guerres des différentes puissances qu'autant qu'il se procurera par là des facilités pour attaquer Gondelour et Madras, et expulser les Anglais de la côte de Coromandel. »

On lui prescrivait enfin de s'emparer du fort Saint-David, la plus forte place des Anglais dans l'Inde, à quelques lieues de Pondichéry, et dont la possession assurerait la tranquillité de la capitale et la libre communication avec les domaines que la Compagnie avait dans le sud de la province d'Arcate. Ce siége, on ne devait le tenter que si on était supérieur à l'ennemi sur terre et sur mer. On lui recommandait d'oublier pour un temps que les Anglais avaient des places dans l'intérieur de l'Inde.

Le but, c'était de faire tomber en notre pouvoir les villes et les citadelles maritimes. Il ne fallait point tenter des expéditions loin des côtes, au fond de la péninsule indienne, si on ne voulait pas voir les troupes succomber sous la fatigue et la maladie. Madras et Saint-David devaient être les deux principaux objectifs du genéral. Il fallait brûler, raser les forteresses de la côte, ne point imiter Labourdonnais, n'en admettre aucune à rançon. On lui désignait les places de Trichinapaly et d'Arcate comme les plus considérables parmi celles que les Anglais détenaient au cœur du pays, et on lui conseillait d'attaquer plutôt Arcate que Trichinapaly, si les nécessités de la guerre le contraignaient à transporter le théâtre des opérations dans les terres. On l'invitait encore à chasser les coolies de l'armée, à faire porter aux soldats leurs vivres et leurs bagages, — ce qui indiquait une piètre connaissance des moyens de guerroyer dans l'Inde, où le soldat a peine à se traîner sous un soleil de feu; on proposait en même temps, il est vrai, de remplacer les porteurs par des chariots tirés par des bœufs; c'était un très-bon moyen pour allonger encore les convois et faire ressembler davantage le corps expéditionnaire à l'armée de Darius. Les coolies de porteurs devenaient charretiers; tel était le résultat de ce dispositif. On lui rappelait la nécessité d'enjoindre à la Compagnie de tirer des blés de Surate et du Bengale, de faire des magasins à Pondichéry pour l'approvisionnement des troupes, et on lui recommandait enfin de conférer sur tout cela avec le gouverneur et les hommes d'expérience, et de prendre lui-même le parti le plus sûr. Le pauvre général eût été bien embarrassé pour se conformer aux ordres du gouvernement, s'il eût connu l'état réel des affaires dans l'Inde! Mais il était plein de foi et d'espoir.

C'était chose convenue qu'on lui donnerait six bataillons d'infanterie, tirés des régiments de Berry, de Lorraine et de Lally, un détachement du corps royal d'artillerie et du génie, sous les ordres du chevalier de Villepatour, six millions et trois vaisseaux qui se joindraient aux navires de la Compagnie pour former l'escadre, commandée par le vicomte de Choiseul. Lally avait instamment réclamé ces deux officiers, dont il était sûr. Tout à coup, au chevalier de Villepatour on substituait le chevalier Dure, peu au courant de son métier; au vicomte de Choiseul, le comte d'Aché, brave marin, mais d'un caractère lent et mou. Enfin, au moment où les navires qui portaient le chevalier de Soupire et un millier d'hommes venaient de disparaître dans les brumes de l'Océan, un ordre de la cour arrivait, qui retranchait de l'effectif des troupes deux bataillons, deux vaisseaux et deux millions. Lally demandait alors à être déchargé de l'expédition. D'Aché donnait sa démission. On leur ordonnait de partir. Moras écrit à Lally de ne pas s'inquiéter; il lui promet de ne pas abandonner une expédition qui lui est chère, et dont il sent l'importance. Il lui fera passer d'ici à six mois des vaisseaux et des troupes, et ne cessera de lui faire parvenir dans le courant de l'année des nouvelles, des vivres et de l'argent. Lally le croit et presse le départ. Mais c'était tous les jours de nouveaux retards. Et pourtant la célérité était la condition suprême du succès. On avait dû mettre à la voile en février; on ne partit que le 2 mai 1757.

Lally, rassuré, montrait la confiance des premiers jours. Il emmenait trois mille hommes de bonnes troupes; il avait dans son état-major les noms les plus illustres de la noblesse française, les Crillon, les d'Estaing, les Conflans, les La Tour du Pin, les La

Fare, les Montmorency. Il se croyait maître de l'avenir et semblait délivré de ses aigreurs et de ses ombrages habituels; il ne parlait que de modération et de concorde. « Il ne faut pas [1], écrivait-il, que MM. de Leyrit et de Bussy croient qu'en m'envoyant, on leur donne un maître. Ce sont deux hommes à ménager essentiellement; c'est de l'accord parfait entre eux et moi que peut dépendre le succès ou la perte de la Compagnie. » Ces sentiments, il devait les oublier plus tard, alors qu'au milieu des difficultés, son caractère reprendrait le dessus. Il partit enfin, sans inquiétude, avec la conviction qu'il allait faire triompher la politique de la raison, et rendre à la France le service le plus signalé en mettant fin à une aventure folle et ruineuse. Et pourtant c'était lui qui était le jouet de l'illusion, c'était lui que la chimère emportait.

[1] Lettre à M. de Boulongne, Archives de la marine, fonds des colonies.

CHAPITRE III

ÉVACUATION DU DÉKAN.

Lenteurs de la traversée. — Le mémoire de Maissin. — La flotte mouille devant Gondelour. — Lally conçoit le projet d'enlever cette place et le fort Saint-David. — Opposition de d'Aché, qui cède bientôt. — Lally à Pondichéry. — Sa précipitation. — Bataille navale. — Prise de Gondelour. — Siége et prise du fort Saint-David. — Lally ordonne l'évacuation du Dékan et rappelle Bussy. — Lally projétte l'attaque de Madras. — L'amiral d'Aché se déclare hors d'état de l'appuyer avec sa flotte. — Lally sans argent. — Expédition du Tanjaour. — Souffrances et misère des troupes. — Siége de Tanjaour. — La retraite. — Impopularité de Lally à Pondichéry.

La traversée fut interminable; on mit un an à l'accomplir, alors qu'elle eût paru longue à six mois. Le commandant de l'escadre, M. d'Aché, à la moindre brise un peu fraîche, faisait carguer les voiles; signalait-on une barque anglaise, il lui donnait la chasse avec tous ses navires, au risque de se détourner de sa route pendant de longs jours. Et puis c'étaient des relâches sans fin, à Rio de Janeiro, au Cap, à l'île de France. Le résultat de toutes ces pertes de temps, c'est que la flotte anglaise, partie trois mois après la nôtre, mouilla à la côte de Coromandel six semaines avant l'escadre française, alors qu'il était si important pour nous de prévenir l'ennemi. Tant il est vrai qu'en matière d'expéditions lointaines, il n'y a qu'un principe certain : c'est qu'il faut donner un pouvoir dictatorial au général en chef. Tout doit lui être subordonné parce que lui seul est en état de juger des conditions de l'exécution. Mais cette suprématie, la cour ne l'avait pas accordée à Lally; il n'avait qu'un droit, faire des remontrances. Il en usait, mais pour ne recueillir que de banales excuses, faites avec le sourire discret et un peu dédaigneux d'un marin plus occupé des difficultés du métier que des nécessités de la politique. Las d'inaction, fatigué de récriminer sans cesse, Lally, pour s'étourdir, se plongeait dans l'étude des rapports et mémoires qu'on lui envoyait de Pondichéry, et qu'on lui remettait au Cap et à l'île de France. L'un d'eux le frappa particulièrement; c'était le factum d'un officier, le sieur Maissin, intitulé : *Connaissances sur le projet qu'on pourrait former d'enlever la place de Tanjaour pour servir au remboursement des frais de la guerre.* Il le lut avec avidité; il en emporta une impression profonde que, pour son malheur, le temps et les circonstances fortifièrent encore. Il eût mieux valu pour lui n'avoir jamais eu connaissance de ce mémoire!

Cependant, ces longues heures données au travail ne calmaient ni sa fièvre, ni ses inquiétudes. Il voyait avec terreur le temps fuir devant lui. Près d'un an s'était écoulé, et il était toujours en mer. Que devenait l'Inde? Pondichéry peut-être était assiégé, les troupes de la Compagnie écrasées? A ces pensées, il avait des explosions de colère. Il se jurait de réparer tout à force d'énergie et de promptitude. Et, sans s'en douter, il en arrivait à cet état moral où l'esprit ne distingue plus la précipitation d'avec l'activité.

Enfin, le 28 avril 1758, on signala la terre indienne. Des navires, on voyait un rivage bas, sablonneux, qu'un violent ressac frangeait d'une blanche ligne d'écume. En face, les maisons d'une ville, dominées par les *gopurams* des pagodes, dressaient dans l'air leur masse imposante. Un peu à droite, une rivière descendait étincelante comme un fleuve d'argent vers la mer. Çà et là, le feuillage des cocotiers, faisant comme des îles de verdure, rompant la monotonie de la plaine. À un kilomètre au delà de la ville, près de la rivière, les bastions d'une citadelle pentagonale coupaient de leurs dures arêtes la ligne lumineuse de l'horizon. La cité, c'était Gondelour; la rivière, le Pounar; la forteresse, Saint-David, la meilleure place des Anglais dans l'Inde.

En rade [1], deux frégates portant les couleurs de la Grande-Bretagne étaient à l'ancre ; une foule d'embarcations remplies de matelots et de bagages se détachaient des deux bâtiments, et faisaient force de rames vers la terre. Bientôt un tourbillon de fumée et de flammes s'éleva des navires abandonnés et livrés à l'incendie.

Au spectacle de cet effarement des Anglais, Lally a le mouvement d'un colonel de hussards. Il croit qu'un coup de main hardiment tenté peut faire tomber Saint-David. Les difficultés d'un débarquement, il ne les tient pas pour sérieuses [2]. Il ne s'occupe pas de savoir si, à Pondichéry, on est prêt. Il se dit : on sera prêt, parce

[1] Mémoire pour le comte d'Aché.
[2] *Ibid.*

qu'il le faut et que je le veux. Il appela donc immédiatement d'Aché : « Il faut, lui dit-il, bloquer Gondelour avec vos navires et débarquer les troupes. Ce pendant, moi, sur le *Duc d'Orléans*, escorté d'une frégate, je gagnerai Pondichéry, qui n'est qu'à quatre lieues de nous. Je mettrai aussitôt en mouvement les troupes de la Compagnie et le corps de Soupire. Ce soir, au plus tard dans la nuit, je serai avec elles autour de Saint-David, qui se trouvera ainsi étroitement investi, sans que les Anglais aient eu le temps de se retourner[1]. »

D'Aché hésitait; il représentait qu'il valait mieux pour la flotte, manquant d'eau, de bois, ayant de nombreux malades, gagner tout de suite Pondichéry; qu'enfin, il était dangereux de diminuer l'escadre d'un vaisseau et d'une frégate. Lally repartit avec impatience que les deux navires lui étaient nécessaires à cause de son grade; qu'au reste, il les renverrait tout de suite; que, quant aux rafraîchissements nécessaires à l'escadre, on les transporterait sur des chelingues qui ramèneraient les malades à Pondichéry; que les vaisseaux anglais étaient à Madras et, par cela même, point redoutables; qu'il ne fallait pas perdre une pareille occasion. D'Aché consentit enfin, et donna l'ordre de jeter l'ancre. Deux heures plus tard, les batteries de Pondichéry saluaient l'arrivée du général en chef; mais, par une funeste méprise, on oublia que quelques-uns des canons étaient chargés à boulet. Le vaisseau, que montait Lally, fut atteint par cinq ou six projectiles. On considéra cet événement comme un funeste présage.

[1] *Mémoires du colonel Lawrence.*

Lally débarquait à Pondichéry vers trois heures, plus que jamais dominé par l'idée de rattraper le temps perdu. Il passait, pour ainsi dire, au travers du conseil, réuni sur le quai pour le recevoir, ne s'arrêtant pas pour écouter les compliments ordinaires. Une inclination de la tête, deux mots brefs pour se plaindre d'avoir été salué par des boulets, pour affirmer la nécessité d'agir au plus vite; puis, se tournant vers M. de Leyrit, il lui demanda brusquement quelques renseignements sur les effectifs et les plans des établissements ennemis. « On n'en a pas, répondit Leyrit. — Et de l'argent pour les fortifications? — Il n'y en a pas davantage. »

Alors, sans examiner les états des bataillons, sans se rendre compte de la situation des magasins, sans savoir ce qu'il y avait de vivres et de munitions, comme un soldat qui, habitué à la quasi-régularité des services dans une armée d'Europe, croit pouvoir retrouver un fonctionnement semblable dans un pays différent; comme un général qui, accoutumé à mener des masses, considère la direction d'un millier d'hommes comme l'opération la plus élémentaire, il donna aux troupes l'ordre de prendre les armes, et de se porter aussitôt et à marches forcées sur Saint-David. Il ne voyait pas qu'une œuvre toute de préparation et de réorganisation administrative devait précéder la campagne.

Un faible corps, formé de quelques pelotons de cavalerie, de cinq cents hommes du régiment de Lorraine, de deux cents hommes des troupes de la Compagnie, de quelques milliers de cipayes avec huit pièces d'artillerie, partit donc de Pondichéry à neuf heures du soir. La nuit était si noire qu'on s'égara bientôt. Après de mortelles heures de route, force fut de s'arrêter. On bivouaqua au hasard, à la place où l'on se trouvait. Les porteurs, réquisitionnés pêle-mêle d'après l'ordre de Lally, s'étaient déjà depuis longtemps enfuis, outrés de se voir en contact avec des parias que la religion leur défendait d'approcher. On n'avait point de vivres; des soldats moururent de faim et de chaleur, alors qu'on était à peine à quatre lieues de Pondichéry. Avec le jour, l'énergie revint; on reprit la marche, et, deux heures après, on atteignait les limites du territoire anglais, défendues par des ouvrages de campagne qui furent rapidement enlevés. A dix heures du matin, l'armée campait devant Gondelour.

Lally venait de rejoindre ses troupes. Plein de confiance dans le succès, il préparait l'attaque de la ville, qu'il regardait comme le prélude obligé du siége de Saint-David. Déjà, on armait les chaloupes, on disposait tout à bord des vaisseaux pour procéder au débarquement, quand, tout à coup, on entendit le canon retentir sur la mer. Au large, une frégate française faisait force de voiles pour rejoindre la flotte, et derrière elle, au sud, on apercevait, se découpant en blanc sur l'azur du ciel, les huniers de huit vaisseaux. C'était l'escadre anglaise!

A ce coup, qui lui enlevait tant de chances, qui eût ébranlé à bon droit la fermeté de plus d'un général, Lally opposa une ténacité et une résolution extraordinaires. En une seconde, il racheta par son énergie toutes ses légèretés, toutes ses fautes du début. C'est qu'au fond, c'est une âme de soldat que le danger surexcite, et qui se redresse au bruit du canon. Et puis, à ce moment-là, tout l'aiguillonne. Il n'éprouve pas encore ces dégoûts qui l'assiégeront plus tard. Il s'est mis de gaieté de cœur dans une situation terrible; tel un homme qui, ne sachant pas nager, s'est jeté dans un tourbillon. Or Lally nagera, parce qu'il le faut, parce qu'il le veut. « Le devoir du comte d'Aché, s'écrie-t-il, c'est de battre la flotte ennemie; le mien, c'est de prendre Saint-David, quoi qu'il arrive, dussé-je me cramponner au sol avec les ongles[1]. » Donc, au bruit de la bataille qui s'engage sur la mer, il établit les postes et les batteries de l'armée autour de Gondelour.

Cependant, les deux flottes gagnent insensiblement le large, enveloppées dans un nuage de fumée que traversent les éclairs de la canonnade, de moins en moins distincte. Bientôt, l'oreille de Lally ne perçoit plus aucune vibration du combat. Le silence s'étend sur la mer. Il est à la merci d'un retour offensif de la flotte anglaise, si elle est victorieuse. Il reste avec sept cents hommes, entre Gondelour, défendu par deux cents soldats, et Saint-David, la plus forte citadelle de l'Inde, protégée par quatre bastions casematés, aux courtines défendues chacune par une forte demi-lune, avec cent pièces d'artillerie, quatre ouvrages détachés, des chemins couverts, des fourneaux de mines, une garnison de quatre cent vingt hommes, et pour commandant le major Polier, un officier d'une énergie légendaire. Si les Anglais combinent une attaque dirigée simultané-

[1] *Mémoires de Lawrence.*

ment de Gondelour et de Saint-David, la défaite de Lally est probable. Il le sait; il en a pesé les chances; mais, avec une audace de joueur, il n'en persiste pas moins dans son projet d'enlever les deux places, la plus faible avant la plus forte. Et, comme il arrive souvent à la guerre, c'est l'audacieux qui a vu juste et qui a raison.

En effet, et heureusement pour Lally, les Anglais, en apparence si redoutables, sont en réalité hors d'état d'agir en rase campagne. La garnison de Saint-David n'est qu'un ramassis de mauvaises troupes. Le commandant de la forteresse craint leur indiscipline, leur ivrognerie. Il sait qu'il a devant lui des forces régulières et éprouvées, dont la réputation effraye ses hommes. Il n'ose tenter une sortie avec de tels soldats, que la furie des grenadiers français dissipera, il en a la conviction, au premier choc. Il se tient donc à l'abri derrière les remparts, frémissant de colère, rouge de honte, mais immobile, et par cela même peu redoutable.

Le général français avait l'intuition de l'effarement de l'ennemi. Sans perdre une minute, il fit sommer Gondelour, le 2 mai. Le lendemain, à la pointe du jour, des députés de la ville arrivèrent au camp; on les conduisit au général. Celui-ci dormait tout habillé sur le sable, au milieu de soldats aussi mal couchés que leur chef. Les délégués, habitués au faste des armées indiennes, dont le maître ne se montre qu'entouré d'une pompe royale et d'un appareil éblouissant, crurent voir un bivouac de Spartiates, et perdirent tout espoir de résister à de tels hommes. Ils se bornèrent à demander du temps, afin de consulter le conseil de Madras sur les articles de la capitulation qu'ils se déclaraient prêts à conclure. « Vous n'avez à consulter que moi seul, répondait durement Lally, et je ne vous accorde que deux heures pour vous décider[1]. » Le délai écoulé, la réponse n'arrivant pas, il donna l'ordre de faire avancer devant la porte de Gondelour quelques pièces d'artillerie de petit calibre. Au sixième coup de canon, les Anglais accoururent porter les clefs de la ville; on y trouva cent vingt prisonniers français. La garnison de Saint-David n'avait rien tenté pour troubler ce coup de main, exécuté sous son canon, en plein jour.

Libre de commencer le siége sans crainte d'être attaqué sur ses derrières, Lally attendait avec impatience des nouvelles de la flotte qui portait l'armée. Le 7 mai, il apprit enfin que l'escadre avait mouillé devant Pondichéry la veille, et que les troupes avaient débarqué. Il envoyait à ces dernières l'ordre de le rejoindre sur-le-champ, et engageait d'Aché à revenir jeter l'ancre devant Gondelour. Mais l'amiral n'était pas en état de mettre à la voile. La bataille, tout indécise qu'elle fût, avait été acharnée et sanglante; les Français avaient perdu cinq cents hommes. Leurs vaisseaux avaient surtout souffert dans les coques. Le comte d'Aché s'efforçait de réparer les avaries, mais n'y parvenait guère, Pondichéry n'ayant pas de bassin, n'offrant même pas l'abri d'une rade. Les équipages, harassés par la traversée et le combat, étaient obligés d'aller à terre querir le bois et les quelques cordages qu'à force de recherches on trouvait dans l'arsenal. Il

[1] *Mémoires de Lawrence.* Mémoire pour le comte d'Aché.

fallait les apporter aux navires mouillés en pleine mer, et ce transport devait se faire sur des embarcations spéciales, — les catimarons. Quelquefois la violence du ressac faisait chavirer la cargaison, qu'il était nécessaire de repêcher.

Quoique privé du secours de la flotte, Lally, qui avait autour de lui environ trois mille hommes de bonnes troupes, resserra vigoureusement Saint-David.

« Onze jours sont employés en préparatifs, c'est-à-dire à achever de se convaincre que l'on manque de tout ce dont on a besoin pour assiéger la place. On n'avait pour artillerie que six mortiers, et pour toute espérance vingt-deux pièces de canon, retenues par les rivières, le sable et le manque de bœufs ou d'hommes, contre cent quatre-vingt-quatorze bouches à feu rangées sur des remparts que la nature et l'art avaient fortifiés à l'envi [1]. » On n'avait ni gabions, ni fascines, ni poudres, ni outils, ni boulets; rien n'arrivait. Leyrit faisait pourtant, disait-il, tout ce qui était en son pouvoir pour assurer les approvisionnements; mais il y avait du désordre dans l'administration, et les magasins étaient aussi vides que le trésor, la colonie n'ayant pas été sérieusement ravitaillée depuis le départ de Dupleix. Le chevalier de Soupire, arrivé dans l'Inde près d'un an avant Lally, avait déjà signalé à d'Argenson le dénûment des arsenaux et la pénurie des finances. Il lui écrivait le 9 décembre 1757 [2] : « C'est avec beaucoup de peine que l'on met des troupes en campagne.

[1] *Journal du comte d'Estaing*, Bibliothèque de l'Arsenal, section des manuscrits Paulmy, 6115-6167.

[2] Voir lettre de Soupire, Arsenal, section des manuscrits.

Les munitions et les équipages ne se transportent que sur des coolies, qui désertent en chemin, ou sur des bœufs peu accoutumés à porter. Cet inconvénient retarde et fait manquer les opérations... Je me suis occupé à préparer un train d'artillerie, beaucoup de gabions, de fascines pour les opérations que l'on pourra faire à l'arrivée de M. de Lally. Je fais disposer un parc de quarante-huit pièces de canon, moitié de vingt-quatre, un quart de dix-huit, l'autre quart de douze; malgré cela, il est difficile de faire une grande entreprise si M. de Lally n'apporte pas de la poudre et des boulets..... Les fonds et le crédit de la Compagnie manquent absolument, et pour comble, les sommes à percevoir ne rentraient pas au trésor; les employés infidèles s'en emparaient effrontément, le vol étant devenu une habitude, et par leurs déprédations, compromettaient l'existence des troupes et l'issue de la guerre. »

Des marchands viennent se plaindre qu'à une demi-lieue du quartier général, on leur a arrêté deux cents bœufs pour nantissement des droits excessifs qu'on exigeait d'eux. Le grand prévôt s'y transporte. Il trouve trois commis de la Compagnie, un blanc et deux noirs; environnés de marchands désolés, qu'ils rançonnaient sans pitié. Ceux qui n'avaient pas d'argent monnayé étaient obligés de livrer leurs bijoux. Hommes et femmes étaient dépouillés de leurs boucles d'oreilles, de leurs colliers; tout était mis en un monceau. Le grand prévôt saisit tous ces effets, les fait porter dans la tente de Lally et lui amène les trois commis garrottés. Lally fait rendre aux marchands leur argent, leur bétail, leurs bijoux, envoie les trois commis prisonniers à

Pondichéry. Ces commis étaient les préposés d'un conseiller, et ce conseiller était chargé des fermes de la Compagnie : on les relâche.

La garnison de Chéringam avait été mandée, partie pour renforcer les troupes qui assiégeaient Saint-David, partie pour défendre Karikal, menacé par l'ennemi. Cette garnison était composée de dix-huit cents hommes; treize cents se révoltent pendant la route, et désertent, faute de payement. Le régisseur de ce poste n'avait pas songé à satisfaire ces troupes; mais il avait gagné pour son compte 200,000 livres dans une seule année. Ce régisseur était l'homme de confiance d'un conseiller de Pondichéry : on l'excuse.

Les moyens de transport manquaient pour l'artillerie et les vivres. On présente à Lally six passe-ports pour six bots (bateaux du pays), allant, lui dit-on, chercher des vivres à Karikal. Il signe. Trois jours après, il apprend que ces bots ont été chargés de sucre à Gondelour par les employés de la Compagnie. Il écrit à Pondichéry pour se plaindre de la fraude. On lui répond que c'est une énigme.

Le général s'irritait devant ce pillage; il ne le croyait pas inhérent à la nature des choses, aux vices des institutions. Comme un ignorant, il condamnait plus volontiers les hommes que les faits. Si on manquait de porteurs et de bêtes de somme, la faute en était sûrement à l'apathie du conseil, que l'esprit ombrageux de Lally accusait déjà d'un sentiment de jalousie à peine déguisé. Si ces gens-là n'étaient que des timides, il fallait réchauffer leur courage; si, au contraire, dans cette assemblée, il y avait un levain d'hostilité et de conspiration, le devoir était de l'étouffer au plus tôt. Il irait à Pondichéry pour voir et pour décider par lui-même.

Il y arrivait plein de méfiance et de bile, avec des paroles aigres et une attitude de défi. On avait beau lui représenter que les choses dans l'Inde n'étaient point comme en Europe, qu'on ne pouvait rien faire dans la péninsule sans beaucoup d'argent, ou sans l'aide des nababs; que, comme on n'avait pas d'argent, il fallait obtenir l'appui des princes indigènes, qui seuls pouvaient fournir les moyens de transport; que c'était le sujet d'une négociation de quelques jours. On n'obtenait de lui que des gestes d'impatience, que quelques mots brusques. « J'ai commencé le siége de Saint-David. Je veux prendre la forteresse, je la prendrai; mais, pour cela, il me faut des canons et des munitions. Votre devoir est de me les fournir. L'œuvre de préparation vous regarde. A chacun son rôle. » Et comme on reprenait les observations du début : « C'en est assez! s'écriait-il; vous vous déclarez impuissants, vous ne pouvez pas approvisionner mon armée; eh bien, je l'approvisionnerai moi-même. Je me servirai du droit de réquisition, je prendrai dans la ville et dans les aldées (villages) environnants les bras et les animaux qui me sont nécessaires. » Et tout de suite, sans écouter les supplications des hommes les plus au courant des mœurs de l'Inde, il organisa dans Pondichéry une implacable *presse*. Il fit saisir tout ce qu'il trouva sans distinction de castes. Le prêtre, le guerrier furent attelés aux canons ou aux chariots, côte à côte du sudra ou du paria. « C'était le renversement de toutes les croyances, de toutes les conditions; c'était comme si un gouverneur de Paris se fût avisé d'atteler un duc et pair avec le valet du bourreau pour les employer à la démolition de Notre-Dame[1]. » Les conséquences furent terribles. Dans Pondichéry, ce fut comme une exode des Hindous. Les convois, abandonnés par les coolies, restaient, avec leur escorte, en détresse au milieu des champs. Lally criait, tempêtait, accusait le conseil de recevoir de l'argent des indigènes et de paralyser la défense en protégeant ceux-ci. Il réquisitionnait de plus belle les hommes, les voitures et les bateaux, envoyant par jour jusqu'à deux équipes de portefaix aux charrois abandonnés. Le spectacle de ce désordre, dans la préparation de la guerre, attristait les vieux compagnons de Dupleix, que celui-ci avait habitués à un ordre presque méthodique dans le service d'approvisionnement de l'armée. Enfin, à force de colère et de violences, Lally parvint à amener en onze jours le matériel de siége devant Saint-David.

Quatre forts couvraient la place dans la seule partie attaquable. Il fallait les prendre. Lally résolut d'enlever les redoutes par escalade. Il forme trois colonnes composées des bataillons de Lorraine, de Lally, et de l'Inde. D'Estaing, Lally, Crillon, l'épée à la main, conduisent les troupes à l'assaut. Rien ne résiste à leur furie. Trois forts sont emportés, l'ennemi s'enfuit du quatrième. On se loge aussitôt dans les ouvrages, dont on retourne les défenses.

Lally donne l'ordre au chevalier Dure, le commandant de l'artillerie, d'ouvrir la tranchée pendant la

[1] Barchou de Penhoen.

nuit prochaine, et, rompu de fatigue, il va prendre du repos. A la pointe du jour, il court inspecter les travaux; il fouille l'horizon avec sa lunette; aucun ouvrier, aucun relief de terrassement ne se profile à la surface de cette plaine de sable que le vent soulève en lourds flocons poudreux. Il se précipite vers la maison où Dure est cantonné, et, en entrant dans le jardin, il aperçoit un retranchement et l'amorce de la tranchée. L'incapable ingénieur a commencé la parallèle à douze cents toises de la place, alors qu'on a un terrain mouvant à remuer; qu'il faudra piocher et bêcher le sable sous un soleil de feu; qu'enfin, lorsqu'on aura mené à bien ce labeur terrible pendant l'espace de neuf cents toises, on devra traverser une rivière, par conséquent jeter un pont, et, cela fait, ouvrir un nouveau boyau de trois cents toises pour atteindre le glacis! Les troupes eussent péri à la peine.

Après des paroles de colère et des reproches amers adressés à l'incapable ingénieur, Lally fit, à la tombée de la nuit, jeter le pont sur la rivière, et, le passage des troupes effectué, on commença aussitôt les travaux d'approche. Ils furent longs et difficiles. « Des vents violents et périodiques enlevaient le sable pulvérisé par l'extrême chaleur; ils détruisaient le jour l'ouvrage de la nuit, et comblaient la tranchée. Le soldat était affamé; il n'avait pour nourriture que du riz sans légumes, et une maigre portion d'un animal appelé *chien marron* (une chèvre sauvage). Ce mets le révoltait. Il regrettait le biscuit des vaisseaux! Affaibli, continuellement de service, on ne pouvait exiger de lui qu'un travail médiocre. Il était dans l'impossibilité de rien faire pendant le jour.

Les coups de soleil produisaient les mêmes effets que les coups de canon; ils tuaient aussi subitement. Cet étrange genre de mort enlevait souvent plusieurs hommes dans la même tranchée. Ceux qui ne succombaient pas devenaient furieux ou restaient sans connaissance [1]. »

Pourtant, on réussit à établir la seconde parallèle et à construire trois batteries. Elles ouvraient le feu le 29; leur tir, bien dirigé, était efficace. Le siége semblait donc enfin entré dans cette phase où, les progrès de l'attaque suivant un développement régulier, la reddition de la place peut être prévue presque à jour fixe, si toutefois celle-ci n'est pas secourue dans l'intervalle. Or, une tentative de débloquement, c'était là une éventualité que l'assiégeant, dans ses calculs, avait le droit de considérer comme une quantité absolument négligeable. En effet, aucun mouvement de l'ennemi n'était à redouter du côté de la terre. Quant à la mer, d'Aché la barrait avec ses vaisseaux. L'amiral savait que Lally considérait l'escadre comme son plus ferme appui, comme le pivot de ses plans. Le général en chef était persuadé que le commandant de la flotte n'avait qu'une pensée, maintenir la croisière dans les eaux de Saint-David. Lally avait foi dans celui qu'il appelait son bras droit; il pensait que la discipline, l'honneur, la grandeur du but, l'orgueil, l'intérêt, le besoin de gloire, ce levier si puissant, devaient allumer chez l'amiral comme une fièvre d'énergie. Malheureusement, Lally jugeait en cette matière selon son désir, non d'après la réalité.

En effet, d'Aché, d'une intelligence médiocre, d'un

[1] *Journal de d'Estaing*, Arsenal, section des manuscrits.

caractère apathique, quoique très-brave dans le combat et prêt à porter son navire au plus fort du feu, n'avait ni les intuitions spontanées, ni les combinaisons patientes de l'homme de guerre. Il était l'incertitude même, plein de scrupules et toujours disposé à suivre le parti le plus timide, parce qu'il le croyait le plus prudent.

A son arrivée à Pondichéry, le malheureux amiral n'avait rencontré que des difficultés et avait marché de déceptions en déceptions. Un arsenal vide, pas de matelots pour compléter ses équipages affaiblis par les maladies et le combat, peu de boulets et de poudre. Le découragement le prenait. Peu à peu il en arrivait à croire à la défaite. Déjà, le 27 mai, il écrivait à Lally : « Je vais embosser mes vaisseaux, c'est tout ce que je puis faire ; il faut enterrer la synagogue avec honneur. » Lally, qui croyait à une défaillance momentanée, se contentait de remontrer au chef de l'escadre qu'il n'était pas sur un lit de roses, mais qu'il luttait quand même, lorsque, le 27, une députation de Pondichéry arriva au camp et apprit au général que les matelots de la flotte refusaient le service parce qu'on n'avait pu payer la solde, qu'enfin le conseil colonial avait arrêté que l'escadre resterait embossée dans la rade.

Un député remettait au général cette curieuse lettre, où d'Aché se peint au vif :

« Vous verrais, mon cher général, par les députés du conseille tenu ce matin la situation de ma malheureuse escadre et les besoins que nous aurions de secours promp et eficasse : je san mon cher général votre position, mais la mienne est bien plus fâcheuze et si mone escadre est an déroute vos affaires en deviendront plus ambarassante ainsi voyé ou se que vous pouvais faire ou se que vous panssé ou si enfin vous esperée destre bientôt mestre de Saint-Davit pour me mettre en état d'aller au devant des ennemis qui si j'estais en bonne posture ne ferais pas tant les marjasses, adieu mon cher général, aimé moi toujours[1]. »

A ces nouvelles, Lally eut une explosion de colère. Faire embosser la flotte, c'était rendre la mer libre aux Anglais, c'était passer de l'offensive à l'inertie, c'était empêcher la prise de Saint-David, c'était vouloir faire incendier l'escadre. Il ne fallait pas permettre une telle faute. Donc il court de nuit avec quatre cents hommes détachés du siége, et, au matin, il assemble un conseil mixte composé des fonctionnaires de la Compagnie, des officiers de marine et de l'armée de terre. En quelques mots clairs et énergiques, il explique la situation, montre qu'on est à la veille de s'emparer de Saint-David, et conclut par ses paroles : « Plutôt que de rester embossé et de courir le risque de voir brûler la flotte, il faut que d'Aché appareille de Pondichéry et tienne le vent sur la flotte anglaise avec ses sept vaisseaux égaux en force à ceux de l'ennemi, au risque même de donner bataille, si, malgré l'avantage du vent, il ne peut l'éviter. Je déclare d'ailleurs que si d'Aché prend le parti de rester embossé sous Pondichéry, je ferai repartir pour l'armée les quatre cents hommes que je mène avec moi, pour ne pas risquer de perdre un corps aussi précieux, qui pourrait entraîner la perte de mon armée, si malheur arrivait à

[1] Mémoire pour d'Aché.

l'escadre. » La majorité du conseil se montra favorable à l'avis du général en chef. D'Aché, entraîné, lui aussi, s'écria : « Qu'on me donne du monde et qu'on me mette dans le cas de chercher l'ennemi! » Les fonctionnaires de la Compagnie opinèrent presque tous pour le maintien des vaisseaux en rade. Lally avança 60,000 livres de son argent; on paya la solde des matelots; l'escadre reprit la mer, et Lally retourna au siége. Il fait établir de nouvelles batteries. Les bombes démolissent les casemates du fort et démontent trente pièces. L'eau manque à la garnison, qui pille les magasins où étaient l'arrak et les autres liqueurs fortes. Elle s'enivre au lieu de réparer les dégâts causés par le feu de l'assiégeant, qui croît sans cesse à mesure que celui de la place s'éteint. Il n'y a pas de brèche pourtant; mais les parapets et les plates-formes sont démolis, et le rempart presque intenable. Le désordre est au comble parmi les troupes de l'assiégé, et, le 2 juin, la place capitule, sans que le gouverneur, qui demande à Lally l'engagement de ne pas raser les fortifications, de les conserver au moins jusqu'à la paix, puisse obtenir du général autre chose que ces mots : « C'est le sort de la guerre qui en décidera, et non celui de la paix! »

Il donnait l'ordre de faire sauter les remparts de Saint-David et d'en raser les maisons, puis, ne laissant même pas un jour de repos à ses troupes, il poussait d'Estaing sur Divicotta, que les Anglais abandonnaient, sans tirer un coup de canon, pour se réfugier par mer à Madras. Cette ville leur apparaissait comme le dernier boulevard de la puissance britannique. Ils y concentraient toutes leurs forces, évacuant en hâte toutes les places où ils tenaient garnison. Cependant, on chantait un *Te Deum* solennel à Pondichéry, où Lally et son armée entraient avec l'appareil d'un triomphe romain.

Ainsi le premier acte du drame se terminait par une victoire éclatante, dont l'effet moral sur les indigènes était énorme. A la nouvelle de la prise de Saint-David, cette forteresse, dont les murs avaient par trois fois défié les efforts de Dupleix lui-même, les nababs et les rajahs oublièrent Godeheu et les humiliations de notre drapeau. Ces adorateurs de la force, pleins de mépris pour l'Angleterre abattue, en arrivaient, avec leur imagination prompte à s'exalter, à regarder la France comme une lionne qui s'endort au milieu du carnage, mais qui, dans ses réveils subits et terribles, broie d'un élan furieux ses ennemis imprudents. Ils n'attendaient plus qu'un signe du maître pour se prosterner devant lui. Mais ce signe, Lally ne le fit pas. Ignorait-il donc sa force et son prestige? Non, mais il le dédaignait.

Chose étrange! cet homme qui, depuis deux mois déjà, vivait dans l'Inde, qui avait eu de nombreuses conversations avec Leyrit et les conseillers les plus au courant de la situation réelle des choses, cet homme n'a rien vu, rien appris, rien oublié! Plus que jamais entiché des rêves qu'il exposait dans son mémoire à M. de Séchelles, plus que jamais partisan du système étroit des directeurs, il ne veut pas se souvenir qu'il a montré autrefois en Russie des qualités de politique et de diplomate. Politique et diplomate, il ne veut pas l'être; il répudie plus que jamais toute idée d'alliance avec les princes indigènes. Est-ce qu'on s'allie avec de misérables noirs? comme il dit. A cette pensée, il rit ou s'indigne.

Et pourtant c'est l'heure où, pour vivre dans l'Inde, comme pour y combattre, il est de toute nécessité d'obtenir l'appui des nababs et des rajahs, car c'est d'eux, d'eux seuls, que dépend la subsistance de l'armée. L'Angleterre le sait bien, et remue ciel et terre pour se créer de nouveaux appuis. Lally, lui, ne pense qu'à s'isoler, sans daigner voir que, dans cette guerre d'ordre particulier, pour rester victorieux, il faut être aussi fin politique que vaillant soldat. Il refuse d'appeler dans notre camp les Mahrattes et les Maïssouriens, dont la nombreuse cavalerie eût ravagé les contrées où les Anglais s'approvisionnaient. Enfin, c'est au moment où l'Angleterre envahit le Bengale, sans craindre de se mettre sur les bras, le « fardeau trop lourd de possessions immenses », que Lally, dont rien ne peut dessiller les yeux, se décide à exécuter la partie principale de ses plans, c'est-à-dire à abandonner le Dékan, à rappeler Bussy.

Il écrit à ce dernier, le 13 juin 1758 : « Il est plus que temps, monsieur, de mettre fin à une guerre dont le germe a produit une si grande multiplicité de branches, qu'il est à craindre que le tronc de l'arbre ne succombe bientôt sous leur poids. Mon parti est pris de les élaguer et de me borner pour le moment présent au seul objet qui fait ma mission. Le Roy et la Compagnie m'ont envoyé dans l'Inde pour en chasser les Anglais; c'est avec les Anglais que nous avons la guerre; tout autre intérêt m'est étranger. Il m'importe peu qu'un cadet dispute le Dékan à son aîné ou que tels ou tels rajahs se disputent tels ou tels nababies. Quand j'aurai exterminé les Anglais de toute cette côte, je serai en état de faire, sans sortir de mon cabinet et à peu de frais, des opérations beaucoup plus sûres que celles qui ont coûté jusqu'ici tant de sujets au Roy et tant de roupies à la Compagnie. Vous avez travaillé jusqu'à présent pour la gloire du Roy et du nom français et pour la vôtre; vous êtes fondé à prétendre aux grâces de Sa Majesté. Il vous manque encore un mérite pour couronner vos exploits, c'est celui de citoyen. Voici le moment de forcer vos ennemis ou vos envieux dans leurs derniers retranchements... Je me borne seulement à vous retracer ma politique en trois mots; ils sont sacramentaux : Plus d'Anglais dans la péninsule. Vous vous mettrez donc en marche, sitôt cet ordre reçu, avec tous les Européens qui sont à vos ordres, cavalerie et infanterie. »

A la lecture de cette lettre, Bussy se sentit atterré. Un coup de foudre renversait toute son œuvre; il lui fallait renoncer à la domination de l'Inde, juste au moment où elle paraissait le plus assurée; alors qu'après tant de travaux et tant d'exploits, il avait mis ses adversaires sous le pied; qu'à force de persévérance et d'habileté politique il avait fait du soubab Salabet-Singue l'instrument docile de ses volontés; alors qu'il se préparait à se porter dans le Bengale, dont le souverain, Surajah-Dowla, tout en résistant avec énergie aux Anglais commandés par Clive, sollicitait le secours du capitaine invincible qui dominait la cour du Dékan. Cette expédition, outre l'intérêt qu'eût offert une lutte entre deux hommes tels que Clive et Bussy, aurait eu pour la France d'incalculables conséquences, car la prise de possession du Bengale fut pour la Grande-Bretagne le point de départ d'une politique d'annexion traditionnellement suivie et implacablement appliquée. Ce fut en vérité comme l'assise même de l'édifice de conquête élevé par ses mains patientes et énergiques. L'alliance de Bussy avec Surajah-Dowla eût changé le cours des événements peut-être. Clive, attaqué par les troupes françaises et l'armée indigène, pouvait être défait, et alors, solidement établi dans le Dékan et dans le Bengale, notre pays était maître de l'Inde.

Et c'était au moment où Bussy [1] roulait dans sa tête ces nouveaux projets qu'il recevait l'ordre absurde de tout abandonner. Mais à quoi donc pensaient Lally et le ministère? Comment ne comprenaient-ils point que refuser à Salabet-Singue le secours de nos baïonnettes, c'était le forcer à s'appuyer sur l'Angleterre! Se retirer du Dékan, c'était le donner de gaieté de cœur à la Grande-Bretagne. Bussy, à ces pensées, se sentait le cœur plein d'amertume; puis des sentiments d'un ordre plus égoïste venaient encore l'aiguillonner. La lettre de Lally l'avait personnellement offensé. Lui, qui depuis la disgrâce de Dupleix avait supporté presque tout le poids de la guerre et sauvé tout; lui, qui était en réalité le roi du Dékan, l'axe même de la domination française dans l'Inde, trouvait son rappel humiliant et se laissait aller à des transports de colère en songeant qu'on le traitait comme un petit officier.

Mais chez Bussy la réflexion et la raison calmaient vite les emportements de l'âme, car il avait l'esprit trop politique pour se laisser entraîner longtemps par la

[1] Voir le mémoire pour Bussy. Paris, Lambert, 1766.

passion. Il était de ces caractères qui savent se plier aux circonstances, parce qu'ils sont convaincus de les dominer plus tard, grâce à leur habileté, au temps, à l'occasion. Il se dit qu'il en appellerait de Lally mal informé à Lally mieux informé. L'importance du maintien de nos troupes dans le Dékan lui échappait sans doute, et il n'avait probablement en vue que le renfort qu'elles lui apporteraient pour le siége de Madras. Il n'était pas possible que Lally maintînt une décision prise sans connaissance de cause, alors que, le tenant dans le tête-à-tête, il lui montrerait tous les périls de l'évacuation.

Il n'en fallait pas moins quitter Haïderabad avec l'armée, ou se mettre en état de rébellion ouverte en restant. Bussy était trop soldat pour prendre ce parti désespéré. Il écrivit donc à Lally : « ... Ce que j'ai toujours su faire de mieux, monsieur, c'est d'obéir, et quoique vos ordres me jettent dans une perplexité des plus grandes, vu la situation affreuse où je me trouve, je vais les exécuter le plus promptement possible... Je frémis, monsieur, mais j'obéis... L'ambition de mériter auprès de vous se joint à l'envie de contribuer autant qu'il est en moi à votre gloire, à vos succès et au bien général; mais vous êtes trop juste pour exiger l'impossible...; en un mot, vous avez trop d'équité pour ne pas adhérer à des raisons d'impossibilité physique, les seules qui pourraient m'empêcher de remplir toute l'étendue de vos vues... Est-il possible qu'on ne vous ait rien dit à Pondichéry de mon état, par malice ou par ignorance?... Comme je n'ignore pas la détresse où l'on vous laisse à Pondichéry pour l'argent, je m'exécute pour vous aider. Si ma fortune, que l'envie a considérablement augmentée, et avec des circonstances qui m'outragent, si cette fortune était ici, je la sacrifierais du meilleur de mon cœur; mais elle est en France ou en chemin. N'importe, je suis ici au milieu des sacoars; je vends, j'engage, je prie, je menace; enfin je vous envoie ci-joint une lettre de change de cent mille roupies, et je vous en porterai encore sûrement cent cinquante mille. Je me vendrais moi-même, si je pouvais trouver quelque chose de bon sur cette marchandise [1]. »

Lally se crut dès lors sûr du succès, car il avait la conviction que l'ère des guerres chimériques et ruineuses était close. Il allait enfin être libre de se consacrer tout entier à la vraie lutte, au duel avec les Anglais. C'était donc d'un air dédaigneux qu'il écoutait les représentations de Leyrit et de quelques conseillers qui opposaient aux illusions du soldat leur science de l'Inde et de la situation. Leyrit, du reste, ne devait avoir qu'un faible espoir dans le résultat de sa démarche, lui qui, quelques jours auparavant, avait reçu de la main de Lally ce mot [2] : « Quand je reçois une lettre de M. de Bussy, j'imagine recevoir des nouvelles des Petites-Maisons... Je ne prendrais pas, à votre place, la peine de leur répondre... En quoy consiste le profit que notre Compagnie et notre commerce peuvent retirer des guerres et des paix de M. de Bussy. Peut-on garder son sang-froid en lisant les lettres d'un homme qui vous écrit sérieusement qu'avec cent cinquante galeux, il balance s'il se portera sur la capitale du Mogol ou s'il descendra,

[1] Archives de la marine.
[2] *Id.*

avec toutes les forces que Dieu lui a données, pour faire une irruption dans le Bengale? Mon avis est que, lorsque ce monsieur viendra, on le fasse saigner et traiter tout de suite, s'il y a encore quelque chance de guérison. » Leyrit et ses amis avaient beau supplier pour obtenir le maintien de nos troupes dans le Dékan, ils ne pouvaient triompher de l'obstination du général, qui s'irritait de leurs remontrances et répondait, d'un ton rogue et caustique, avec des railleries et des sarcasmes.

Où avaient-ils la tête, eux qui se prétendaient au courant du pays, lorsqu'ils prenaient au sérieux et Bussy, qui n'était qu'un fou, et la conquête du Dékan, qui n'était qu'un tour de Scapin habilement exécuté, et Salabet-Singue, un misérable Hindou ramassé dans la poussière, décoré du titre pompeux de soubab pour en imposer à la France? Un fou et un vagabond, quels éléments pour conquérir l'Inde! Pour croire à de pareilles choses, il fallait y avoir intérêt. Et il insinuait, par quelques réticences, que c'était le cas pour la majorité des fonctionnaires de la Compagnie; qu'au reste, il s'embarrassait peu quel prince régnerait sur le Dékan et sur les autres parties de l'Inde; que son intention et sa volonté étaient de réunir toutes ses forces contre les Anglais, le seul ennemi. Il terminait en s'enorgueillissant d'être venu pour mettre fin aux comédies, pour clore l'ère des aventures. Leyrit demeurait froissé et mécontent; la division allait se mettre dans le gouvernement de la colonie. Enfin Lally, qui croyait avoir accompli un acte de haute politique, ne se doutait pas qu'il venait de travailler pour son plus grand ennemi, l'Angleterre, et que la force des choses allait l'amener à laisser reposer celle-ci, à lui laisser reprendre une nouvelle vigueur, tandis que lui, qui s'était juré de se garder comme du feu de toute ingérence dans les affaires des souverains indigènes, tenterait l'aventure la plus folle, ruinerait son prestige, épuiserait ses troupes dans une expédition contre un prince du pays, contre un misérable noir!

Lally, en effet, n'était plus maître de la situation, quoiqu'il eût conçu un projet très-pratique. Il voulait, profitant du désarroi où la prise de Saint-David avait jeté l'ennemi, marcher immédiatement sur Madras et l'assiéger, sans en laisser les défenseurs reprendre leur sang-froid. Toutes les chances de succès étaient pour cette opération d'offensive hardie, car les Anglais étaient loin d'être prêts; mais il fallait le concours de la flotte; c'était la condition essentielle, l'éloignement, la déroute ou la ruine de l'escadre ennemie s'imposant comme les préliminaires indispensables du siége.

Lally, le 5 juin, avait proposé l'entreprise sur Madras à d'Aché. Celui-ci avait refusé, en disant qu'il fallait d'abord intercepter les navires anglais, en route pour rejoindre leur escadre, et il avait appareillé pour aller croiser devant Ceylan, à quarante lieues au sud de Pondichéry, laissant la flotte anglaise mouillée sous Madras, à trente lieues dans le Nord, emmenant enfin avec lui les quatre cents hommes qu'on lui avait prêtés pendant le siége de Saint-David.

Malgré deux exprès expédiés à Karikal, on n'avait pu le faire revenir sur sa détermination.

Lally, qui ne se rebutait pas facilement, assembla un conseil mixte. Le résultat de la délibération fut qu'on enverrait un nouvel exprès à l'amiral, « pour le sommer de regagner Pondichéry le plus promptement possible, afin de mettre M. le comte de Lally en état de continuer ses opérations, arrêtées par l'éloignement de l'escadre; et qu'en attendant, on replierait sur Pondichéry toutes les garnisons des postes pris aux ennemis, afin de pourvoir à la sûreté de la ville, renfermant plus de prisonniers anglais que de soldats pour les garder ».

D'Aché revient plus que jamais obstiné dans son projet de croisière. On décide qu'un second conseil aura lieu le lendemain, 18 juin[1]. « Lally et le gouverneur, M. de Leyrit, supplient, conjurent l'amiral, par tout ce qu'ils peuvent imaginer de plus pressant, de marcher sur l'escadre ennemie, tandis que l'armée de terre se porterait sur Madras, déjà consterné et vaincu à demi. A toutes ces sollicitations, d'Aché répond par une seule phrase : « Vous voulez que je me batte; je ne suis pas en état de marcher. » On lui propose de se porter seulement à la hauteur de Sadras, à moitié chemin entre Pondichéry et Madras. Il refuse. On lui propose alors de se porter à Alemparvé, à sept lieues de Pondichéry, afin de couvrir cette ville, de menacer en même temps l'escadre anglaise, et de l'empêcher de débarquer dans Madras une partie de ses équipages. « Eh bien j'y consens, reprend l'amiral; mais qu'on me donne pour quatre mois de vivres, sinon je ne bouge pas. — Mais, monsieur, s'écrie le gouverneur Leyrit, vous n'y pensez pas. Alemparvé est à nous; il est à sept

[1] *Mémoire pour la révision du procès de Lally*, par Trophime DE LALLY, 1779.

lieues sous le vent. Nous pouvons y fournir des vivres comme à Pondichéry même! — Eh! mais, s'écrie à son tour l'amiral, quand même j'aurais battu l'ennemi, où sera ma retraite? — Partout, reprend vivement le gouverneur. — Partout? fait d'Aché en hochant la tête d'un air de doute. » Puis il reste un moment pensif et sans mot dire, avec une mine découragée, se leve tout à coup, sort et regagne ses vaisseaux.

C'en était fait. Il n'y avait plus à penser au siége de Madras. Il fallait perdre tout le fruit d'une campagne si brillamment commencée. C'était pour Lally un coup terrible, et, ce qui augmentait encore sa colere, c'est qu'il n'avait aucun moyen de forcer l'amiral à revenir sur sa détermination. D'Aché, en effet, n'était pas le subordonné de Lally; il était maître de sa flotte. Lally demeurait impuissant. Il le sentait et se retirait de l'assemblée, l'âme troublée par la fureur et le désespoir. Et, pour l'achever, Leyrit, le gouverneur, le prend à part, au sortir de la conférence, et lui annonce brusquement que les caisses de la Compagnie sont vides; que, passé quinze jours, il ne se charge plus ni de nourrir, ni de payer l'armée. Les deux millions apportés de France étaient consommés. Un troisième, pris à Goudelour et à Saint-David, l'était aussi. Deux mois après son arrivée dans l'Inde, Lally se trouvait donc sans vaisseaux et sans argent.

Que faire? Comment sortir de là? Lally sondait et resondait la situation; il se retrouvait toujours vis-à-vis de ce fait : être sans moyens d'action et forcé d'agir. Il avait des moments de découragement entrecoupés d'accès de colere, et, dans ces crises, perdait peu à peu la fougue de volonté qui jusqu'ici lui avait permis de maîtriser les événements, d'en suspendre en quelque sorte la marche. Insensiblement, il en arrivait à cet état d'anxiété morale où les ressorts de la décision s'affaiblissent, et où l'on est tenté d'obéir aux conseils du nombre, parce que cela est commode, parce qu'il semble que tout le monde a plus de raison qu'un seul, alors que rien n'est plus dangereux; car, dans ce cas, ce que propose l'opinion n'est jamais qu'un expédient ou une sottise.

Pendant ces heures de défaillance, le général vit entrer dans son cabinet, le Révérend Pere Lavaur, un Jésuite que Dupleix avait maintes fois employé dans des négociations avec les nababs et les Anglais. C'était un homme très-fin, qui passait pour un esprit plein de ressources, très au courant des affaires de l'Inde; au fond, ce n'était que le plus dangereux des intrigants. Il représenta à Lally que pour se tirer de l'impasse où l'on se trouvait, il n'y avait qu'un moyen, c'était de rançonner un prince indigène. Lequel? cela importait peu, pourvu qu'on le choisît parmi les partisans des Anglais. Lally répliqua sur un ton aigre que ses instructions lui défendaient d'entreprendre des opérations pour ou contre les souverains du pays, car il n'était venu que pour combattre la Grande-Bretagne. Le Pere Lavaur, sans se démonter, s'écria que les instructions n'avaient pas prévu le cas où l'on manquerait d'argent; qu'au reste, cette objection ne touchait en rien à son projet, attendu que ce qu'il avait en vue n'était pas à proprement parler une opération militaire. Il ne s'agit, en effet, continuait-il, que d'un recouvrement de sommes dues par le roi de Tanjaour à notre ancien protégé, Chanda Saïb. Et, très-habilement, le tentateur faisait alors luire aux yeux de Lally l'énorme chiffre de la créance, 5,600,000 roupies. Et puis, reprenait-il, il n'y aura qu'à présenter au Roi la lettre qui est dans la caisse de la Compagnie, et à appuyer la réclamation par la montre de nos troupes et quelques menaces.

Au mot de Tanjaour, Lally était devenu pensif. Le projet de Maissin[1], qui l'avait si fort frappé pendant la traversée, lui revenait en mémoire. Il sentait que si on touchait ces millions, c'était le salut; mais il se rappelait ses instructions et craignait de s'embarquer dans une aventure. Leyrit et la majorité des fonctionnaires de la Compagnie, vinrent appuyer de leur expérience les sollicitations du Père Lavaur. Nous n'avons pas d'autre espoir, disait Leyrit. Chaque coup de canon vous vaudra cinq lacks, s'écriait Beausset, un des membres du conseil colonial. Le général céda alors. Le projet de Maissin était sérieux, minutieusement expliqué, mathématiquement étudié. Dans la pensée de l'auteur, l'opération sur le Tanjaour ne devait être qu'une razzia accomplie au moyen d'une marche rapide fournie par un faible corps, dont le commandant et l'état-major devaient être choisis parmi les officiers qui avaient coopéré à la prise de la ville de Tanjaour, en 1750. Les troupes seraient prélevées sur la garnison de Karikal, renforcée en secret quelques mois auparavant. Pour réussir, il fallait surprendre Tanjaour. On partirait de Karikal, relativement proche de la ville que l'on avait

[1] Archives de la marine.

pour objectif; n'ayant à faire mouvoir qu'un faible détachement, sans beaucoup de bagages, on marcherait rapidement. La connaissance que les officiers avaient du pays et des routes était une garantie de plus.

Lally avait l'esprit trop militaire pour ne point comprendre la valeur de ces dispositions; mais bientôt sa fougue d'imagination et son dédain pour les indigènes l'amenèrent à échafauder tout un système d'opérations grandioses sur le modeste projet de Maissin. Il se dit que, puisqu'il fallait renoncer au siége de Madras faute du concours de la flotte, ce serait un coup de maître d'entreprendre celui de Trichinapaly, pour lequel on n'avait pas besoin de l'aide de d'Aché. Rien n'empêchait, en passant, d'enlever la ville de Tanjaour, et de faire ainsi d'une pierre deux coups.

S'il était facile d'intimider le roi de Tanjaour avec un faible détachement, il était encore plus facile de l'effrayer par la vue d'une armée tout entière. Dans ces conditions, amener le monarque à composition n'était qu'un jeu. On lui imposerait notre alliance, l'obligation de nous fournir des vivres et des troupes pour le siége projeté, et, les sommes à recouvrer une fois versées dans les caisses de l'armée, on se précipiterait sur Trichinapaly, dont les Anglais n'auraient vraisemblablement pas le temps de renforcer la garnison.

Malheureusement, Lally, s'il possédait les qualités militaires qu'exigeait une partie de l'opération, n'avait pas les dons politiques qu'imposait l'autre. Il fallait, pour réussir auprès du roi de Tanjaour, du flair, du calme, de la ténacité, de la souplesse, surtout la connaissance du caractere hindou et de ses ruses, savoir mettre au besoin un gant de velours sur une main de fer. Lally n'avait plus que de l'irascibilité, et avec ses idées d'Europe, son dédain pour les indigènes, il était trop porté à les traiter comme de misérables nègres. Par ses mépris, il ne pouvait qu'exaspérer des potentats qui se croyaient des demi-dieux. En outre, opérant avec toute l'armée, il ne lui était plus possible de fournir une course rapide, et, dès lors, il ne devait pas compter sur le bénéfice de la surprise. Enfin, la marche s'annonçait comme difficile. On avait onze rivières à traverser! Les moyens de transport étaient aussi défectueux que lors du siége de Saint-David, car les indigènes, encore pleins d'horreur au souvenir de la presse exercée contre eux à cette époque, s'étaient presque tous enfuis, emmenant leurs bœufs. Cependant Lally, qui ne se rendait pas compte des difficultés d'une marche à travers la jungle, espérait qu'avec de l'énergie on se débrouillerait; qu'on en serait quitte pour improviser et pour créer en route ce qui manquait au départ.

L'armée quitta Pondichéry le 19, n'emportant que pour un jour de vivres; on comptait se ravitailler à Divirotta, qui n'était qu'à quatorze lieues. Les troupes n'y arrivaient que trente-six heures après, exténuées, mourant de faim et de chaleur. On n'y trouvait rien. Il y avait bien du riz dans les magasins, mais il n'était pas décortiqué, et les instruments nécessaires faisaient défaut. Les soldats fouillaient les maisons, cherchant un peu de nourriture, et en ressortaient les mains vides. Dans leur fureur, ils mettaient le feu aux quatre coins de la ville. Lally avec ses officiers courait au milieu d'eux, priant et menaçant, cherchant à sauver les quelques bœufs qui traînaient l'artillerie, réduit à en laisser abattre une partie.

A travers une campagne désolée, où l'on n'apercevait pas « la figure d'un paysan[1] », on se traîna jusqu'à Karikal; là eut lieu la première distribution de vivres; on y trouva un brahme, émissaire du roi de Tanjaour. Lally le renvoyait avec la demande péremptoire de cinq millions six cent mille roupies à payer sur-le-champ. L'armée quittait tout de suite Karikal. Cette forteresse française n'avait déjà plus de vivres! On n'avait rien prévu, rien préparé pour le passage et le ravitaillement des troupes, la décision et le départ de Lally ayant été si prompts que ses ordres pour le commandant n'avaient précédé l'armée que de quelques jours!

On atteignit Naour, ville tanjaourienne, habitée par de riches négociants. Lally les menaça de pillage, s'ils ne versaient pas dans les caisses de l'armée une contribution de cent mille roupies. Adroitement, ils amusèrent le général pendant toute une journée et firent sortir de la ville leurs marchandises les plus précieuses. Lally, furieux, s'avisa de mettre en adjudication le pillage de la ville, et un des partisans les plus audacieux de l'armée, Fisher, l'obtint pour deux cent mille roupies. Mais cela ne suffisait pas. Le général ne savait plus « à quel saint se vouer pour faire de l'argent ». Il crut que dans la pagode de Kivelour, voisine de la ville, on gardait un trésor. Il fit bouleverser le temple de fond en comble sans trouver une pièce d'argent. On brisa les sta-

[1] *Journal de d'Estaing.*

tues qu'on croyait formées d'un métal précieux, et on vit qu'elles n'étaient que de terre recouverte d'une mince dorure. Pendant le sac de la pagode, les prêtres brahmanes, insultés, poursuivis par les soldats, s'étaient enfuis en maudissant les sacriléges. Quelques-uns, inquiets du sort de leur dieu, se glissèrent dans la pagode. Les soldats les surprirent et les amenèrent à leur général.

C'eût été pour Lally l'occasion d'accomplir un acte d'habile politique. Il fallait traiter avec douceur ces hommes inoffensifs, trouver quelque prétexte pour pallier le sac du temple, et les renvoyer avec mille protestations de regret. Il eût été facile d'obliger les prêtres à rassurer les habitants des campagnes, à les amener à nous vendre des vivres, au lieu de faire le désert devant nous. Mais Lally avait toujours ses idées d'Europe, et il s'obstina à ne voir que des espions dans ces dévots serviteurs de Brahma. En outre, au souvenir des marches faites les jours précédents à travers ces plaines dévastées, ces villages où on ne rencontrait pas un être humain, à la vue de son armée exténuée, mourant de faim, il perdait la tête. Il se disait que pour dompter ces peuples, il fallait les terroriser par l'appareil d'exécutions terribles. Il fit donc amener sur la place de Naour, devant une foule d'Hindous, les prêtres pris au siége de la pagode. Des canons chargés étaient en batterie. On conduisit les captifs devant la gueule des pièces; on les y attacha et on mit le feu aux canons. L'odieux spectacle de cette pluie de sang, de ces débris de chair pantelante retombant dispersés au loin valut plus qu'une victoire pour le roi de Tanjaour. Des émissaires coururent colporter dans toutes les directions le récit du martyr « des hommes de paix ». Un sentiment d'horreur, un violent désir de vengeance s'emparèrent des Hindous. La résistance s'organisa.

Cependant, à mesure que l'armée avançait dans le Tanjaour les souffrances allaient croissant. On n'avait plus ni pain ni viande [1]. Pour toute nourriture, une graine insipide, à peine broyée, le coulou, l'avoine de l'Inde, et les noix des cocotiers. La colonne s'avançait lentement, sous un soleil de feu, dans un nuage de poussière qui irritait la gorge. La terre brûlait les pieds. Les visages, les mains étaient tuméfiés par l'extrême chaleur. Les yeux cuisaient, enflammés par la réverbération des rayons solaires. Les coups de soleil tuaient roide ou rendaient fou. On voyait des soldats, la peau du visage et du crâne pendant en lambeaux effiloqués et jaunâtres, courir çà et là, agitant les bras, chantant ou pleurant; leur délire troublait les plus fermes. On nouait des haillons autour du casque pour se protéger la tête. On mourait de soif, et au passage des rivières, il fallait résister à l'impérieux besoin de boire à longs traits; à peine osait-on s'humecter les lèvres, car qui buvait, mourait; on avait essayé de marcher la nuit et on y avait renoncé; on s'égarait dans les broussailles. Puis c'étaient des alertes perpétuelles : à tout instant il fallait dissiper à coups de fusil et de canon, des hordes de cavaliers mahrattes, de Calers, belliqueuse peuplade de cette région. Nuit et jour, ces légers escadrons tourbillonnaient autour de

[1] *Journal du comte d'Estaing.*

la colonne, ramassant les traînards, attaquant les voitures qu'un accident arrêtait, enlevant les sentinelles autour des feux du bivouac. De temps à autre, on prenait quelques-uns de ces batteurs d'estrade; on se gardait de les fusiller. On les attelait aux pièces, aux caissons : presque toutes les bêtes de somme étaient mortes ou mouraient.

Lally, d'Estaing, Crillon, Montmorency, cheminaient à pied au milieu des troupes dont ils partageaient les souffrances. Les soldats des vieux bataillons de Berry, de Lorraine et de Lally, un bâton à la main, en sueur, amaigris, silencieux, mornes, essoufflés, marchaient lentement, s'arrêtant tous les cent mètres pour reprendre haleine; mais ils serraient leurs fusils et gardaient leur rang. On pouvait encore être sûr de ces gens-là, un jour de bataille...

Enfin, à la crête d'une petite éminence, l'armée aperçut à ses pieds des champs verdoyants et bien cultivés, comme il y en a aux approches des grandes villes, et, dans les lointains de l'horizon embrasé, elle vit des tours pyramidales émergeant d'un amoncellement de taches blanches. On était en face de la ville de Tanjaour. L'armée crut toucher au terme de ses maux. Bientôt, des masses de cavalerie et d'infanterie, traînant avec elles des canons, se montrèrent dans la plaine, s'avançant à la rencontre des Français, qui se réjouissaient, dans l'espoir d'en finir tout de suite.

Le combat fut court. Quelques salves de l'artillerie, des feux de peloton, une charge vigoureuse à la baïonnette, c'en fut assez pour mettre les Hindous en fuite. Mais ceux-ci, chose qui inquiéta les officiers au courant de leur valeur militaire, se rallièrent en touchant les faubourgs, dont ils défendirent les maisons avec une énergie peu commune chez eux. Il fallut une nouvelle lutte pour les déloger et les rejeter au delà du rempart, qu'on jugea trop fort pour tenter l'escalade. De nombreux canons en garnissaient les courtines et les hautes tours; on n'avait pas d'échelles; on se décida à camper, à établir des batteries, à pratiquer la brèche. Au reste, chacun était persuadé que, dans trois jours, le rajah épouvanté enverrait au camp ses ministres pour rendre la ville à merci.

Des négociations étaient en effet engagées. Tout troublé qu'il était, le rajah montrait de l'habileté. Il niait tout d'abord la dette, disant qu'ayant souscrit un billet à Chanda Saïb et non point à la Compagnie, il devait à Chanda Saïb ou à ses héritiers, mais non pas aux Français. Il ajoutait que pourtant son désir le plus cher était de devenir l'allié des Français, et qu'il était tout prêt à leur verser trois lacks de roupies, si ceux-ci voulaient évacuer le pays. Il offrait à Lally, en cadeau, un lack. Le général refusait dédaigneusement. Il devenait de plus en plus dur, de plus en plus méprisant avec les Hindous, dans les conférences. Ceux-ci humiliés, mais voyant que les menaces de Lally n'étaient pas suivies d'effet, redoublaient de ruse et traînaient les choses en longueur, pleins d'espoir dans l'intervention du commandant anglais de Trichinapaly, prévenu en secret.

Lally posait enfin son ultimatum. Il exigeait quatre lacks, un le jour de son départ de devant Tanjaour, un le jour de son arrivée devant Trichinapaly, les deux autres en octobre; comme gage et comme nantissement, tout le pays occupé par l'armée, Trivelour, Kivelour et Naour, puis des munitions de guerre, des vivres, le tout pour six lacks, et des otages.

Le Roi céda tout d'abord et paya 50,000 roupies; le colonel Kennedy et le R. P. Estevan entraient dans le dorbar pour emporter le traité. Au moment où on allait signer, un brahmane surgissait tout à coup de derrière une draperie et, s'approchant du rajah, lui glissait à l'oreille que de gros bataillons de la garnison anglaise de Trichinapaly marchaient au secours de Tanjaour, appuyés par de nombreuses hordes de cavaliers mahrattes. Aussitôt le rajah se levait, faisait arrêter nos plénipotentiaires et donnait à l'artillerie des remparts l'ordre de tirer sur les Français. Quelques jours après, on renouait de nouvelles négociations où se manifestaient la crédulité de Lally et la fourberie des Hindous.

Cependant, l'armée française était aux abois devant cette ville dans l'abondance. On avait à peine pour deux jours de vivres. Et quels vivres! du riz avarié, du biscuit gâté, quelques troupeaux de chèvres sauvages (chiens marrons). Il fallait tous les jours envoyer des détachements à la maraude. Chaque sac de riz coûtait un homme. On n'avait presque pas de munitions, trois milliers de poudre, une vingtaine de cartouches par soldat, et pas deux cents boulets.

Lally attendait un convoi de ravitaillement de Pondichéry. Il avait écrit, depuis Karikal, lettre sur lettre pour l'obtenir. Il avait expliqué sa situation point par point, en avait montré toute l'horreur. Malgré toutes ses prières, il n'avait reçu ni un grain de poudre ni un grain de riz. Lally, désespéré, adressait au gouverneur, M. de Leyrit, une dernière missive, qui était comme un testament. « Me voilà engagé, lui écrivait-il le 21 juillet 1758, sur la foi périlleuse du conseil et des troupes de l'Inde, dans une entreprise que chacun regardait et conseillait comme une chose aisée, et qui est devenue d'une si grande importance que le salut de l'Inde en dépend... Nous sommes actuellement assiégés dans notre camp par six mille Mahrattes et deux mille Calers, qui attaquent tous les jours nos convois, et nous sommes réduits à piller du nesly, nous-mêmes, pour subsister... Nous ne pouvons commencer le siége faute de poudre et de boulets, obligés de détacher tous les jours la moitié de l'armée pour ramasser du nesly, dans l'impuissance de changer de position, à moins d'abandonner toutes nos grosses pièces et la moitié de nos petites de campagne... Nous voilà dans la nécessité de passer la ville au fil de l'épée, et de n'en tirer aucun avantage par le défaut de fonds pour entreprendre le siége de Trichinapaly, et par le manque total de toute espèce de voitures pour changer de position... Je reste sans un bœuf, sans un caisson... Voilà l'horreur de notre situation... Je suis déterminé à ne pas bouger d'ici... Ce qu'il y a de certain, c'est que j'aurai une brèche faite avant quatre jours. »

Il était absolument résolu à en finir, à enlever la ville, ou à périr devant. Il avançait ses batteries, et, malgré des difficultés inouïes, — le croira-t-on? on était obligé de ramasser les boulets envoyés par l'ennemi pour entretenir le tir de nos pièces, — il réussissait à pratiquer dans la muraille une brèche large de dix pieds, lorsque tout à coup arriva au camp une nouvelle terrible. L'escadre française avait essuyé une défaite. La flotte anglaise bloquait Karikal!

Lally se demande si le destin ne se prononçait pas contre lui. Quelle alternative que celle où il était! Lever le siége après tant de maux supportés en pure perte! Rester avec la perspective de Karikal tombant aux mains des Anglais! Tenter l'assaut! Et si l'on échouait? Il se décida à en appeler à un conseil de guerre. Il exposa nettement les choses, et recueillit les avis sans donner le sien. Le comte d'Estaing et Saubinet affirmèrent la nécessité de l'assaut, la prise de Tanjaour n'étant pas douteuse et devant fournir plus de munitions qu'on n'en pourait tirer de toutes les forteresses de la Compagnie. Tanjaour entre nos mains, disaient-ils, devenait une base d'opérations formidable contre Karikal au pouvoir des Anglais. Que feraient ces derniers contre l'armée réapprovisionnée en vivres et en munitions? Si on levait le siége, il serait impossible de protéger Karikal ou de le reprendre, avec des canons sans boulets et des fusils sans cartouches.

La majorité du conseil ne voulut rien entendre et vota pour la levée du siége, déclarant que la retraite était le seul moyen de salut, et que la conservation de Karikal était plus importante que le châtiment du roi de Tanjaour. Lally donna les ordres pour que le départ des troupes eût lieu le lendemain à la pointe du jour. On enlevait les canons, on chargeait les voitures au milieu de l'obscurité. Les soldats harassés s'étendaient par terre, au hasard, à l'endroit où la fatigue les surprenait. Cependant, le roi de Tanjaour faisait sortir de la ville de grosses masses d'infanterie et de cavalerie, qui, à travers les broussailles et les fossés des rizieres, se glissaient sans bruit autour du camp. Au lever du soleil, les sentinelles françaises aperçurent un peloton d'une cinquantaine de cavaliers qui se dirigeaient au pas vers elle. Au qui-vive, leur commandant tendit ses mains désarmées, s'annonçant lui et ses hommes comme des transfuges, demandant à être conduits pres du général. L'attitude de ces cavaliers, leurs regards, eussent effrayé tout autre qu'un factionnaire à moitié endormi Ces Hindous étaient ivres d'opium et de fanatisme; surexcités par les prédications des brahmanes, ils avaient juré de venger dans le sang de Lally le meurtre des prêtres de Kivelour.

Lally, à peine vêtu, une canne à la main, apparaît, au seuil de sa tente. Ils fondent sur lui. Il pare les coups de sabre avec son bâton. Il tombe sous les pieds des chevaux. Des grenadiers et des dragons accourent; on se bat sur son corps. Les Hindous succombent enfin. Un seul reste debout, s'élance sur un caisson, y met le feu et se fait sauter! Au bruit de l'explosion, les troupes du roi de Tanjaour s'élancent des buissons, des rizières où elles se tenaient cachées, pénètrent jusqu'au milieu du camp. Lally, contusionné, mais debout, rallie ses soldats et les lance en avant. Il a retrouvé toute sa fougue, toute sa présence d'esprit, au bruit du canon. En un clin d'œil, il a nettoyé le terrain; l'ennemi est en fuite, abandonnant plus de six cents morts. On ne le poursuit pas cependant; on forme le convoi et l'armée quitte ce champ de bataille, où elle vient de remporter une glorieuse et stérile victoire.

La retraite fut encore plus pénible que ne l'avait été la marche en avant ; on se heurta aux mêmes difficultés, on souffrit les mêmes maux et on n'était plus soutenu par l'espoir. Pourtant, malgré la faim, le manque de chevaux et de bœufs, les broussailles, les rizières, la boue, le sable, le soleil, on ne perdit qu'un caisson et qu'un affût. On ramena presque toutes les pièces à bras, car Lally savait entraîner ses soldats, s'il ne savait pas les nourrir !

Quand on arriva dans les environs de Karikal, on apprit que le drapeau français flottait toujours sur les remparts de cette ville, qui n'avait même pas été attaquée. On avait été dupe d'une fausse nouvelle. L'escadre anglaise n'avait mouillé que quelques heures devant la place, et avait repris la haute mer ! Les officiers qui avaient combattu l'avis de d'Estaing durent regretter amèrement leur manque d'énergie.

Lally revenait au milieu de ses troupes, dévoré de soucis, irrité, déchargeant sa bile sur le gouverneur et les fonctionnaires de la Compagnie, les accusant d'incapacité, de mauvais vouloir, de calculs affreux, sans penser un instant à s'accuser lui-même. Il oubliait qu'il était parti pour cette expédition du Tanjaour comme pour une promenade militaire ; il oubliait sa brusque décision, sa brusque entrée en campagne. S'était-il préoccupé des moyens de transport? Avait-il contrôlé l'état des magasins de Karikal? Avait-il calculé les difficultés du trajet pour les convois de ravitaillement? On l'eût étonné en lui posant ces questions. Il eût répondu sans ambages et sincèrement que c'était là des services qui incombaient au gouverneur, car si le devoir de l'armée était de se battre, le devoir de l'administration de la Compagnie était de faire vivre le soldat. Il était persuadé, et avec raison, que la profusion et le vol régnaient dans les bureaux.

Il se promettait de faire la chasse aux voleurs. Il écrivait au gouverneur pour lui porter des plaintes amères, pour lui annoncer la nécessité d'une prompte réforme. Leyrit lui répondait tristement, comme un homme qui sait à quoi s'en tenir : « Il est à souhaiter que vous puissiez établir de l'ordre et de la règle dans l'administration des finances, comme dans la distribution des vivres de votre armée. Celui que vous chargerez de cette besogne aura besoin pour s'en acquitter de beaucoup de fermeté, et se fera bien des ennemis... Ce que vous me marquez sur le peu de fonds de votre caisse militaire ne m'a point échappé; celles d'ici ne sont pas mieux pourvues. Toutes les ressources sur lesquelles nous comptions, tant du Nord que du Sud, nous ont malheureusement manqué. Ne devions-nous pas nous flatter sur les promesses qui nous ont été faites de recevoir quelques secours de France? Nous voilà cependant à la fin d'août, et il ne nous est pas même parvenu la moindre nouvelle de cette partie-là. Je m'occupe jour et nuit de la fâcheuse position où nous nous trouvons; mais, quelques soins que je me donne, les dépenses sont trop considérables et mes ressources trop épuisées pour qu'il me soit possible d'y remédier. »

Ainsi la situation était claire : c'étaient l'abandon et le dénûment. Il restait dans la caisse de l'armée 1,200 livres. Eh bien! Lally, et en cela il est admirable, ne se découragea point. Il se dit que si on avait échoué dans le Tanjaour, on pouvait réussir devant Madras. Il expédia d'Estaing à Pondichéry, avec la mission de proposer l'entreprise au conseil et à d'Aché.

Le comte d'Estaing assemble le conseil le 18 août; il montre l'importance du siége de Madras, opération nécessaire, capitale, qui décidera de l'issue de la guerre. Il offre autant de troupes que l'amiral en voudra pour renforcer les équipages, demande à s'embarquer lui-même, et enlève l'approbation du conseil, qui arrête qu'on écrira à l'amiral pour l'inviter à tenter l'expédition sur le principal établissement des Anglais dans l'Inde. Comme la premiere fois, d'Aché refuse. Il répond qu'un troisième combat exposerait l'escadre, qui est la sûreté du pays; que son parti est pris de s'en retourner à l'île de France. Sans doute, il craignait les dangers de la mousson prochaine. Pourtant, La Bourdonnais, dans des circonstances semblables, avait consenti à attendre jusqu'au milieu d'octobre; il est vrai qu'un ouragan détruisit alors une partie de la flotte. Malgré toutes les supplications de d'Estaing et du conseil, qui objectaient que les vaisseaux anglais étaient aussi exposés que les nôtres et pourtant tenaient la mer, d'Aché ne voulut rien entendre. On eut beau l'inviter à rester au moins jusqu'au 20 septembre, il ne tint compte ni de l'avis, ni des protestations du conseil, et appareilla le 2, le lendemain du jour où Lally rentrait à Pondichéry, plus sombre et plus irrité que jamais.

Pondichéry ne l'accueillait pas comme un victorieux. Comme les temps étaient changés ! Comme on était loin des pompes et des fêtes données au retour du siége de

Saint-David! Plus de bateaux pavoisées sur les canaux qui coupaient la ville, plus de femmes tendant des fleurs au général; mais un silence glacial, des maisons fermées, des sourires railleurs sur les levres des membres du gouvernement. Pondichéry, habitué par Dupleix à mettre sous son pied les nababs vaincus, se refusait à comprendre l'échec de l'armée, et lisait avec avidité un factum qui commençait par ces mots: « M. de Lally est l'homme le plus extraordinaire qui soit jamais venu aux Indes. Vous êtes trop bons patriotes pour ne pas lui passer ses fougues, ses écarts et ses disparates; il vous en fera à chaque instant. Vous éprouverez aussi ses emportements, surtout lorsqu'il s'agira de redresser ses idées, souvent ses travers. Je vous conjure, au nom de la nation et pour le bien général, de ne point vous décourager, je vous préviens de son grand faible, c'est que, ne sachant rien faire, il veut avoir l'air de tout faire par lui-même, et de ne recevoir avis de personne.

« Vous aurez aussi beaucoup de peine à le fixer, car, en traitant les affaires les plus sérieuses et les plus pressées, il s'amuse d'une bagatelle, d'une historiette, et rien ne finit. Il faut encore vous prévenir qu'il croit être impénétrable, et qu'il sait très-mauvais gré à ceux qui le devinent. Je finis ce tableau par vous dire que c'est l'homme le plus avaricieux de l'Europe, et qu'il s'imagine être assez fin pour en imposer à toute la terre sur ce point. »

Cependant Lally ne faisait rien pour ramener l'opinion. Il se montrait plus méprisant que jamais avec les fonctionnaires de la Compagnie et criait de plus en plus fort que Pondichéry était une sentine de corruption. Ces discours émanaient d'un homme désillusionné, mais n'étaient certes point le fait d'un politique. Désormais la division et la haine allaient présider à toutes les délibérations des conseils de la Compagnie.

CHAPITRE IV

PREMIÈRES DISCORDES.

Portraits de Bussy et de Lally. — La discussion sur l'évacuation du Dékan. — Lally persuadé de la cupidité de Bussy. — Prise d'Arcate. — Révolte. — Rajah Saïb, nabab d'Arcate. — Épuisement des ressources. — Les Anglais dans l'abondance. — Lally décidé à assiéger Madras quand même.

Entre deux hommes qui représentent deux politiques absolument opposées, qui ont des caractères différents, des passions ardentes, la lutte est inévitable et le duel d'autant plus acharné que les rivaux ont au service de leur cause plus de valeur morale et intellectuelle. Tel fut le cas pour Bussy et Lally.

Bussy[1] était alors dans toute sa gloire; il était devenu l'incarnation d'un système : la conquête de l'Inde. Ébloui par l'éclat de tant de victoires, ce pays ne lui résistait plus; il l'avait dompté par la force et séduit par la modération. L'Inde le regardait comme un protecteur, non comme un maître. Nul ne sut mieux que lui caresser et châtier tour à tour. Et quelle séduction dans son allure toute de résolution et de bonhomie, dans cette

[1] C'est à tort qu'on a fait naître Bussy à Bucy-le-Long, en 1718. Il naquit à Ancienville, près Soissons, le 8 février 1720. (MICHAUX, *Bulletin de la Société archéologique de Soissons*, t. XIII, 1882.)

dignité naturelle, dans ce je ne sais quoi de haute race et d'altier, qui en impose, tout en s'alliant merveilleusement à la grâce des manieres. Ce soldat était un homme d'État. Là est l'originalité de ce caractere, le secret de sa force et de sa faiblesse, l'explication de son rôle. S'il est sans rival pour mener une charge, s'il a les profondeurs de calcul du stratége, il a surtout la qualité des grands ministres : il sait reconnaître au milieu de ces courants de forces éparses et divergentes qui font ou défont les empires, les éléments dont l'homme d'État doit se servir pour faire triompher sa cause. C'est l'esprit le plus politique, le plus pratique qui se puisse voir. Il a le jugement droit, un grand tact, des conceptions claires, précises, l'instinct d'un diplomate, le flair; et sa qualité dominante, c'est le bon sens; au fond, un modéré qui n'aime que le réel.

Ce besoin du positif, cette haine des chimères l'amèneront à la résistance d'abord, puis au découragement, quand il verra ses projets ruinés par la maladresse de Lally; quand il se sentira impuissant à sauvegarder la plus faible parcelle de son œuvre; quand il saura enfin que celui qu'il regarde comme un songe-creux le raille et le méprise. Son orgueil se révolte alors. Il s'indigne à la pensée qu'il lui faut obéir à cet homme qu'il appelle un fou furieux, alors que lui, Bussy, a été le collaborateur de Dupleix, le maître du Dékan! Des passions qui dormaient s'éveillent soudain en lui. Il a de l'amertume, des colères d'amour-propre froissé, des rancunes, une haine froide et patiente. Et Bussy, qui aurait pu fonder l'Empire français aux Indes, si on lui avait confié le commandement de l'armée au lieu de le donner à son rival, n'est plus qu'un critique méprisant et hostile. Il reste comme une ombre chagrine devant l'enterrement de ses projets, leur faisant cortége avec ses protestations et ses douleurs.

Lally n'a aucune ressemblance avec son rival. Il n'a pas l'esprit politique et n'est rien moins qu'un diplomate. C'est un tempérament de soldat, un caractere tout de fougue et de passion; il ne sait ni séduire, ni caresser; un ton impérieux, des manières cassantes, un sourire sarcastique, des mots qui cinglent l'homme visé comme d'un coup de fouet en emportant le morceau, des coleres froides, un orgueil incomparable, une morgue et une hauteur à se faire détester de l'univers, enfin ombrageux, défiant, porté par nature à rechercher toujours une arrière-pensée chez celui qui lui parle. De l'intelligence, il en a; mais c'est un esprit absolu, étroit, entêté jusqu'à se casser la tête sur un fait. Il part volontiers d'un principe faux, et de déduction en déduction il va jusqu'au bout, emporté par ses facultés d'imagination, qu'il a trop vives et qui lui cachent la réalité. Ce qui lui manque, en effet, c'est le jugement, le sens du possible. Il est plein de contrastes, son âme est aussi tourmentée que son visage.

Lally, en vérité, est fait d'un amalgame de force et de faiblesse. Il est doué d'une énergie à soulever des montagnes, mais il n'a pas de prévoyance. Il a de la pénétration et pas d'habileté. Il possède un courage à dompter la terre, l'élan, l'art de faire passer dans le cœur du soldat le feu qui le dévore, et il manque entièrement de la qualité primordiale qui constitue le capitaine : le sens de l'organisation. Il est dépourvu de méthode, a volontiers recours aux expédients. Il n'est pas de ceux qui, tous les soirs, avant de penser au sommeil, compulsent, anxieux, les états de leurs troupes. Le service d'approvisionnement, à ses yeux, c'est l'affaire des commis préposés à ce soin-là. Qu'on les frappe, s'ils ne remplissent pas leur devoir. C'est tout son code. Lui doit se battre, eux doivent le nourrir.

Étrange contradiction! cet homme qui ne pense à surveiller les actes des commissaires aux vivres que lorsque les troupes meurent de faim, se montre d'une méfiance inouïe, quand il s'agit de ses projets politiques. Alors il n'écoute personne; il est indomptable : c'est qu'au fond il est convaincu que la raison même a inspiré ses plans. Il voit les choses à travers le prisme de ses illusions. Il s'estime un esprit très-rassis, lui, le chimérique, l'aventureux par excellence, le sectaire, l'émigré! Et c'est précisément parce qu'il n'a aucun doute sur la valeur de ses projets qu'il se montre terrible, impitoyable pour l'imprudent qui les déclare dangereux ou mal conçus. Il ne le regarde pas seulement comme un adversaire personnel, mais comme un ennemi de la patrie même, comme un traître qu'il faut poursuivre avec acharnement.

C'est surtout cet orgueil d'infaillibilité qui lui valut sa réputation d'homme méchant, et qui fut cause de ses malheurs. Méchant, il ne l'était pas. On cite de lui des actes de bonté vraie et grande. Ce caractère si violent était tendre parfois. Il y a dans sa vie une histoire d'amour qui est un roman douloureux. Un fils naquit de cette liaison cachée. Lally le faisait élever en secret et l'avait confié aux soins d'un honnête marchand de draps de la rue Saint-Honoré, le sieur Platel. L'enfant ignorait le nom de son père et ne sut celui de sa mère, mademoiselle Clifton, que quatre ans après la mort de celle-ci. Lally aimait son fils, ce fils qui ne le connaissait pas et qui devait être son vengeur. Au jour du danger, il se souvenait de l'enfant[1]; dans deux testaments il le reconnaissait. Il le légitima plus tard par un mariage secret. Quelques heures avant son supplice, il déclarait, dans ses dernières volontés, la légitimité du jeune homme. Il lui recommandait sa mémoire et lui disait qu'il mourait sans reproche.

Il ne lui laissait qu'un très-petit bien. Cet homme, qu'on accusa d'avoir volé des millions, mourut pauvre, et avait été toute sa vie désintéressé, austère, stoïque même. Ses qualités, plus encore peut-être que ses défauts, furent la cause de ses malheurs Après la prise de Pondichéry et la perte de l'Inde, il fallait une victime expiatoire, un bouc émissaire. Tous les ennemis que Lally s'était faits par sa hauteur, son entêtement, son honnêteté, s'ameutèrent contre lui, l'accusèrent de trahison et le poussèrent sur l'échafaud. Cette exécution de Lally fut un assassinat. Il avait fait des fautes, d'immenses même, mais ce n'était pas un traître que ce loyal serviteur, cet héroïque soldat!

Entre Bussy et Lally, entre ces deux hommes qui représentaient, l'un la raison, l'autre la passion, les relations ne demeurèrent pas cordiales, même quelques jours. Il se détestèrent dès qu'ils se virent. Bussy

[1] Testaments de Lally, 8 mars 1761 et 1762, Archives de la marine.

était arrivé le 26 septembre 1758, au moment où Lally, reconnaissant l'impossibilité de tenter le siége de Madras, venait de se décider à marcher sur Arcate et à enlever cette ville aux Anglais et à Méhémet-Ali-Kan, leur protégé. C'était une entreprise aussi hardie que nécessaire. La prise d'Arcate ne constituait pas seulement un échec cuisant pour les Anglais et le nabab, leur vassal, la possession de cette place assurait encore les approvisionnements de l'armée, car le vaste territoire de cette nababie était le pays le moins dévasté du Carnate.

La conquête d'Arcate nous donnait enfin ce qui nous manquait le plus, de l'argent, car la province avait de gros revenus. Or, pour les encaisser sans risque, sûrement, le meilleur moyen, c'était d'introniser sur le trône, aux lieu et place du vassal des Anglais, un prétendant de notre choix qui percevrait les impôts selon la coutume de la contrée, et nous verserait un gros tribut. Les prétendants ne manquaient pas; mais il n'y en avait que deux entre lesquels on pût hésiter un instant, Bassalet-Singue et Rajah Saïb. Bassalet-Singue, frère du soubab du Dékan, apparaissait au milieu de la féodalité indienne comme le prince le plus riche, le plus puissant par l'étendue de ses domaines et le nombre de ses vassaux; il avait du courage, de l'activité et de la soumission. Rajah Saïb était le fils ce Chanda Saïb, l'ancien allié de Dupleix, qui l'avait fait nabab du Carnate. Il n'avait pour lui que l'éclat des services rendus par son père, un nom populaire, du courage, de l'activité, un esprit d'intrigue, une violente ambition, mais pas de fortune, pas de domaines et pas de vassaux. Un politique eût eu bien vite fait son choix entre les deux candidats.

Lally avait été très-frappé de l'avantage qu'il y avait à tenir dans la main Arcate et le souverain de cette province, et, dominé par cet appât, il avait oublié ses dédains, la répulsion qu'il manifestait naguère à s'allier avec de misérables nègres, comme il disait. Il se montrait maintenant très-disposé à traiter avec un potentat hindou. Malheureusement, là comme en tout le reste, il refusa d'écouter les gens compétents, qui lui conseillaient de soutenir la candidature de Bassalet-Singue au détriment de celle de Rajah Saïb. Les raisons politiques qu'on lui donnait, le firent sourire; il les qualifia de contes en l'air. Il était décidé à soutenir Rajah Saïb, dont les propositions lui avaient plu, qui lui semblait un instrument docile, et qu'il avait sous la main.

Rajah Saïb offrait de détenir la nababie d'Arcate sous l'autorité de Lally et du conseil, de recevoir dans la ville et dans les forts une garnison française, de payer enfin à la Compagnie une rente de 140,000 livres, et un tribut égal à celui que Méhémet-Ali-Kan versait aux Anglais. Il demandait en retour que Lally obtînt de Salabet-Singue, soubab du Dékan et suzerain du Carnate, le paravana (décret) d'investiture qui, seul, pouvait lui donner l'autorité morale et légitime.

Bussy, en arrivant, ignorait encore les offres de Rajah Saïb, et la décision du général en chef. Il savait seulement que l'on marchait sur Arcate, et ce fait l'enhardissait et lui donnait de l'espoir. Il lui parut dès lors

[1] Collection Ariel.

facile de convaincre le général de l'importance qu'il y avait à rester le protecteur du souverain du Dékan, puisqu'on allait avoir plus que jamais besoin de l'aide de ce dernier pour sanctionner nos actes. Il ne ressentait ni aigreur, ni acrimonie; il ignorait les railleries dont il avait été l'objet; il ne voyait dans le général qu'une grande ignorance au service de bonnes intentions.

Lally, au contraire, était plein de défiance et de soupçons [1]. Il était convaincu que Bussy avait dans l'âme les plus noires pensées et les plus bas calculs; il le savait riche; il venait d'apprendre que Bussy avait en saquir, c'est-à-dire en rente perpétuelle, les terres d'Aurungabad, valant plus de trois millions; il demeurait persuadé que Bussy, lorsqu'il demandait avec tant d'ardeur son renvoi dans le Dékan [2], n'obéissait qu'aux sollicitations d'une cupidité effrénée.

L'armée était en pleine marche, quand, le 27 septembre, Lally et Bussy se rencontrèrent sur la route d'Arcate. L'attitude du conquérant du Dékan fut simple et cordiale; on remarqua la froideur et l'air guindé du général en chef, dans les premiers échanges de politesse habituelle. Sa calèche s'était arrêtée sur la route; il invita Bussy à y monter, et l'entretien tomba bientôt sur les affaires du Dékan. Bussy parla le premier. Il rappela [3]

[1] Lettre à M. de Silhouette, 18 octobre 1759, Fonds des colonies, Inde, ministère de la marine et des colonies.

[2] *Ibid.*

[3] Lettres de Bussy à d'Argenson : manuscrits de l'Arsenal. — Bussy à Lally, 1759 : Archives de la marine. — Lally à Silhouette, 175 : Archives de la marine et des colonies, fonds de l'Inde. — Mémoire pour Bussy. Paris, Lambert, 1766. — Mémoire pour le comte de Lally, par son fils.

d'abord qu'il n'était qu'un simple officier d'infanterie, lorsque Dupleix lui confia la mission de conquérir le Dékan et de placer sur le trône de cette immense contrée le protégé de la France, œuvre difficile s'il en fut. Il fallait vaincre les Mahrattes, dompter une féodalité remuante, écraser des révoltes sans cesse renaissantes; enfin, par l'alliance de la modération et de la force, tout en s'affirmant plutôt comme un arbitre que comme un conquérant, rester le maître. Il avait réussi, grâce à son zèle et à son amour de la patrie, et aujourd'hui il pouvait proclamer que Salabet-Singue était solidement établi sur le trône et l'influence de la France absolument assurée, si toutefois on ne retirait pas les troupes du Dékan.

Lally, à demi couché sur les coussins de la calèche, conservant sur les lèvres son éternel sourire sarcastique, écouta sans mot dire, en regardant du coin de l'œil son interlocuteur. Bussy s'animait, entrant dans le vif de la question [1]. « Le Dékan, dans nos mains, nous assure la possession de l'Inde, disait-il. M. Dupleix déclarait que c'était là la clef de voûte de tout son système. Toute action est matériellement et moralement impossible si on ne tient pas l'oreille et la volonté du roi du Dékan; car rien ne peut se faire sans son concours. Il est suzerain du Carnate, du Maïssour, d'Arcate, de Trichinapaly. C'est lui qui donne ou qui retire l'investiture aux nababs. La Compagnie elle-même ne possède Pondichéry que par un acte de cession consenti autrefois

[1] Mémoire remis à Lally par Bussy, octobre 1758. Voir le Mémoire pour Bussy. Paris, Lambert, 1766.

par un soubab du Dékan. C'est le pouvoir dont tout relève. Que cette autorité ait rencontré des rebelles, cela ne prouve rien, et elle n'en est pas moins la seule autorité politique et morale à laquelle obéit toute cette partie de l'Inde, théâtre de notre action. Il est donc de la plus haute importance que nous continuions à dicter, par la bouche de Salabet-Singue, nos volontés à l'Inde, surtout aujourd'hui que nous marchons sur Arcate pour en chasser le protégé des Anglais, qu'il faudra fatalement remplacer par une créature à nous. Si nous évacuons le Dékan, au contraire, tout notre pouvoir s'effondre; car il est impossible à Salabet-Singue de se soutenir sans la poignée de Français qui l'a défendu jusqu'ici. Nous partis, le soubab sera en butte aux attaques des Mahrattes, des Anglais, et enfin d'un compétiteur dangereux que la Grande-Bretagne appuiera certainement, Nizam-Ali, le fils de l'ancien soubab dépossédé.

« Salabet-Singue succombera dans la lutte, et les Anglais mettront sur le trône, à la place de notre vassal, leur créature Nizam-Ali, ou Salabet-Singue mendiera le secours des Anglais et se retournera contre nous. Et alors, nous n'aurons pas seulement perdu le Dékan, le prestige et l'influence que sa possession nous donne; nous perdrons encore ces provinces du Nord, les Circars, que j'ai réussi à faire céder par Salabet-Singue en toute propriété à la Compagnie. Il ne nous sera même pas possible de conserver nos établissements de Mazulipatam et de Divy. » — Quelques mois plus tard, l'événement justifiait ces paroles prophétiques. — « Et ce n'est pas tout encore : nous ne pourrons plus rien entreprendre contre Madras, puisque cette ville aura alors pour appui toutes les immenses ressources du nord de l'Inde. Le seul moyen, pour parer à tous ces dangers, c'est de renvoyer immédiatement quelques soldats français auprès de Salabet-Singue.

« L'évacuation du Dékan [1], ajoutait Bussy, amènerait fatalement la ruine de tous nos établissements de l'Inde, puisque cette politique implique nécessairement la renonciation à tout système d'alliance contractée avec les princes indigènes, et que c'est un fait indiscutable que, sans le secours de ces derniers, il est impossible de pourvoir aux besoins de l'armée, le vide se faisant devant elle. Ce n'est pas tout encore; il faut que j'insiste sur un autre côté de la question, aussi important. La caisse de l'armée est vide. L'argent manque pour payer les troupes et entretenir la guerre. Quand recevra-t-on de France un secours pécuniaire? On ne sait. On en est réduit aux expédients. Il est pourtant possible de se passer, du moins pendant quelque temps, des subsides de la métropole, et de trouver des ressources dans l'Inde. Les impôts des Circars, ces provinces du Nord, dont les revenus nous ont été cédés par le soubab, sont perçus par les Paléagars, petits princes, incapables de résister à l'effort d'une troupe européenne. Ils détiennent aujourd'hui plus de sept millions, montant des taxes, qu'ils gardent quand on ne les exige pas. Pour faire entrer ces fonds dans nos coffres, il suffit d'envoyer un homme habitué aux choses de l'Inde, et de lui donner une escorte de deux cents Européens. Il n'y aura aucune résistance; cette marche sera une prome-

[1] Voir Mémoire pour Bussy, 1766.

nade militaire, mais sous la condition absolue, que l'on se présentera sous le couvert de Salabet-Singue, et pour cela il ne faut pas abandonner le Dékan. » Il ajoutait encore de nouveaux faits, de nouveaux arguments pour appuyer ses théories de domination sur la péninsule. Aux yeux de Bussy, l'Inde était un pays à mettre sous le pressoir; c'était la France qui devait en recueillir le jus.

Lally[1] resta sourd à ces avertissements prophétiques. Il demeurait convaincu que l'imagination et l'intérêt les dictaient seuls. Il ne répondit donc que quelques mots pour affirmer que les Anglais étaient le grand, l'unique ennemi; que ceux-ci une fois écrasés, il serait en état de faire, sans sortir de son cabinet et à peu de frais, des opérations plus sûres que celles qui avaient coûté au Roi tant de sujets et tant d'argent; qu'il trouvait enfin vagues et chimériques les craintes de Bussy. Celui-ci resta étonné, sans réponse. Le silence dura un moment; Bussy réfléchissait. L'idée lui vint sans doute que les accusations qu'on formulait à Pondichéry sur le général pouvaient avoir quelque fondement, et qu'il y avait peut-être dans cette âme un sentiment de cupidité dont il fallait se servir pour le triomphe d'une politique de raison et de salut. Bussy, hélas! avait tant pratiqué les Asiatiques et les fonctionnaires de la Compagnie que la corruption lui apparaissait comme une aide naturelle et presque nécessaire. Enfin, lui, le politique, commit la lourde faute de dire à Lally : « Je ne vous demande que huit ou dix jours pour me reposer à Pondichéry.

[1] Lettre de Lally à M. de Silhouette, 16 octobre 1759.

Je vous ai amené trois cents hommes du Dékan, ajoutez-en sept cents et renvoyez-moi à Salabet-Singue. Je vous ferai compter cent cinquante mille roupies et un diamant de cent mille francs. »

Lally eut un soubresaut. Enfin Bussy se démasquait, et montrait à nu sa cupidité et son égoïsme ! Il réussit pourtant à composer son maintien et à dissimuler son mépris et sa joie. Selon son expression, « il fit la coquette vertueuse », se borna à refuser et à dire : « Monsieur, je n'en veux qu'aux Anglais dans ce moment. J'ai un projet sur Madras ; aidez-moi de votre crédit et de votre bourse pour prendre cette ville, et je ferai après tout ce que vous me demanderez, sans qu'il vous en coûte un sol. »

Cette réponse consterna Bussy. Il était donc impossible d'ouvrir les yeux au général. Il réfléchit un moment. Il savait que le maréchal de Belle-Isle venait de le nommer brigadier. Il avait en poche une lettre de son agent à Paris, qui lui disait qu'il sortait avec madame de Châteaurenard, belle-mère de d'Estaing, de chez le maréchal, et que le brevet, pour lequel on était en instance depuis 1756, était signé. Cette nouvelle pouvait peut-être modifier les dispositions de Lally. « Monsieur, dit-il à ce dernier, je n'ai ni ne veux avoir affaire à la Compagnie ; ce n'est point à elle que je dois d'être brigadier. Tenez, lisez, fit-il en tirant de sa poche la lettre de son correspondant, vous êtes ici maître et représentez le Roi ; on ne voit pas sur mon visage que je suis brigadier ; donnez-moi le cordon rouge, ce qui dépend de vous, et vous serez avoué. Renvoyez-moi enfin dans le Dékan après la prise de Madras, et je vous ferai donner cent mille écus de rente par Salabet-Singue. »

Lally répliqua sèchement que de pareilles grâces n'étaient « au pouvoir de qui que ce fût que du Roi même », et brisa l'entretien. Sa conviction était faite : à ses yeux, Bussy était « le plus cupide, le plus avare, le plus menteur, le plus pillard de tous les hommes[1] ».

Le conquérant du Dékan descendit de la calèche du général en chef, irrité, mais non rebuté. Tout plein de ses projets, pour en assurer le triomphe, il était prêt à soutenir bien d'autres assauts, bien d'autres humiliations. Eh quoi! il aurait dépensé dix ans de sa vie, accompli tant d'exploits, soumis l'Inde, pour tout perdre en une minute, et se voir accablé par un homme qui ne le comprenait pas et qui ne le valait pas! Non, certes! Il ne fallait céder sur rien et se faire reconnaître dans ce grade de brigadier qui était sa propriété, somme toute. Ce grade, l'exiger, c'était pour lui comme une obligation, impérieusement dictée par l'orgueil, le souci de ses services, surtout par le besoin de conserver son prestige près des Hindous. Pouvait-il reparaître affaibli, disgracié, vaincu, devant cette noblesse du Dékan, adoratrice de la victoire, toujours prête, comme une cavale indomptée, à secouer le mors si la main et les genoux n'étaient pas robustes? Ces féodaux, ces potentats, que de mépris n'auraient-ils pas, s'ils apprenaient que lui, Bussy, était traité comme un petit officier par le commandant de l'armée française, par le représentant du grand roi de Versailles!

[1] Lettre à Silhouette, 16 octobre 1759.

Non, jamais il ne pourrait retourner dans le Dékan; c'en était fait de tous ses projets, s'il se laissait ainsi mettre le pied dessus par son rival; car Lally était dores et déjà pour lui un rival.

Il résolut donc d'enlever coûte que coûte la reconnaissance de son grade. Il sentait qu'il y avait des éléments qui luttaient pour lui; il avait demandé le poste de commandant en second de l'armée de l'Inde. Il espérait obtenir du cabinet de Versailles des instructions différentes de celles qu'on avait prescrites à Lally. Il entama dès lors toute une série de manœuvres près des brigadiers, dont il s'estimait le collègue.

Dix jours après son entretien avec Lally, il prenait d'Estaing à part; il lui montrait les lettres qu'il avait en poche, lui prouvant que la nomination était signée, et faisait si bien qu'il amenait celui-ci avec La Fare, Landivisiau, Crillon, Verdière, à appuyer ses revendications, et à adresser au général en chef cette lettre : « L'estime que nous avons pour M. de Bussy, son mérite, ce que nous voyons qu'il a fait, ce qu'il peut faire, la considération qu'il a, l'utilité dont elle doit être, la nécessité de la lui conserver, les avantages qu'il nous semble qu'elle produiroit en l'augmentant, sont les motifs qui nous engagent à vous demander qu'il fasse le service de premier brigadier. Nous le désirons. Une pareille demande est peut-être sans exemple. Si elle est flatteuse pour Bussy, nous la croyons honorable pour nous; c'est la plus forte preuve du zèle que nous avons pour le service du Roy. Elle était déjà réservée à des gens qui, venant en Asie, ont déjà tout sacrifié pour prouver ce même zèle; nous le portons aujourd'hui à son dernier période. Dispensateur ici des grâces du Roi, c'est à vous, monsieur, à voir si ce que nous souhaitons est possible. »

Cette manifestation insolite, inouïe, des officiers généraux, Lally la considéra presque comme une rébellion du grade. Dans l'intimité de sa pensée, il se disait que le but d'une telle démarche, c'était plus que la reconnaissance éclatante des services de Bussy. Ainsi, on voulait donc l'amener à écouter, à suivre les conseils d'un homme « bon à mettre aux Petites-Maisons » ! Malgré son dépit, malgré sa colère, il ne laissa pourtant rien percer de ses sentiments. Il consentit à donner une demi-satisfaction, et décida que Bussy, « jusqu'à l'avis officiel de la nomination, ferait le service de brigadier, mais à son rang et comme le dernier ». Mais en même temps, il se jurait de le tenir de plus en plus à l'écart.

La haine qu'il lui portait avait encore grandi. Elle n'égalait que le mépris qu'il professait pour les idées de ce songe-creux, qu'il regardait maintenant comme un ennemi redoutable. Il reçut donc avec un silence dédaigneux le mémoire de Bussy sur les affaires du Dékan. C'était pourtant un monument de sagesse et de clarté que cette consultation sur la politique nécessaire. Toutes les raisons qui militaient en faveur du maintien de l'influence française dans le Dékan s'y trouvaient condensées en termes concis et frappants. Mais l'orgueil de Lally était trop ulcéré pour qu'il écoutât les conseils du bon sens.

Pendant ces démêlés, l'armée avait continué sa marche sur Arcate. Lally, décidé à frapper un grand coup, avait formé le projet d'enlever du même élan la capitale et les forteresses du Carnate, alors au pouvoir de Méhémet-Ali-Kan, l'allié des Anglais.

Il s'avança donc sur cinq colonnes, confiées à ses meilleurs lieutenants. L'opération, bien conçue, bien réglée, fut conduite avec décision et vigueur. D'Estaing s'empare de Timeri; Soupire de Carangouly; Crillon enlève Trivalour; Saubinet emporte, après trois assauts, Tirnamalet; Lally, qui s'avance au centre de l'attaque, force les portes d'Arcate. On arbore le pavillon de Salabet-Singue sur la citadelle. Toute la province est en notre pouvoir. Lally fait aussitôt proclamer Rajah Saïb, nabab du Carnate, et lui confie le gouvernement de la contrée.

Cette campagne, c'était donc un succès? Non, car elle fut plus brillante qu'utile. On avait espéré dans les trésors d'Arcate; on n'y trouva point d'argent. Il fallait donc attendre le tribut que Rajah Saïb s'était engagé à fournir; mais tout indiquait qu'avec le peu de prestige de ce dernier, le recouvrement en serait long et difficile. Enfin, on avait compté chasser les Anglais de la province, et là encore on fut déçu. Par un hasard de fortune, ils gardèrent Chinglepet, forteresse d'une grande valeur stratégique, car elle commandait la route de Pondichéry et tout le pays qui s'étend entre Arcate et Madras; elle assurait la subsistance de cette dernière ville.

L'importance de Chinglepet n'avait pourtant point échappé à Lally, et la prise de ce boulevard de Madras rentrait dans ses plans; mais il estimait ne devoir opérer ce siége qu'après la chute d'Arcate, dont le retentissement serait énorme aux oreilles des Hindous. Pour l'armée victorieuse, réapprovisionnée, munie d'argent, ce ne serait que l'affaire d'une heure d'emporter d'assaut une bicoque, de triompher d'une garnison démoralisée par la reddition de sa capitale. Le calcul eût été juste, si Lally avait trouvé dans sa conquête de quoi payer la solde arriérée de ses troupes; mais on n'y avait rien recueilli, comme on sait, et la détresse de l'armée était si grande que, le 1er octobre, lorsque Lally donna l'ordre de marcher sur Chinglepet, la cavalerie, composée de cipayes et de soldats de la Compagnie, refusa net d'avancer. On eut beau menacer et prier tour à tour, on ne put l'ébranler. Les officiers, réunis, se cotisèrent; on rassembla difficilement deux mille roupies qu'on porta aux mutins. Il leur en fallait dix mille! On ne les trouva point. Il fallut abandonner l'opération sur Chinglepet. Lally revint à Pondichéry, plus sombre et plus irrité que jamais.

Devant son entourage, il s'en prenait à Bussy, — la passion n'est pas toujours logique, — rejetant sur l'avarice de ce dernier l'insuccès de Chinglepet. Est-ce qu'il n'eût pas été facile à ce proconsul si riche d'avancer les dix mille roupies que réclamaient les troupes? Dix mille roupies, c'était pour lui une misère! « il en avait vingt fois autant dans ses caisses ». Mais il n'avait pas voulu contribuer d'un sol à la collecte, et pour cause! « Il voulait, disait Lally[1], m'empêcher de percevoir directement le tribut dû par les Paléagars, afin d'en per-

[1] Lettre à Silhouette, Archives du ministère de la marine et des colonies.

cevoir la commission, et, pour cela, il fallait me faire revenir d'Arcate. »

Bussy, pour expliquer le résultat négatif de la campagne, donnait à ses amis des raisons d'un ordre tout différent. On avait manqué d'argent par suite d'une fausse direction politique, parce qu'on n'avait pas voulu recueillir les sommes détenues par les Paléagars; parce qu'on avait choisi, pour gouverner la province, un prince qui ne pouvait avoir sur ses sujets aucun moyen d'action. Les choses eussent pris une tout autre tournure, si, au lieu d'investir Rajah Saïb en qualité de nabab, on eût intronisé, au contraire, Salabet-Singue; car il eût été facile d'obtenir de ce prince, dont la richesse était proverbiale, tout l'or qu'on aurait désiré. En un mot, on lui eût vendu très-cher la nababie d'Arcate, et il en aurait effectué le payement d'avance. Bussy se taisait sur beaucoup d'autres points.

Pourtant, dans son hôtel de Pondichéry, où il recevait avec son faste habituel ses amis de la Compagnie, il laissait percer ses inquiétudes, au milieu de la liberté qui règne à la fin d'un festin. Il n'avait point, comme Lally, des mots mordants et amers. Il exposait ses critiques en termes mesurés. Il s'appliquait à garder l'attitude réservée et froide d'un politique qui juge une situation sans aigreur et sans passion. Son blâme n'en était que plus redoutable. Il laissait de côté les personnalités pour ne traiter que les questions de stratégie ou de politique, lorsqu'il parlait de l'évacuation du Dékan ou de cette funeste expédition du Tanjaour; mais il ne pouvait s'empêcher de déplorer l'aveuglement du commandant en chef, qui refusait de comprendre l'utilité des alliances avec les princes indigènes; qui, au lieu de s'en faire des amis, s'en faisait des ennemis, alors que les Anglais achetaient des alliés au poids de l'or.

Ces discours, qui résumaient, sous une forme savamment modérée, les inquiétudes et le mécontentement de toute une classe d'hommes rompus à la pratique des affaires indigènes, étaient reçus comme autant d'oracles. Les fonctionnaires, adeptes de la politique de Dupleix, sentant la nécessité de reprendre l'œuvre poursuivie par ce puissant génie, se groupaient instinctivement autour du politique qu'ils regardaient comme le continuateur désigné d'une lutte dont l'Inde était le prix. Ainsi, et par la force même des choses, entre Lally et Bussy, ce n'était même plus une question de rivalité de personnes, de caractères et de passions. Ils allaient devenir, chacun dans leur sphère d'action, les serviteurs implacables de systèmes opposés, absolument inconciliables.

Cependant, Lally pensait toujours à exécuter ses projets sur Madras; mais, encore sous le coup de l'émotion ressentie au moment de la révolte de la cavalerie, — révolte qui avait été pour lui un enseignement, — il ne voulait pas tenter une opération aussi importante sans assurer ses derrières, sans mettre en état de défense les places qui couvraient ses mouvements, sans les munir de vivres, sans s'assurer pour lui-même les ressources indispensables. Il écrivait donc à M. de Leyrit, le gouverneur : « Une chose qui ne souffre pas de remise, une chose bien importante, c'est le salut de nos grains. Vous savez qu'il n'y a pas un magasin à

Pondichéry... Vos campagnes regorgeaient de grains à mon arrivée, puisque vous vouliez en vendre de toute part. Mais si les Mahrattes s'en emparent, avec quoi nourrirez-vous la colonie? Il n'y a pas de temps à perdre pour remplir les magasins de Pondichéry, ceux de Gingy, d'Alemparvé, Carangouly, Vandavachy, Arcate, Valdaour, Villenour... Chacune de ces places doit être en même temps pourvue d'une certaine quantité de bœufs, chiens marrons (chèvres sauvages), rack, sel, etc. Quant aux munitions de guerre, je m'en charge, comme je me décharge, par cette lettre, de tout ce qui arrivera, si, faute de ces précautions, je suis obligé d'abandonner les quatre places du Nord qui couvrent nos possessions. »

Il recevait du gouverneur cette réponse accablante : « Je serais très-flatté, mandait celui-ci, de fournir à toutes les demandes que vous me faites. Je sens que le succès de vos opérations peut en dépendre; mais je n'ai que trop lieu de craindre, malheureusement, que vous n'éprouviez par vous-même *l'épuisement des ressources* sur lesquelles vous paraissez compter..... Je suis accablé tous les jours de ceux qui viennent me demander de l'argent, et tous pour des besoins pressants. Si j'avais actuellement trois cent mille roupies, elles ne suffiraient pas pour payer ce qui est dû aux régiments de Lorraine, au bataillon de l'Inde, aux équipages, etc..... Il s'ensuit du défaut de fonds des difficultés insurmontables pour approvisionner ces postes comme vous le souhaiteriez, et les mettre à l'abri de l'incursion des Mahrattes que vous prévoyez. La récolte de l'année dernière avait été très-abondante, mais elle a été consommée par nos dépenses... Il résulte de tout cela qu'il y a lieu de craindre une disette pour l'année prochaine, et, pour le présent, de très-grandes difficultés pour faire entrer dans les places les provisions que vous voulez y faire mettre... Je vous ai informé de vive voix du véritable état de nos revenus. Vous avez vu vous-même que ces revenus étaient au-dessous de nos dépenses. Vous savez également que, depuis deux ans, nous sommes aux expédients pour nous soutenir... *Nos ressources sont aujourd'hui épuisées,* et ce ne sera point quelques modiques sommes que je pourrai trouver sur mon crédit qui vous mettront dans l'aisance que vous désirez. »

La situation était donc terrible. On devait quatre cent mille francs au régiment de Lally, cent mille au régiment de Lorraine, deux cent mille aux troupes de l'Inde, plus de quatre cent mille aux cipayes, autant à la cavalerie, à l'artillerie, à l'état-major; on n'avait pas un sou pour les payer. Arcate et les nouvelles conquêtes fournissaient à peine le journalier pour les vivres. L'île de France, loin de pouvoir envoyer des secours, en demandait. Son gouverneur écrivait qu'on allait être *réduit à y brouter l'herbe.* D'Aché, avec son escadre, avait affamé l'île. On le sommait d'aller au secours de Pondichéry; il refusait. On ne recevait de France ni argent, ni troupes, ni nouvelles.

Les Anglais, au contraire, étaient dans l'abondance. Le Bengale, qu'ils venaient de conquérir, leur fournissait à lui seul, et copieusement, l'or et les vivres. La cavalerie de leurs alliés indigènes, qui battait les pays au delà de Chinglepet, ramenait dans Madras des troupeaux et du grain. Les Anglais tiraient encore de l'argent et des subsistances de Méhémet-Ali-Kan, du rajah de Tanjaour, même de Trichinapaly. Ils avaient reçu d'Angleterre quatre cents soldats; ils en attendaient six cents autres. Ils rassemblaient toutes leurs forces dans Madras. Ils avaient enfin, pour diriger les opérations, un homme prudent, énergique, rompu à la stratégie des guerres de l'Inde, aimé du soldat, le colonel Lawrence, qui avait été pour Dupleix l'adversaire le plus dangereux. Ainsi, pendant que nous mourions de faim, les Anglais, grâce à leur système d'alliance copié sur celui de Dupleix, — ils ne suivaient pas, eux, la politique funeste de Lally, — avaient à satiété du pain, du riz et de la viande! La concentration de leurs troupes dans Madras, où ils avaient ramené des bataillons tirés du Bengale et de Trichinapaly, indiquait clairement la volonté de prendre l'offensive pour nous resserrer dans Pondichéry.

Lally, dans l'horreur d'une telle situation, ne perdit ni l'énergie, ni le jugement; il se dit qu'à force de vigueur, d'audace, de courage, il était possible de ramener la fortune. Il vit très-bien que rester sur la défensive, c'était assumer la défaite. Il savait que le soldat français est à demi vaincu quand il ne marche pas en avant. Attendre les Anglais, c'était accepter le combat un contre quatre, aller au-devant d'un échec assuré; alors, on ne pourrait plus tenir la campagne, on serait forcé de s'enfermer dans Pondichéry, on y serait aussitôt assiégé. Au contraire, en prenant l'offensive, en attaquant l'Anglais, tout changeait de face : c'était l'ennemi qui se trouverait acculé dans Madras, c'était l'ennemi qui livrerait à l'armée française un territoire assez vaste pour qu'elle pût vivre, assez riche pour remplir d'argent ses coffres vides.

La combinaison était, certes, audacieuse; mais à la guerre, les plus grands succès dépendent souvent d'un élan hardi. La marche en avant des soldats français, des vainqueurs de Saint-David, exercerait un puissant effet moral sur l'ennemi. Le gouverneur de Madras ne penserait plus qu'à défendre sa ville. Quant au siége, il serait probablement difficile et meurtrier; mais on avait bien des chances pour soi. Les troupes montraient un entrain et une furie sans exemple; elles marcheraient comme à la conquête de la Terre promise. Enfin, Madras n'aurait point pour appuyer sa défense le concours d'une escadre, la flotte anglaise hivernant devant Surate, qu'elle bloquait. Il y avait bien un danger : l'insuffisance numérique de notre cavalerie, qui l'empêcherait de couvrir les derrières de l'armée et de s'opposer aux incursions d'une multitude de Mahrattes, de cavaliers indigènes à la solde de la Grande-Bretagne. Soutenus par la garnison de Chinglepet, ces batteurs d'estrade pouvaient ravager tout le pays, et rendre pénible le cheminement de nos convois.

Lally se décide donc à prendre l'offensive. Il rassemble un conseil mixte, et expose son projet. Leyrit et un conseiller opposent le défaut d'argent et de vivres. Le comte d'Estaing, dans un mouvement d'énergie et de désespoir magnifique, s'écrie qu'il vaut mieux périr d'un coup de fusil sur les glacis de Madras que de faim sur ceux de Pondichéry. Son feu, sa confiance enlèvent le conseil. On se cotise. Lally avance de sa poche

140,000 livres, d'Estaing et les autres officiers 34,000 roupies. Lally donne aussitôt l'ordre du départ. La rapidité est la condition essentielle du succès de l'opération; mais c'est la saison des pluies. A peine à moitié chemin de Madras, le 12 novembre, l'armée est forcée de s'arrêter à Canjivaron. Des torrents tombent du ciel. Le pays est inondé, les chemins disparaissent sous l'eau. Il faut rester quinze jours dans l'inaction. Le sol à peu près séché, on se remet en marche.

Lally court reconnaître Chinglepet; il craint de laisser derrière lui cette place, si dangereuse dans les mains d'un ennemi entreprenant. Tout son espoir est de l'enlever par escalade; mais il voit avec amertume que, pour la réduire, il faut un siége régulier dont la durée dépassera douze jours; c'est-à-dire que l'opération est impossible, car Chinglepet sera secouru par Madras. Il se décide donc à laisser cette forteresse derrière lui, et il précipite sa marche. Le 11 décembre, après avoir traversé un pays plat, boisé, coupé d'étangs et de rizières, il arrive devant Madras[1] avec trois mille cinq cents Européens, deux cents cipayes, et autant de cavaliers. Il campe au Grand-Mont, position importante, car elle domine les environs, quoiqu'elle soit d'une altitude très-faible. Les Anglais venaient de l'évacuer. Le lendemain, il descend dans la plaine, y rencontre l'ennemi, et le repousse dans la place.

[1] *Mémoires du colonel Lawrence.*

CHAPITRE V

SIÉGE DE MADRAS.

Description de Madras. — Combat du 14 décembre. — Bussy et Crillon. — Insuffisance des munitions et des approvisionnements. — D'Aché retient pour son escadre les troupes et l'argent arrivés de la métropole à l'île de France. — Incapacité de l'ingénieur Dure. — Batteries mal construites. — Lally presque assiégé par la cavalerie ennemie. — Disette. — Découragement. — Lally pense à lever le siége. — Bussy conseille vainement de s'établir au Grand-Mont. — Les avantages de ce projet. — Tentative d'assaut. — La brèche impraticable. — Dernière attaque repoussée. — Levée du siége. — Les Anglais ne tentent rien pour gêner la retraite de l'armée.

Madras était bâtie sur la plage, dans une petite presqu'île circonscrite par la mer et le Montaron. Cette rivière se divisait, à une faible distance de la ville, en deux bras, dont l'un se dirigeait perpendiculairement vers l'extrémité nord-ouest de la place, baignait le rempart et précipitait ses eaux vers la mer, tandis que l'autre, rencontrant une digue naturelle de pierres et de sable, se répandait dans la prairie pour former un étang. C'étaient pour la garnison deux bonnes lignes de défense.

Les Anglais avaient, depuis l'époque de la prise de la ville par La Bourdonnais, considérablement augmenté les fortifications. Madras était formé, comme aujourd'hui du reste, par la réunion de deux villes : la ville Blanche, la ville Noire. Cette dernière, qui renfermait cent mille habitants et couvrait une superficie d'une demi-lieue de long, n'avait qu'un mauvais fossé et une muraille démantelée. C'était autour de la ville blanche, que les ingénieurs de la Grande-Bretagne avaient accumulé les travaux. L'ancien système défensif de la forteresse consistait en une enceinte bastionnée de forme rectangulaire, avec une citadelle, le fort Saint-Georges, au centre. On y avait ajouté un solide rempart, bastionné, en forme de fer à cheval, qui couvrait la ville du côté de la terre. De fortes demi-lunes en protégeaient les courtines. Un front également bastionné fermait cette demi-circonférence du côté de la mer, que la citadelle battait de ses feux. Un officier d'une haute valeur, dont la réputation était légendaire dans l'Inde, le colonel Lawrence, à qui l'Angleterre avait dû au temps de Dupleix ses plus brillantes victoires, la France ses plus cruels revers, commandait la place. Il avait sous ses ordres un ingénieur de mérite, Jean Call.

Après une reconnaissance rapide, Lally résolut de se loger dans la ville noire, et de prononcer l'attaque sur le bastion le plus rapproché de la mer, du côté opposé à l'étang formé par le Montaron. Le point était bien choisi. Crillon s'empara facilement de la ville noire. Le bataillon de l'Inde, le régiment de Lorraine s'y établirent, à l'angle d'un carrefour où se coupaient à angle droit deux rues, qui, au moyen de ponts jetés sur le Montaron conduisaient à Madras; mais l'une aboutissait à l'ouest de la ville, au sommet de l'enceinte en fer à cheval; l'autre, au contraire, vers le nord, tout proche de la mer. La brigade de Lally, avec Crillon et les troupes de la marine, redescendant cette dernière rue, passèrent le pont, et prirent position sur la plage, vers six heures du soir.

Les soldats français étaient, on le sait, affamés et depuis longtemps privés de tout. Quand ils se virent au milieu d'une ville opulente et déserte, — les Hindous s'étaient enfuis, abandonnant leurs maisons, leurs effets, leurs richesses, — ils quittèrent leurs postes, et coururent au pillage. Le sac était dans toute son horreur, lorsque le colonel Lawrence, qui, du haut des remparts, contemplait le spectacle, résolut de profiter du désordre de nos troupes pour les écraser. Sur son ordre, le major Draper, avec l'élite de la garnison et trois pièces de canon, se précipite, à onze heures du soir, par la porte de l'ouest, traverse le pont jeté sur le Montaron, s'engage, à la lueur des incendies, dans la rue qui aboutissait au carrefour où étaient postés le régiment de Lorraine et le bataillon de l'Inde. L'élan des Anglais a été si grand, leur mouvement si rapide, que nos soldats prennent tout d'abord la colonne ennemie pour un détachement de notre armée et la laissent approcher à bout portant. Une décharge terrible leur montre à la fois leur erreur et le péril. Ils se jettent dans les maisons, derrière les murs, et ouvrent un feu violent de mousqueterie. Un combat furieux s'engage; les maisons, les jardins, sont pris et repris tour à tour. Au bruit des détonations, qui se répercutent dans les échos de la nuit, les pillards, ramenés au devoir par le danger, prennent leurs armes et courent au feu;

mais le ralliement s'exécute au milieu d'un pêle-mêle.

Le comte d'Estaing, revenant d'une reconnaissance de la place, donne presque seul au milieu d'un parti anglais, et, malgré sa résistance, est fait prisonnier. Bussy, qui le suivait de loin, s'empare du cheval du captif, et, à toute bride, rejoint le régiment de Lally, campé sur la plage. Cependant, suivi de quelques officiers, le général en chef, au galop de sa monture, arrive sur le lieu du combat au moment où la brigade de Lorraine, tournée par ses ailes, commençait à plier. Il ramène ses soldats à la charge. Quelques compagnies rejoignent. « A la baïonnette! » leur crie-t-il, et il les jette sur les Anglais. D'un élan, ils reprennent les canons perdus. Le combat est rétabli; mais les grenadiers de Draper tiennent comme des murs.

Lally donne alors l'ordre aux troupes de la marine, à la cavalerie, d'attaquer la colonne ennemie sur les flancs. Après un moment d'hésitation, les cavaliers, enlevés par leur commandant, O'Héguerty, s'ébranlent. Lally pousse de nouveau Lorraine et le bataillon de l'Inde sur le centre des Anglais. Les trois attaques simultanées, terribles, rompent les bataillons de Draper. Une faible partie se rend, l'autre fuit vers Madras, suivant le chemin qui conduit à la ville par le rivage de la mer. Des renforts, sortis de la forteresse par la porte de l'ouest, n'arrivent point à temps pour arrêter la déroute qui les entraîne eux-mêmes. Draper se juge perdu. Il lui faut traverser le Montaron, et il croit le pont au pouvoir du régiment de Lally, qu'il sait placé tout près. Il tremble d'être coupé de Madras. Déjà il entend, du côté du pont, ce bruit sourdement cadencé qui signale à l'oreille d'un soldat la marche d'une forte colonne.

Crillon s'avançait en effet avec le régiment de Lally. Il avait, aux premiers éclairs de la bataille, compris que si on occupait le pont et le débouché de la rue par où redescendaient les Anglais, c'en était fait de ceux-ci et de la résistance de Madras, qui perdait du coup l'élite de sa garnison. Il s'était donc précipité avec ses troupes. A deux cents mètres environ du pont, il rencontre Bussy, qui l'arrête et lui dit que le mouvement est dangereux, car l'ennemi, qu'il vient de voir de très-près, a de l'artillerie. Il ajoute froidement[1], sur le ton d'un conseil, qu'il faut prendre avec soi deux des pièces de campagne des quatre qui sont attachées à la brigade. « Je n'ai pas besoin de canons, reprend Crillon; il ne me faut que la baïonnette, et, se tournant vers ses hommes : « Allons, soldats, en avant, suivez-moi! — Soldats, restez! » s'écrie Bussy, qui se retourne vers Crillon et insiste pour qu'on emmène du canon. Crillon, sentant qu'on perd le temps, s'élance; mais les soldats n'osent désobéir à Bussy, et, quoique frémissants de fureur, restent immobiles. Cependant, Crillon marchait seul vers le pont. Un des officiers crie aux soldats : « Laisserez-vous massacrer votre colonel! » Le capitaine Kennedy, le major Allen, cinquante volontaires sortent des rangs et rejoignent Crillon.

Pendant ces débats, les ennemis avaient débouché de la rue et défilaient en courant le long de la rivière pour gagner un passage plus éloigné. On ne put atta-

[1] Archives nationales, procès criminels, Parlement, 1396-1397.

quer que leur arrière-garde. Crillon leur tua une cinquantaine d'hommes, ramena trente-trois prisonniers! Mais le mouvement était manqué; le gros de la colonne de Draper avait réussi à rentrer dans la forteresse. Madras était sauvé!

Quelques heures après, Bussy et Lally se rencontraient. Le général en chef s'emportait contre son subordonné, et mettait dans ses reproches une amère violence. Il l'accusait d'avoir par jalousie empêché la prise de Madras; il n'était pas loin de croire que c'était le premier acte d'un plan conçu par Bussy, et dont l'objet était de faire échouer, sans en avoir l'air, toutes les entreprises d'un rival détesté, pour mieux reprendre, après la défaite de celui-ci, le jeu d'une politique déjà deux fois condamnée par les directeurs de la Compagnie.

Si telle était l'idée de Bussy, il n'en laissa rien voir. Il répondit froidement à Lally que, n'ayant aucun commandement effectif, quoique brigadier, il n'avait servi dans ce combat qu'en simple volontaire. « Je n'avais pas qualité pour prescrire un ordre, je n'ai rien ordonné! J'ai simplement donné un conseil, celui d'emmener de l'artillerie, parce que je savais que l'ennemi en avait. Tout militaire eût fait comme moi[1]. » Lally se calmait peu à peu et, séance tenante, confiait à Bussy le commandement de la brigade de Lorraine, vacant par suite de la prise du comte d'Estaing; mais, au fond, il regrettait cette mesure et laissait voir qu'en cette occurence il obéissait uniquement à la nécessité.

[1] Mémoire pour Bussy. Paris, 1766.

Le combat du 14 décembre, quoiqu'il n'eût pas donné un résultat décisif, n'en constituait pas moins une victoire, dont le retentissement était grand dans l'Inde. Encore une fois les nababs crurent que les Français étaient les maîtres de la guerre, qu'aucune troupe ne pouvait résister à « ces démons qui, la baïonnette en avant, couraient en hurlant à travers les balles et les boulets », qu'enfin ces soldats invincibles broieraient les remparts de Madras comme ils avaient culbuté ceux du fort Saint-David.

Les princes indigènes s'éloignèrent des Anglais, se rapprochèrent de nous. Le rajah de Tanjaour rompit les négociations entamées avec les émissaires de la Grande-Bretagne, et refusa de laisser partir les troupes qu'il avait promis naguère d'envoyer au secours de Madras. Il était tout prêt maintenant à ranger son armée du côté des Français; il n'attendait qu'une invitation. Il écrivait qu'il ne souhaitait rien tant que l'amitié du général Lally. Mais Lally, comme au lendemain de la prise de Saint-David, ne voulut rien tenter pour attirer les princes indigènes. Leur appui était pour lui quantité trop négligeable! Les Anglais, plus avisés, s'acharnèrent à renouer les négociations rompues; à la fin, ils réussirent à les rétablir. Ainsi, Lally avait laissé échapper l'occasion suprême de se munir de ce qui lui faisait tant défaut : des vivres et des batteurs d'estrade. La suite des événements allait lui faire cruellement expier cette faute.

Le siége commençait dans de mauvaises conditions. Point d'approvisionnement au camp de l'armée assiégeante. Point de poudre, point de boulets dans le parc d'artillerie. On n'avait rien amené avec soi. C'était la répétition du désordre qui avait signalé les préliminaires de l'attaque du fort Saint-David. Il fallait tirer tout de l'arsenal de Pondichéry. On recevait irrégulièrement tantôt une charrette portant des sacs de poudre, tantôt une barque chargée de boulets. Le nombre de coups à tirer était dérisoire. Lally n'en faisait pas moins construire les batteries et commencer le feu [1], quoiqu'on n'eût pas trois cents projectiles. Il refusait d'écouter le conseil du chevalier Dure, qui, tout mauvais ingénieur qu'il fût, avait une idée pratique et proposait de n'ouvrir le tir sur la place, que lorsqu'on aurait au parc au moins la moitié des munitions nécessaires à l'artillerie. Lally, qui n'avait point pensé à organiser les approvisionnements avant le départ, était, comme à Saint-David, réduit à tout improviser, puisque tout lui manquait.

Il écrivait lettres sur lettres à Pondichéry, suppliant Leyrit de lui envoyer des boulets et de la poudre « par vingt, par cent, par mille livres, par terre, par eau, sur des chameaux, des bœufs, des chevaux, par des coolies, en un mot, par toutes les voies imaginables ». Les boulets n'arrivaient ni vite, ni en grand nombre. On manquait en outre d'argent; il ne restait pas quatre mille livres dans la caisse militaire. Lally, ne sachant comment payer la solde arriérée des troupes, craignait une nouvelle révolte; il empruntait vingt-quatre mille livres à un Arménien, pour lesquelles il s'engageait personnellement; il recevait d'un prince du pays un présent de douze mille livres, et versait ces sommes dans le trésor

[1] Archives nationales, Parlement, procès criminel Lally, X^a B, 1396.

de l'armée. Mais avec de si faibles ressources, comment continuer le siége? Lally, si habile à vivre d'expédients, ne trouvait plus rien. Loin de réfréner le pillage, il en arrivait à le considérer comme un instrument de salut, puisqu'il lui permettait de gagner du temps. Il s'écriait : « Le désordre ne se comprend pas, et il est sans remède! L'enfer m'a vomi dans ce pays d'iniquité. »

Au plus fort de cette crise tragique, il reçut la nouvelle qu'une frégate venant de la France avait mouillé à Pondichéry. Précédait-elle donc une escadre et une armée? Non! Aucun navire ne la suivait! Elle n'apportait sur son pont que dix-neuf hommes de renfort, et dans sa cale qu'un million avec cette lettre de M. de Boullongne : « J'espère, disait le ministre, que vous ferez bon usage des secours qui vont vous parvenir. Il est un objet dont vous devez sentir l'importance : c'est l'économie dans vos dépenses ; vous sentez combien il serait dangereux pour vous de laisser dissiper les fonds qui vous sont envoyés. Vous vous trouveriez bientôt sans ressources. »

Secours grotesque, dont l'annonce cinglait l'armée comme une cruelle raillerie. Cette dérision dans l'abandon, la responsabilité n'en remonte point cependant au cabinet de Versailles. Le Roi avait fait partir de Brest quatre vaisseaux portant sept cents soldats et trois millions; mais d'Aché, qui s'obstinait à rester immobile à l'île de France, avait retenu au passage les vaisseaux, les troupes, l'argent.

Le gouverneur de l'île de France, Magon, qui craignait de voir Pondichéry perdu et son île affamée, avait supplié l'amiral de reprendre la mer. « Il avait, pour nous servir de ses propres termes, proposé les moyens de faire reparaître dans peu, aux Indes, notre escadre fortifiée des quatre vaisseaux amenés par le chevalier d'Éguilles, portant sept cents hommes et quatre cents Cafres de renfort pour l'armée. Sa proposition n'avait pas seulement été écoutée. Le seul mot de faire route était si odieux, qu'on aimait mieux risquer de périr de faim que de s'y exposer. » Il avait demandé ensuite qu'on envoyât du moins à Pondichéry deux frégates, deux millions et deux cents hommes, offrant même de prendre ces hommes sur sa garnison, et « représentant avec force la nécessité de faire passer des secours à M. de Lally ». Il n'avait pas été plus heureux. Il avait assemblé un conseil mixte; il avait prié, menacé en pure perte.

Le comte de Montmorency, qui allait porter à la cour la nouvelle de la prise de Saint-David avec l'exposé de nos besoins, et qui se trouvait alors à l'île de France, avait appuyé aussi fortement qu'inutilement la demande du gouverneur. L'amiral n'avait rien voulu entendre. Il annonçait ouvertement son intention formelle de ne partir pour l'Inde qu'au mois de mai suivant, et l'on était en octobre! Et il ajoutait qu'il n'y retournerait pas à moins d'un approvisionnement de sept mois, ce qui ressemblait à une dérision, l'île manquant de vivres. Ainsi, il avait fallu, pour obtenir de l'amiral l'envoi à Pondichéry de la frégate qui portait le million et les dix-neuf hommes, la persévérance, l'énergie, les prières, les menaces, les fureurs du conseil et du gouverneur de l'île!

Lally était si désespéré qu'il reçut cette somme

ridicule comme une manne du ciel. Ce million dans ses mains, c'était la continuation du siége, son suprême espoir, son unique pensée. Quelques jours de solde assurés aux troupes, Madras pouvait être pris! Il pousse donc les travaux d'approche avec une énergie nouvelle. Aux batteries précédemment construites et qui enveloppent le bastion d'attaque d'un demi-cercle de feu, il donne l'ordre d'en ajouter d'autres plus rapprochées de la place. Il s'efforce d'inspirer au chevalier Dure, l'officier du génie chargé des travaux d'attaque, le feu qui le dévore. Mais cet ingénieur, si médiocre devant Saint-David, l'est encore plus devant Madras. Et, pour comble, il apporte dans la direction du travail l'aigreur d'une vanité déçue.

Il blâme intérieurement Lally d'avoir choisi pour point d'attaque le bastion nord; il lui en veut surtout de ne pas avoir accepté son projet d'opération contre le bastion sud. Au fond, le projet de Dure était absurde; car, si de ce côté le rempart était moins fort, l'étang formé par le Montaron constituait un obstacle à toute action sérieuse. En effet, de deux choses l'une, ou il fallait établir les batteries entre le Montaron et la place, et alors faire défiler les troupes, les convois, l'artillerie sur un pont balayé à portée de fusil par le canon de la place, c'est-à-dire mettre dans les mains de l'ennemi la ligne de nos communications, ou enfin reporter de l'autre côté de l'étang tous les moyens d'attaque. C'était alors creuser un large et profond fossé entre nous et l'ennemi, pour rendre celui-ci plus invulnérable encore. Il eût fallu y jeter un pont au jour de l'assaut! C'était, en vérité, ridicule!

Mais le chevalier Dure croyait son idée bonne, ne voyant que le peu de solidité du rempart au côté sud. Il espérait quand même un retour à ses plans, et conduisait avec mollesse le creusement des tranchées, l'élévation des batteries. Puis, avec son peu de science, il se trompait dans ses calculs et dans ses profils. A chaque instant, quand il démasquait les pièces d'un ouvrage, il arrivait que celles-ci ou étaient masquées par des épaulements avancés, ou que leur direction était en dehors de l'axe du point à foudroyer [1].

Le tir, déjà si irrégulier, si faible à cause du manque de boulets, s'en trouvait plus ralenti encore; car il fallait aussitôt enlever les canons, démolir les terrassements pour les réédifier, ce qui donnait à l'ennemi le temps de rétablir ses défenses entamées. Lally avait ordonné la construction d'une batterie destinée à battre à ricochet le bastion d'attaque; le chevalier Dure la fait établir après de longues études, la démasque; elle tire, et l'on s'aperçoit que, pour remplir son objet, elle est trop près du bastion, que les boulets le dépassent et vont tomber dans la mer. Lally ordonne d'élever une autre batterie, dont il va lui-même marquer l'emplacement. Le chevalier Dure s'opiniâtre à faire tirer encore l'ancienne pendant cinq jours [2]! Cette incapacité de l'ingénieur exaspérait le général. Sa fureur s'exhalait en reproches violents adressés au chevalier devant les troupes, et ces scènes se renouvelaient fréquemment. Lally cependant, à force d'instances,

[1] *Journal de Jean Call, ingénieur, commandant en chef les opérations de la défense de Madras.*

[2] *Journal de Jean Call.* Mémoire de Lally-Tollendal pour son père.

faisait établir une batterie de mortiers dont le feu exerçait dans la ville de terribles ravages. Les bombes allumaient bientôt de nombreux incendies dans Madras. Des magasins importants brûlaient avec ce qu'ils contenaient.

Les dispositions de l'ingénieur avaient été si mal prises qu'on n'avait point pu encore éteindre le feu de la demi-lune qui flanquait le bastion. De ce poste l'ennemi nous tuait beaucoup de monde; tant qu'il l'occuperait, nulle attaque directe ne serait possible. Lally, après des prières et des menaces sans fin, obtint qu'on opposerait une batterie devant le front de cet ouvrage si dangereux. Pour armer celle-ci, Dure en désarme une autre qui tirait avec succès, battant en enfilade le bastion; ce n'est pas tout : il manque sa direction, les boulets passent par-dessus la demi-lune! On y fait tuer les artilleurs en pure perte. Enfin, les sapeurs, à force de dévouement, construisent la troisième parallèle et dépassent la terrible demi-lune. C'est alors le manque de munitions qui vient tout paralyser. Singulier siége, où l'on est réduit à ne tirer que quelques coups par heure, où tout l'effort se borne à garder la tranchée, où l'on considère comme un succès le creusement de quelques mètres de fossé. Tantôt les boulets manquent, tantôt ils ne sont pas de calibre, tantôt ce sont les poudres qu'il faut faire sécher! La défense, au contraire, était menée vigoureusement, avec habileté. Jean Call, l'ingénieur anglais, prenait d'excellentes dispositions. Il se préoccupait de garder la supériorité de feu sur l'artillerie ennemie, et lorsque celle-ci démasquait une pièce, lui, il en opposait trois. Il établissait sans cesse de nouveaux ouvrages et réparait habilement les anciens. Lawrence avait l'œil à tout, enflammait ses soldats et voulait vaincre.

La disette venait se joindre à toutes ces difficultés. Les convois de vivres n'étaient pas seulement irréguliers, ils étaient tout à fait insuffisants. Le gouverneur, M. de Leyrit, écrivait que les moyens de transport manquaient absolument. L'entrepreneur chargé de la nourriture des bœufs les laissait périr de faim; ces animaux, abandonnés de leurs conducteurs, qui n'étaient pas mieux nourris qu'eux, tombaient morts à la plus légère fatigue. On en détournait encore le plus qu'on pouvait pour les faire servir au brigandage. Une foule de bourgeois, de soldats, de noirs, foule qu'on évaluait à plus de six mille hommes, couvraient le chemin de Madras à Pondichéry, emportant de la ville Noire un butin qu'on se disputait et qu'on s'arrachait sur la route. Une autre partie des objets volés dans ce pillage éhonté était chargé, sur les chelingues nolisés pour porter la poudre et les boulets. Et, pour détourner ces chaloupes de leur destination, on poussait l'audace jusqu'à contrefaire la signature de Lally. Des officiers abandonnaient leurs postes et leurs troupes pour garder leurs trésors et leurs marchandises.

Les troupes avaient faim. Quelques troupeaux de chiens marrons (chèvres sauvages), quelques voitures de riz arrivaient à grand'peine de Pondichéry; on ne tirait rien de la province d'Arcate, la garnison de Chinglepet et les cavaliers au service de l'Angleterre empêchant de passer quoi que ce fût. Ces batteurs d'estrade devinrent bientôt des adversaires redoutables. Le major

Caillaud, le commandant de Chinglepet, prit sous son commandement [1], sur l'ordre de Lawrence, les quinze cents cipayes et les deux mille cavaliers d'Iphiz-Kan, les appuya de six cents Européens et vint bientôt tourbillonner autour du camp français. Lally était comme assiégé dans ses lignes par ces hordes qui le tenaient sans cesse en alerte. Il les comparait aux mouches qui, lorsqu'on les chasse d'un côté, reviennent de l'autre. Caillaud avait pris position sur le Grand-Mont, dont il avait fortifié les jardins et les maisons. L'en déloger devint une nécessité. Lally envoya donc dans ce but un détachement de six cents Européens, avec quatre cents cavaliers, mille Mahrattes et de l'artillerie. L'affaire fut chaude; mais on ne put enlever les murs des jardins et infliger un désastre à Caillaud. Le soir venu, les Anglais se replièrent sur Chinglepet et les Français sur leur camp. Le lendemain, Caillaud recommençait ses attaques sur nos convois. Pour rétablir ses communications, Lally était contraint de s'emparer de Sadras, alors aux Hollandais.

La famine faisait son œuvre éternelle de démoralisation. Les soldats, rebutés de construire des batteries pour les démolir le lendemain, pleins de mépris pour le commandant de l'artillerie, se croyaient trahis et refusaient tout travail. La désertion devint une plaie. Des bandes entières passaient dans Madras. À peine entrés, ces traîtres se montraient sur les remparts une bouteille d'une main, une bourse de l'autre; ils criaient à leurs camarades de les imiter et de passer au service

[1] *Mémoires de Lawrence.*

de l'Angleterre, où l'on avait des officiers et où l'on payait les soldats!

Le découragement gagnait même l'état-major. Des officiers supérieurs disent hautement que le général avait le dessein de faire périr l'armée entière. Beaucoup pensaient que la levée du siége était une nécessité. Tous les mécontents avaient l'œil fixé sur Bussy; mais celui-ci restait muet, n'approuvant ni ne blâmant les opérations du siége. Un seul indice peut-être sur la nature de ses pensées : il n'allait point chez le général lui faire sa cour. Il s'y transportait seulement tous les trois jours pour prendre l'ordre; rarement il y dînait. Les relations de Bussy et de son chef se bornaient donc à des affaires de service ou à des visites de bienséance et de politesse. Blessé au pied étant de tranchée, il se trouva hors d'état de remplir ces devoirs d'étiquette dont il savait mieux que personne combien Lally était jaloux.

Cette attitude toute de réserve et de froideur portait, en effet, ombrage au général. Quelques mots du « proconsul » sur les lenteurs et les misères du siége, paroles qui dans la bouche des rapporteurs prenaient un sens enfiellé de blâme et de haine, vinrent encore aiguillonner les défiances de Lally. Enclin par nature à considérer à travers un nuage de bile les actions des hommes, il resta persuadé que son rival ne se tenait ainsi à l'écart que pour mieux faire jouer les ressorts de quelque noire intrigue. Il estimait avoir désormais deux ennemis à combattre, les Anglais et Bussy. Celui-ci lui apparaissait comme le plus dangereux.

Il était en proie à une inquiétude et à une surexcitation effrayantes. Il avait des accès de fureur, des malédictions contre le chevalier Dure et le conseil de Pondichéry; il criait qu'il tenterait l'assaut avec toute l'armée, puis se laissait aller à l'accablement et se répandait en plaintes amères. « Je renonce, disait-il, à me mêler de quoi que ce soit. J'irai plutôt commander les Cafres de Madagascar, que de rester dans cette Sodome qu'il n'est pas possible que le feu des Anglais ne détruise tôt ou tard, au défaut de celui du ciel. » Il voyait avec épouvante qu'il lui faudrait lever le siége, si un coup de désespoir ne le sauvait.

Sous l'étreinte de cette anxiété, passant au quartier de Bussy, il entra pour le voir. Obéissait-il à un de ces retours fréquents chez les hommes de ce tempérament, ou voulait-il le tâter? Quoi qu'il en soit, après quelques mots de condoléance sur la blessure de Bussy, il dit avec un geste accablé et une expression de tristesse profonde, qu'on serait peut-être obligé de faire retraite, de lever le siége, qu'alors tout serait perdu. — « Eh! monsieur, reprit Bussy, si vous êtes forcé de vous retirer, vous pouvez le faire sûrement, tranquillement, avec avantage même, en vous établissant au Grand-Mont [1]. Votre armée se remettra de ses fatigues, aura des vivres, jouira d'un bon air, tandis que l'ennemi continuant, somme toute, d'être resserré et bloqué dans Madras, manquera de tout et périra par une espèce de peste qui y est déjà. Il n'y a nulle apparence que vous puissiez y être attaqué. En effet, les maisons des Anglais vous servent d'abord de retranchement par leur posi-

[1] Mémoire pour Bussy. Paris, 1766.

tion. Puis vous êtes bien supérieur à l'ennemi, qui, n'étant pas en état de faire une sortie sérieuse sur vos tranchées, n'osera s'avancer si loin contre votre armée entière. L'ennemi n'a-t-il pas mangé jusqu'au dernier bœuf de trait? Et le feu qui a consumé les bois, les cordes, les harnais nécessaires pour traîner l'artillerie, le met dans l'impossibilité de rien entreprendre. Votre cavalerie blanche et noire peut être employée à ce qu'il n'entre rien dans la place. Vous pourrez détacher, sans perdre la supériorité, quatre cents Européens, quatre pièces de canon, quelques cipayes et cavaliers, le tout commandé par un officier intelligent, pour aller recevoir les redevances et les tributs des Paléagars, qui n'attendent pour payer qu'à savoir, suivant l'usage, que quelques troupes marchent contre eux pour appuyer les demandes auxquelles la possession d'Arcate nous autorise.

« Vous aurez par ce moyen de l'argent et des vivres de toute espèce ; vous pourrez en faire entrer dans Pondichéry et garnir vos autres places, parce que la coutume de ces Paléagars est de payer une partie de leurs tributs en argent et l'autre en vivres. Votre position au Grand-Mont ne sera pas prise par les gens du pays pour une retraite, et encore moins pour un abandon de Madras ; ce qui est très-important pour le succès de vos opérations ultérieures, spécialement pour la levée des tributs. Il conviendra d'écrire aussi à toutes les puissances voisines et éloignées pour détruire l'impression désavantageuse que les Anglais, suivant leur coutume, ne manqueront pas de donner de cette expédition, soit pour nous enlever nos alliés, soit pour s'attacher de plus en plus les leurs, soit pour décider les neutres. »

C'était là l'avis le plus sage, le plus politique ; c'était de tous les partis à prendre le meilleur et le plus sûr. Il n'y avait aucun risque à courir, tout à espérer. On retournait la situation : c'était l'armée anglaise dans la disette. On ne cédait point de terrain. Pondichéry était protégée, Madras demeurait bloquée ; on restait maître des événements, puisque l'armée anglaise ne pouvait tenir la campagne sans être ravitaillée par ses alliés ; or rien ne semblait plus facile que d'enlever les convois, si toutefois il y en avait. Encore une fois, dans le plan de Bussy, rien n'était donné au hasard, tout était sûr.

Lally avait écouté attentivement ce discours, dont la première partie, c'est-à-dire ce qui avait trait à l'occupation du Grand-Mont, avait paru le séduire ; mais quand il entendit parler des Paléagars, des tributs et d'un détachement à faire pour les prélever, ses bonnes dispositions s'évanouirent. Ses préjugés sur le caractère de Bussy lui revinrent en mémoire ; il le revit dans la calèche lui offrant cent mille écus de rente pour retourner dans le Dékan, et il se dit que l'avarice du proconsul inspirait seule ce beau plan ; que Bussy, au fond, se souciait fort peu du résultat du siége, et que l'unique préoccupation de ce dernier était de toucher de grosses commissions sur les sommes à recouvrer près des Paléagars, et qu'il subordonnait tout à sa cupidité. Non ! il ne descendrait pas, lui, le représentant du Roi, à mettre en ligne de compte les chimères d'un songe-creux !

Peu importait l'opinion de quelques gueux de princes noirs ! Il s'agissait bien, en vérité, de savoir quelle attitude on prendrait vis-à-vis de cette racaille? Il fallait jouer le tout pour le tout, redoubler d'audace. Était-il rare à la guerre de voir un audacieux réussir? Combien de généraux sortis d'une situation tragique par un coup hardi! Son parti était pris; mais il ne laissa rien percer des sentiments qui agitaient son âme, et se contenta de répliquer que le projet de Bussy lui semblait profond, et méritait d'être étudié. Il retourna aussitôt au quartier général préparer l'exécution de ses desseins.

Son premier acte fut de faire renforcer la batterie de mortiers, afin d'écraser Madras sous les bombes. De nombreux incendies s'allumaient sur tous les points de la ville. Lally donnait l'ordre d'activer encore le tir. Ses instructions lui enjoignaient de ne point accepter de rançon pour la place, mais de la brûler plutôt, s'il ne pouvait la garder. Eh bien, il leur obéirait ainsi en partie, et si la fortune se déclarait contre lui, s'il lui était impossible de s'emparer de Madras, il ne laisserait du moins aux Anglais qu'un tas de cendres.

Son second acte fut de tout disposer pour la tentative d'escalade. Il ne s'en ouvrit qu'à Crillon et à Mac-Grégor, son aide de camp. Le plan était de surprendre le fort Saint-Georges et de forcer nos troupes à monter à l'assaut, sans qu'elles le sussent tout d'abord : on devait annoncer comme imminente une sortie générale de l'ennemi, et, aussitôt, comme une précaution naturelle, échelonner tous les régiments le long des travaux de l'attaque, de façon que, tout en ayant l'air de ne garder que la tranchée, on eût en réalité une colonne d'assaut formée à l'avance. Ces dispositions prises, une soixantaine de volontaires choisis parmi l'élite devaient se glisser, sans donner l'éveil, entre la mer et la batterie que les Anglais avaient sur l'Estran, la tourner, s'en emparer, et se jeter aussitôt sur la brèche avec de grands cris. A ces clameurs, les premiers pelotons postés dans la tranchée s'avanceraient forcément pour soutenir les volontaires, qu'ils prendraient pour leur grand'garde attaquée. Toute l'armée s'engagerait ainsi peu à peu.

Les volontaires partirent à une heure, dans la nuit du 12 au 13 février. Ils n'avaient plus que quelques pas à faire pour enlever la batterie, lorsqu'un Cafre, apercevant les embrasures, s'écria : « Entrons par *le* fenêtre ! » Tous les autres Cafres, répétant : « Entrons par *le* fenêtre ! » se mirent à courir vers le front de la batterie, au lieu de la tourner. Les artilleurs les virent et les couvrirent de mitraille. Les Cafres, en déroute, se rejettent sur nos tranchées. Aussitôt de tous les ouvrages anglais part une violente canonnade. Les bombes et les grappes de raisin pleuvent sur les troupes françaises postées derrière l'épaulement des parallèles. L'attaque a échoué. Il faut ramener l'armée dans ses cantonnements en arrière, et le mouvement ne se fait pas sans peine.

Cet échec qui, somme toute, n'avait rien de surprenant, ne rebute pas Lally. Il veut tenter un dernier coup de vigueur, et forme le projet d'une attaque ouverte et générale. Il va lui-même reconnaître la brèche qui, au fond, n'était pas très-abordable, et prend toutes les dispositions pour l'assaut, dont il fixe la date au 16 février, au soir.

Encore quelques instants, et les troupes allaient se mettre en mouvement pour une tentative suprême.

Déjà elles prenaient les armes, quand on aperçut, se profilant comme des taches au-dessus de la mer illuminée par les rayons du soleil, les huniers de six grands navires. C'était l'escadre anglaise! Elle apportait six cents hommes de renfort, des munitions de toute espèce à une ville qui en avait encore suffisamment pour sa défense. Et Lally n'avait plus, comme à Saint-David, des navires à opposer aux vaisseaux anglais. D'Aché était à l'île de France avec sa flotte et la division, venue de Brest, qu'il avait retenue si malheureusement. Comme tout eût changé, vraisemblablement, si cette escadre eût suivi sa destination. Arrivée avec la frégate qui avait apporté un million et dix-neuf hommes, elle eût bloqué Madras. Elle eût disputé la mer aux Anglais. Elle leur aurait barré le chemin de Pondichéry, Mais elle n'était pas là... et la Grande-Bretagne était maîtresse de la mer. Elle pouvait bombarder Pondichéry, le brûler, l'enlever peut-être par un hardi coup de main!

Il fallait lever le siége. C'était une nécessité. La vue des vaisseaux anglais avait exercé sur le moral des troupes un effet désastreux. Mais quelle position devait-on choisir pour y établir l'armée? Fallait-il se replier dans la direction de Pondichéry par Conjivaron et Arcate? Il n'était pas au pouvoir de Lally de suivre la route la plus directe, puisque Chinglepet la commandait précisément. — Ou plutôt ne valait-il pas mieux rester à proximité de Madras? C'eût été, certes, le cas d'écouter le conseil de Bussy et de s'établir au Grand-Mont. Mais Lally ne s'arrêta même pas un instant à peser les avantages de ce parti! Il donna l'ordre de marcher sur Conjivaron.

La retraite se fit sans être inquiétée par les Anglais, qui n'étaient pas en état de marcher, et qui ne purent, au prix d'un effort gigantesque, tenir la campagne qu'un grand mois plus tard; mais l'armée souffrit des plus cruelles privations. « Il y a onze jours, écrivait Lally le 25 février, que je n'ai mangé un morceau de pain, ni bu un verre de vin. Comme toutes les troupes sont dans ce cas depuis six semaines, la privation me paraît moins rigoureuse. » Les cipayes, traités avec mépris, se révoltaient à chaque instant. Le 1er mars, l'armée entière refusait de marcher et réclamait l'arriéré de la solde. On se cotisait; on vendait la vaisselle plate; on tirait dix-huit mille roupies du nabab de Velour; on eut la bonne fortune d'enlever un convoi de dix mille bœufs et de quatre mille chiens marrons, destinés à Madras; et, grâce à tous ces expédients, on apaisa les séditieux, du moins pour quelque temps; on leur promit un peu de repos, et on les cantonna à Conjivaron. Lally retournait à Pondichéry pour essayer d'y créer quelques ressources, pour remettre un peu d'ordre dans l'administration.

CHAPITRE VI

MÉSINTELLIGENCE ENTRE BUSSY ET LALLY.

Mécontentement à Pondichéry. — Le Père Lavaur. — Les billets de caisse. — Lally décidé à contracter des alliances, mais comme expédient. — Les Anglais envahissent les Circars. — Siége de Mazulipatam. — La pression de l'opinion force Lally à demander conseil à Bussy. — Le mémoire de ce dernier. — Les hésitations de Lally. — Bussy et Moracin nommés tour à tour chefs de l'expédition de Mazulipatam. — Mécontentement de Bussy. — La correspondance entre les deux rivaux. — Le Père Lavaur les excite l'un contre l'autre.

La discorde et le mécontentement régnaient en maîtres dans Pondichéry. L'opinion se montrait à la fois exaspérée de la levée du siége de Madras, joyeuse de l'échec d'un général détesté. On ne lui pardonnait pas le mépris qu'il avait si souvent manifesté pour le conseil. On ne lui pardonnait pas d'avoir appelé Pondichéry une Sodome. Tout le monde connaissait, lisait, commentait les lettres du général au R. P. Lavaur, ces lettres intimes où il épanchait son désespoir. Le P. Lavaur les avait colportées partout, annonçant l'impossibilité de la prise de Madras, le zèle impuissant, l'indignation vaine du commandant en chef. Et, dans ces pages, le nom de bien des gens se trouvait à côté d'un blâme! c'étaient de nouveaux ennemis pour

Lally, et leur inimitié croissait avec la publicité des écrits qui l'avaient fait naître.

Naturellement, ils étaient les plus ardents à travestir les intentions et les sentiments de l'homme qu'ils haïssaient. On disait tantôt qu'il n'avait jamais voulu prendre Madras, que sa douleur était une feinte; tantôt on tournait en ridicule l'expression de son chagrin et on le représentait comme inapte à tout, sauf à pleurer. Rien ne troublait ce débordement de haine, car, depuis la levée du siége de Madras, le général ne semblait plus redoutable. On avait des velléités de le traiter comme le lion malade, mais sans se départir encore d'une certaine prudence. Et c'était le moment où Lally avait plus que jamais besoin de prestige; d'abord pour concilier les deux partis qui divisaient le conseil et les troupes de l'Inde, acharnés l'un contre l'autre pour des priviléges de corps, de compagnie; puis pour régler l'affaire des billets de caisse, créés depuis un an, afin de remédier à la pénurie du numéraire, spécialement destinés à la solde des troupes, mais perdant trente à quarante pour cent.

Ces billets donnaient lieu à un agiotage effréné, à des malversations éhontées. Les soldats n'en voulaient plus, et ils étaient forcés de les prendre pour leur valeur entière; on les leur rachetait au-dessous du taux, et on les faisait rembourser au trésor au prix d'émission. Lally se plaignait; on répondait froidement que c'était une monnaie de commerce. Lally s'emportait, — il ne faisait plus que cela, — menaçait; on disait que c'était un homme cruel. Pourtant il se contentait de crier, sans sévir. C'est la raison de son impuissance et des haines soulevées contre lui.

Lally avait cependant emporté du siége de Madras un enseignement. Les secours que les Anglais avaient su tirer de leurs alliés indigènes l'avaient éclairé ; il comprenait maintenant la nécessité de s'appuyer, pour vivre, sur les puissances du pays ; mais, à ses yeux, cela n'entraînait pas l'adoption du système politique prôné par Bussy; ce n'était qu'un expédient de guerre. Protéger le soubab du Dékan, Salabet-Singue, pour dominer les peuples vassaux de ce potentat noir, c'était toujours pour Lally le comble de la démence. Il détestait trop Bussy, il le méprisait trop pour verser dans les projets de celui-ci. Son but, c'était simplement de lever quelques corps auxiliaires de cavalerie pour les opposer aux batteurs d'estrade des Anglais; mais, pour cette entreprise, il avait besoin d'un diplomate habitué à traiter avec les indigènes, rompu à leurs mœurs et à leurs ruses, respecté d'eux. Il n'avait pas le choix; il fallait bien employer Bussy. Il le chargea donc, le 10 mars 1759, de négocier avec les Mahrattes pour un secours de deux mille cavaliers.

Bussy n'était point favorable à ce projet. Il croyait dangereux « d'appeler à notre aide ces cavaliers qui ne savent que piller, véritables brigands, qui ne pouvaient qu'augmenter nos besoins ![1] ». Il eût préféré demander l'appui des Maures, c'est-à-dire les musulmans du Dékan, « qui eussent volé à notre secours, si on les avait appelés [2] ». Il s'expliquait là-dessus avec Lally; il

[1] Mémoire pour Bussy.
[2] *Id.*

lui disait que la négociation serait longue, difficile, que les Mahrattes n'avaient aucune foi; qu'ils mettraient leur concours à un haut prix; qu'ils étaient très-capables de signer le traité, de prendre l'argent et les présents, et de ne pas venir ou de passer aux Anglais; mais Lally ne voulut rien entendre. Force fut à Bussy de partir. Il s'en alla un peu dépité, persuadé qu'on l'éloignait parce qu'on craignait de le voir s'opposer à la ratification de la nomination de Rajah Saïb à la nababie d'Arcate. Il réussit pourtant à conclure le traité avec les Mahrattes; mais il advint ce qu'il avait prédit : ces bandits prirent les présents, et il n'arriva pas un seul cavalier au camp français, à la grande colère de Lally, qui accusa le négociateur d'avoir tout fait manquer. Chose étrange! c'est au moment même où Lally se promettait de ne plus jamais employer Bussy, qu'il était contraint, sous la pression des circonstances et de l'opinion surexcitée, de se rapprocher du conquérant du Dékan et de le consulter.

Un nouveau danger, d'une gravité cruelle, menaçait notre empire de l'Inde. Les Anglais avaient envahi les Circars, ces provinces du Nord acquises par la politique de Bussy, et avaient mis le siége devant Mazulipatam. A cette nouvelle, ce ne fut qu'un cri dans Pondichéry pour sommer le général en chef d'avoir à s'inspirer des conseils de Bussy, que le conseil, par une délibération en forme, indiquait au représentant du Roi comme le serviteur de la Compagnie le « plus propre à le tirer d'affaire ». Lally cédait « au torrent ».

Bussy dressait un mémoire en forme de lettre : « Pour obéir à vos ordres, Monsieur, écrivait-il, je jette sur le papier mes idées sur les deux partis que vous pouvez prendre par rapport à moi. J'y joins, avec la liberté que vous m'avez permise, mes demandes, que je vous prie de rapporter au bien public autant pour le moins qu'au mien, là où ces deux intérêts se présenteront ensemble [1].

« 1° Le parti d'aller dans le Nord (c'est-à-dire de marcher au secours de Mazulipatam) me paraît le plus pressant; celui de m'employer auprès de vous, Monsieur, dans le pays d'Arcate [2], me paraîtrait, à moi, d'une utilité plus étendue. Je ne vous cache pas la satisfaction que j'aurais de n'avoir que des ordres partis immédiatement de vous à exécuter. La répugnance que je sens à me rengager dans les voyages et les labyrinthes du Nord avec les incommodités que j'y ai gagnées, et le désir que j'ai de me tenir à portée de repasser en Europe me poussent à rester près de vous.

« 2° Lequel des deux partis que vous preniez, Monsieur, je vous demande votre parole pour sauvegarde que vous m'honorerez d'une confiance absolue et constante, et que je n'aurai à craindre ni soupçons, ni manœuvres qui me la fassent perdre. Je vous promets de mon côté de ne l'employer qu'au bien des affaires, auquel elle me semble nécessaire. Vous pouvez voir mieux que moi, Monsieur, combien les variations sont contraires à ce dernier.

« 3° Si vous m'employez dans le pays d'Arcate, j'ose vous demander, Monsieur, d'y être comme votre Divan

[1] Mémoire pour Bussy et Archives de la marine.

[2] Cette mission dans le pays d'Arcate avait pour objet de faire contribuer les Paléagars.

(c'est-à-dire rien qu'un mandataire, un intendant), par lequel passeront toutes les affaires, négociations, propositions qui doivent aller jusqu'à vous. Le décorum de votre place n'en sera que mieux gardé, et le succès de tout ce que je viens de dire plus assuré. Sans cela, les agents différents sont souvent opposés, sans le savoir, quand même ils auraient toujours bonne intention, et l'on gâte la besogne à l'envi l'un de l'autre.

« 4° Si vous jugez plus à propos de m'envoyer dans le Nord (c'est-à-dire au secours de Mazulipatam), je vous demande, Monsieur, le commandement général de ce que nous possédons actuellement, comme de ce dont nous pourrons recouvrer la possession, et d'y dépendre de vous uniquement, immédiatement, en quelque endroit que ce puisse être, soit à Mazulipatam, soit en campagne, suivant l'exigence des affaires, sans rien perdre de l'autorité que vous aurez bien voulu me communiquer. Que la carte blanche, pour les opérations, telle que je l'ai eue jusqu'ici, et que je vous prie de me continuer, ne me rende pas responsable des événements. Si tout ce que je viens de dire présente une face propre à flatter mon ambition, ayez la bonté, Monsieur, de ne le regarder que du côté du bien des affaires, qui ne s'y trouve pas moins manifestement, vu les inconvénients des ordres qui ne peuvent être que lents à venir et qui risquent de trouver en arrivant la face des affaires tout autre qu'elle n'était quand on les a demandés.

« Vous pouvez, Monsieur, modifier l'article qui concerne le commandement absolu dans Mazulipatam en ne l'accordant que pour le temps de la guerre. Voilà de quoi satisfaire Messieurs du Conseil. Vous pouvez également tranquilliser M. Moracin (l'ancien gouverneur de Mazulipatam) en le laissant ici jusqu'au temps où vous jugerez convenable de me rappeler après avoir rendu la tranquillité au pays, si j'ai le bonheur d'y réussir. Pour parvenir à ceci, il me serait très-utile d'avoir avec moi M. Law, déjà connu dans le Nord sur un pied à faciliter plus qu'on ne scauroit penser ici le succès des expéditions où je ne pourrais me porter, ou à me seconder mieux que tout autre dans celles que je ferai par moi-même... Il ne me reste, Monsieur, qu'à vous demander des instructions précises par rapport à Salabet-Singue et les principes sur lesquels je dois me conduire dans le cas où il solliciteroit notre réunion, soit par instances, soit par menaces; dans celui où nous aurions à craindre ses menées et ses ordres auprès des Paléagars du pays, et enfin dans celui où il prendroit le parti de nous joindre sans y avoir été invité. Pourrois-je, à toute extrémité, lui faire passer un détachement de cent hommes aux fins de l'empêcher de venir lui-même et de constater la continuation de notre alliance avec lui?

« Je finis, Monsieur, en prenant la liberté de vous représenter la nécessité de prendre sans délai le parti que vous jugerez le plus convenable, et en m'offrant de nouveau pour suivre exactement vos ordres et vos intentions. Chaque quart d'heure est précieux, notamment pour l'entreprise du Nord. Vos ordres pour ce pays-là, afin que je parte tout d'abord avec M. Law, ou vos ordres pour aller vous attendre à Arcate, où je suppose que vous pourrez vous rendre vous-même sans grand délai. Je suis prêt à recevoir tels mouvements que vous voudrez me donner et me voue à n'en point recevoir d'autres jusqu'à la fin de votre mission. »

Ainsi le duel entre la politique de Dupleix et celle de Godeheu et des directeurs recommençait. Les derniers événements, le siége de Mazulipatam, semblaient imposer un retour immédiat au système de l'alliance et du protectorat mis en pratique par Dupleix et Bussy. Pour les esprits larges et sincères, c'était le seul moyen de reprendre le terrain perdu. Tous encourageaient Bussy; mais celui-ci, en préconisant ses idées, ne se faisait pas d'illusions.

Il connaissait Lally, il redoutait ce caractère ombrageux, si porté à la défiance, si obstiné dans son entêtement, et ne le jugeait pas suffisamment converti. Voilà pourquoi il s'entourait de précautions minutieuses, voilà pourquoi il posait si solennellement la question de confiance, et la liberté entière de manœuvres. Lally pourtant paraissait très-résolu. Il déclara devant le conseil que Bussy irait dans le Nord au secours de Mazulipatam, et donna tous les ordres nécessaires. Puis, le lendemain, il dit à Bussy qu'il lui adjoindrait Moracin. Bussy se récria, dit que Moracin ne seroit pas flatté de cet arrangement, car il avait toujours commandé en chef dans ce pays, et y revenir en second ne pouvait que lui être pénible; que ce serait la source d'une foule de jalousies et d'embarras, dont il connaissait si bien le danger qu'il en avait presque fait un cas *sine quâ non* dans son mémoire, et il cita la phrase : « Vous pouvez tranquilliser Moracin en le laissant ici jusqu'au temps où vous jugerez convenable de me rappeler, après avoir rendu la tranquillité au pays. »

Lally, après un moment de silence, répliqua que dans ces conditions il serait préférable de modifier le premier projet, et, visant à son tour une phrase du mémoire pour Bussy, il dit à celui-ci : « Il faudra donc vous envoyer à Arcate, mission qui, quoique moins pressante selon vous, vous semble pourtant plus utile [1]. » Bussy accepta ce nouvel arrangement ; mais le général en chef changea encore d'avis. Moracin, au moment de s'embarquer, reçut l'ordre de rester, Bussy l'ordre de partir pour Mazulipatam. Le départ de ce dernier, arrêté, révoqué, différé de jour en jour par un flux et reflux d'incertitudes continuelles, fut enfin fixé au 12 avril.

Bussy commençait à reprendre confiance. Quelle fut sa surprise en apprenant, le 11 au soir, que tout était encore changé une fois, et que c'était Moracin qui partait en ses lieu et place ! Quelle était donc la raison de cette brusque conversion [2] ? Une question d'avance d'argent à la caisse militaire.

Lally, en effet, avait exigé de Bussy, et non sans aigreur, que celui-ci garantît un emprunt de 240,000 livres, qu'on contractait avec des banquiers du pays. Bussy avait accepté, mais avec la réserve formelle que les membres du conseil s'engageraient solidairement pour les mêmes sommes pour lesquelles il s'engageait lui-même, en donnant comme raison que la garantie

[1] Mémoire pour Bussy.

[2] Lettre à Lally, 2 avril 1759 ; Mémoire pour Bussy, Paris, 1766 ; et Archives de la marine.

envers les prêteurs n'en serait que plus sérieuse, et le remboursement par la Compagnie plus facile. La raison de sa répugnance à endosser seul les traites, c'est qu'il avait sous les yeux l'exemple de Dupleix aux abois, se débattant depuis six ans bientôt contre la mauvaise foi de la Compagnie, ne pouvant se faire restituer un liard des 13 millions de livres qu'il avait avancés pour le salut de nos établissements de l'Inde. Bussy ne voulait point être dupe.

Il avait fini cependant par obtenir les sûretés qu'il désirait, lorsque, le 9 avril, il réclama, pour la solde des troupes qu'il emmenait avec lui, 40,000 livres à prélever sur l'emprunt garanti par lui. Lally refusa, allégua que les 240,000 livres lui étaient absolument nécessaires, qu'il n'en pouvait détourner un sou, et qu'il fallait que Bussy s'arrangeât à son tour. Bussy se cabrait. Lally le raillait. Avec son exubérance ordinaire, il parlait indiscrètement devant des gens qui dénaturaient ses propos en les rapportant à Bussy. Le résultat, c'est que les rapports s'envenimaient entre les deux rivaux.

Bussy, la proie du découragement et du dégoût, n'a plus qu'un désir, ne rien faire, quitter le service, retourner en Europe. Sa santé était ébranlée; mais, certes, chez lui l'énergie eût triomphé de la maladie, si le dépit n'avait pas été si vif. Il reste persuadé que Lally est plein d'arrière-pensées, qu'il est de plus en plus partisan du système de Godeheu, et que, loin de se prêter à une application même timide de la politique d'alliance avec le soubab du Dékan, il est prêt à faire avorter toute combinaison de ce genre. Il ne réagit donc pas contre ses indispositions et se déclare trop souffrant pour marcher.

Lally réplique par un ordre écrit enjoignant au malade d'avoir à se transporter à Arcate et par une lettre aigre de ton[1] : « Voulez-vous m'en croire, Monsieur de Bussy, vous vous rendrez d'abord ici. Vous n'êtes pas fait pour rester bourgeois à Pondichéry. Laissez là cette séquelle de gens que l'intérêt personnel guide. Je vous ai, je crois, donné assez de preuves d'une façon de penser tout opposée. Le conseil de Pondichéry, par délibération, vous a demandé à Arcate. Des juges aussi éclairés ne peuvent se tromper, et leur décision autorise l'ordre que M. de Leyrit vous communiquera de ma part. Je vous donne ma parole d'avance que tout ce que vous avez pu dire, fait ou écrit contre moi n'altère en aucune façon mes sentiments à votre égard. Si la chose publique en souffre, je récriminerai à mon corps défendant; si la besogne va son train, j'oublierai les entraves qu'on y a mises. En un mot, croyez-moi, venez me joindre et vous serez plus que content de moi. Ne vous dites pas à vous-même que je ne peux me passer de vous; vous ne pouvez pas deviner ce que je veux faire si je ne vous le dis. Il n'est pas si dangereux de s'ouvrir à moi que vous l'annoncez. Consultez le Père Lavaur, et vous finirez ensemble par conclure qu'il ne tient qu'à vous que je sois votre serviteur. »

Bussy, profondément froissé par les railleries dissimulées sous les protestations, estimant que l'ordre et

[1] Lettre du 17 avril 1759, Archives de la marine.

la lettre constituaient le plus impertinent des procédés, s'écria que Lally ne lui pardonnait pas d'avoir demandé la garantie des conseillers dans l'affaire de l'emprunt; mais qu'il n'était pas assez riche pour répondre à un tel honneur, et tout de suite il répondait au général : « M. de Leyrit m'a fait signifier l'ordre que vous lui avez adressé pour moi. Je ne puis y répondre qu'en vous envoyant ci-joint le certificat de mon médecin (ce certificat constatait l'état maladif de Bussy), puisque vous me réduisez, Monsieur, à ces formalités.

« Je souhaite de tout mon cœur que vous me rendiez la justice de croire que ce n'est point l'effet d'une mauvaise volonté que vous me supposez... Que dois-je augurer d'un ordre lâché dès votre arrivée à l'armée, après être parti d'ici en me laissant hors d'état de vous y suivre? Voudriez-vous me trouver dans un cas de désobéissance ? Ce n'en est pas une, monsieur, je pense que de surseoir à un ordre qu'on ne peut d'abord exécuter, surtout quand on avertit son supérieur de l'impossibilité où l'on se trouve? »

Bussy adressait, le 24 avril 1759, une nouvelle missive à son général : « Il y a, écrivait-il, quatre ou cinq jours que j'eus l'honneur de vous répondre en peu de mots, conformément à l'état où je me trouvais, en me réservant de satisfaire plus amplement, dès que je le pourrais, à quelques articles de la lettre dont vous avez bien voulu m'honorer. Je serais fâché que mon silence parût un aveu de ce que vous y supposez à mon désavantage...

« Je commence, Monsieur, par vous prier de croire que je n'ai pris conseil que de ma santé pour demeurer à Pondichéry. Je n'ai pas cru devoir consulter là-dessus le P. Lavaur lui-même, quoique je fasse de ses conseils tout le cas que vous pouvez souhaiter. Mon état ne demandait que des remèdes et du repos. Vous n'avez pas pensé de même, puisque, dès votre arrivée à l'armée, vous avez envoyé à M. de Leyrit un ordre pour me faire joindre. Je n'aurais pas moins respecté cet ordre s'il m'étoit venu directement. La précaution d'en constater l'existence vous auroit-elle paru nécessaire? Je ne saurois le croire. En tout cas, je vais tâcher de me réhabiliter dans votre esprit en vous donnant de nouvelles preuves de ma droiture et de ma bonne foi, dans la manière dont je vais vous découvrir mes sentiments et décharger mon cœur avec vous...

« Dans votre lettre, qui dit beaucoup en peu de mots, vous tâchez, Monsieur, de réaliser l'idée d'un prétendu complot fait par le conseil pour me faire commander dans le pays d'Arcate, et dans lequel vous m'avez fait l'honneur de me donner part. J'ai eu celui de vous assurer, et je vous le répète encore, que lorsque ces messieurs vous ont prié de m'employer, ils l'ont fait et sans mon aveu et à mon insu. Vous avez pourtant regardé la chose comme le fruit de trames et de brigues dont j'étois l'auteur, et comme un crime dont j'étois coupable envers l'autorité légitime. Pour vous convaincre donc, Monsieur, d'une manière qui ne laisse aucun doute sur mes vrais sentiments, et me justifier, soit auprès de vous, soit auprès de mes anciens, trouvez bon que je joigne une déclaration bien expresse que je ne puis ni ne veux profiter de la déférence que vous témoignez avoir, en m'offrant ce commandement, sur les lumières et l'infaillibilité de Messieurs du conseil; je laisse à ces messieurs le soin de vous témoigner leur reconnaissance pour cette déférence et pour ces éloges.

«Vous voulez bien m'assurer, Monsieur, que vos sentiments ne sont point altérés par tout ce que j'ai fait, dit ou écrit contre vous. Qui ne croiroit là-dessus que je sois coupable de ces trois chefs d'imputation? J'ose pourtant assurer de mon côté que je ne vois, ni ne connois le moins du monde la matière du sacrifice que vous prétendez faire en ce genre. Je ne me suis jamais écarté, dans mes paroles, du respect que je vous dois, non pas même en entendant réciter les discours pleins de défiance et de prévention que vous avez en différentes occasions tenus sur mon compte, ou après avoir moi-même reçu immédiatement des marques de ce même sentiment. J'ai fait ce qui a été en mon pouvoir pour marquer mon zèle, soit pour vous, soit pour le bien des affaires, et j'en eusse fait davantage si vous l'aviez permis. Je vous ai offert de vous montrer les lettres que j'ai écrites en Europe. Je ne sache pas que vous me soupçonniez d'avoir écrit autre chose. Permettez-moi donc de vous demander où existent les trois griefs en question?...

« Le vuide que je puis laisser vous paroitra bien peu de chose après le peu de cas que vous avez paru faire de ma bonne volonté actuelle (cette phrase était une allusion à un propos plusieurs fois tenu par Lally, qui avait coutume de dire que s'il envoyait son valet de chambre dans le Nord, revêtu de son autorité, il en feroit autant que Bussy) et de mes services passés; tout me l'a annoncé et vous me l'avez dit... Je m'attends bien, Monsieur, à vous entendre dire qu'avec le commandement vous avez prétendu me remettre vos ressources ; que je vous ai fait espérer de l'argent des Paléagars ; que c'est le temps de tirer parti des connaissances que j'ai du pays, et de remplir l'idée que le conseil a de moi ; mais daignez faire attention que la nouvelle face des affaires change bien les dispositions des Paléagars, qui, au reste, viennent d'être saignés par les Mahrattes... .

« Avant de finir cette lettre déjà bien longue, parce que je n'ai pas votre talent de dire beaucoup en peu de mots, je crois devoir vous prévenir de ce qui est venu de votre armée ici, et sans doute pour y retourner enrichi de quelque nouvelle broderie. On raconte donc, dans les cercles de Pondichéry, qu'étant arrivé à l'armée, vous y avez témoigné une satisfaction qui alloit jusqu'à la joie de ce que vous m'aviez mortifié dans l'endroit le plus sensible, en rompant mon voyage de Mazulipatam, *après m'avoir tenu le bec dans l'eau*, c'est l'expression que l'on vous prête, de m'y avoir tenu un *bon nombre de jours et de ce que vous m'avez fait perdre des millions*.

« Cette dernière circonstance suffiroit pour me rendre le rapport suspect. Quel plaisir pourriez-vous trouver à faire perdre d'aussi grosses sommes à un fidèle sujet de Sa Majesté pour les laisser entre les mains de quelques Maures ou de quelques Indiens, quand même vous seriez aussi indisposé contre moi qu'on le prétend ? Car on ajoute que vous avez vous-même ajouté, que je *n'étais pas encore au bout, et que vous me prépariez bien d'autres tours*. Je fais aussi peu de cas que je le dois de ces propos. Quelque désagrément que mes supérieurs m'aient jamais donnés, je suis toujours persuadé que, dans leurs décisions, ils ne se règlent que sur le bien du service du Roi. Au reste, on ne viendra pas à bout de me persuader que la source de vos bontés est tarie pour moi. J'y compte tellement, que j'en attends le service le plus essentiel; c'est, Monsieur, la même grâce que vous avez accordée et à plusieurs qui n'y ont pas, à beaucoup près, le même droit du côté des services rendus dans l'Inde. *Je vous demande donc, Monsieur, et avec toutes les instances possibles, la permission de repasser en Europe au mois d'octobre...* Cette seule faveur peut mettre fin à bien des politiques et des ombrages... »

Cette lettre, où Bussy exposait si fièrement ses griefs et sa volonté de se retirer plutôt que de se soumettre à une politique dont il se défiait, ne détermina pas chez Lally l'acte de représailles auxquelles son caractère violent semblait devoir le porter. C'est qu'il savait parfois se modérer, quand son intérêt était en jeu. Or, et plus que jamais, il sentait la nécessité de se servir de Bussy pour mettre surtout sa responsabilité à l'abri, et aussi pour reprendre dans les Circars l'influence perdue. La situation y était en effet très-grave.

Les Anglais avaient réussi à s'emparer de Mazulipatam et à conquérir les Circars, ces provinces du Nord que les exploits de Bussy avaient données à la Compagnie au temps de Dupleix.

Le rajah de Visanapour, qui s'était révolté contre les Français et ne pouvait tenir contre nos troupes, envoya des ambassadeurs à Clive, alors à Calcutta, pour demander le secours d'une armée anglaise. Clive, déjà maître du Bengale, pesa toutes les conséquences d'une telle intervention avec ce sang-froid, cette justesse de raisonnement qui le rendaient si redoutable, et n'hésita pas à la tenter, quoique l'entreprise parût difficile, car le marquis de Conflans opérait dans les Circars avec une armée de cinq cents Français, six mille cipayes, cinq cents cavaliers et de l'artillerie. Clive, qui n'obéissait pas aux principes d'une politique absurde et qui ne craignait pas de se mettre sur les bras « le fardeau de nouvelles conquêtes », comprit que Mazulipatam dans ses mains, c'était Salabet-Singue à sa merci, l'Inde sous sa domination, la France sans allié, les troupes de Lally sans pain. Du jour où il tiendrait Salabet-Singue en son pouvoir, du jour où il se servirait de ce prince comme d'un interprète pour dicter ses volontés aux féodaux du Dékan et du Carnate, pas un sabre indien ne se lèverait pour défendre Pondichéry. Ainsi, il retournait l'œuvre de Dupleix et de Bussy contre la France.

Il envoya donc le colonel Forde, avec un corps de cinq cents Anglais, deux mille cipayes, six pièces de campagne, six de siége, pour agir dans les Circars.

Forde, débarqué le 20 octobre 1758 à Vizigapatnam, fit sa jonction avec les troupes du rajah de Visanapour et s'avança rapidement vers l'armée de Conflans, campée à Peddipore, à environ quarante milles de Rajamandry, forteresse au pouvoir des Français. Le 6 novembre, le colonel Forde prit le contact avec les Français et s'empara d'une éminence qui était à environ trois milles de leur camp, assis sur une forte position. Il ne jugea point à propos de l'attaquer et chercha à attirer son ennemi en rase campagne. Comme les

Français restaient immobiles, il résolut de les tourner et de s'établir entre eux et Rajamandry. Il réussit à opérer cette manœuvre, en dépit d'une panique des troupes indiennes.

Le marquis de Conflans donna l'ordre de marcher à l'ennemi.

Au centre de sa ligne était le bataillon européen, avec treize pièces d'artillerie sur chacune des ailes, trois à quatre mille cipayes et six pièces de gros calibre. La cavalerie formait la réserve. L'armée anglaise était rangée dans un ordre semblable; mais un champ de maïs [1], dont les épis s'élèvent, comme on sait, à une grande hauteur, cachait aux yeux des Français le bataillon anglais qui se trouvait derrière. Ils ne voyaient que les cipayes distribués sur les ailes.

Conflans, dont la ligne avait plus d'étendue que celle de l'ennemi, avance pour l'envelopper. Dans ce mouvement, le bataillon français du centre aperçoit dans l'aile gauche ennemie des troupes habillées de rouge. Il les prend pour le corps anglais, ouvre sur elles un feu violent de mousqueterie. Ces soldats, c'étaient les cipayes, qu'on avait vêtus d'habits écarlate. Ils ripostent faiblement et s'enfuient à la vue des Français, qui s'ébranlent pour charger à la baïonnette. Ceux-ci, dont l'erreur persiste, rompent leurs rangs, et, en désordre, se précipitent à la poursuite des fuyards. Ils dépassent le champ de maïs et aperçoivent tout à coup, comme sortant de terre, le bataillon anglais qui a fait une conversion et les couvre de ses feux. On ne peut rallier les

[1] *Histoire de la conquête de l'Inde*, par Barchou de Penhoen.

Français, ainsi pris en flanc, que sous la protection des canons restés en arrière. Une nouvelle lutte s'engage; mais les cipayes de l'aile gauche et de l'aile droite prennent la fuite. On va être entourés; force est de battre en retraite et d'abandonner le camp, presque toute l'artillerie, les munitions et de gros approvisionnements, pour se réfugier en hâte sous les murs du fort de Mazulipatam.

Cette forteresse, située à une portée de canon de la ville proprement dite, est bâtie dans une île formée d'un côté par la mer, de l'autre par de larges fossés creusés de main d'homme. La citadelle, et c'est là ce qui fait sa faiblesse, manque d'eau, n'a ni puits, ni source. La ville est grande, riche et commerçante; une bonne enceinte bastionnée l'entourait.

Le 7 mars 1759, jour de la levée du siége de Madras, on signala l'approche des Anglais. Conflans, pour abreuver ses troupes, avait pris position à environ deux milles de la place, dans un village arrosé par une source abondante. Il abandonna pourtant son camp et rentra dans le fort.

Le colonel Forde résolut d'attaquer la place, et fit élever trois batteries sur des tertres de sable qui dominaient légèrement les remparts.

Conflans, en apprenant que Salabet-Singue, qui s'avançait à son secours à la tête de vingt mille hommes, se trouvait déjà sur les rives de la Chichena, reprit toute son énergie, résolut de défendre la place jusqu'à la dernière extrémité, et, pour augmenter les embarras des Anglais, que ses espions lui représentaient comme peu fournis en vivres et manquant absolument d'argent, il fit sortir de la place un corps européen d'un effectif assez fort avec ordre de battre le pays, de rassembler le plus de roupies possible, d'arrêter les convois de l'ennemi, et d'opérer la jonction avec Salabet-Singue quand l'armée du soubab serait assez proche.

Forde, malgré une sédition de ses troupes, qui réclamaient l'arriéré de leur solde, poussait activement les travaux du siége et les approches. Il bombardait vigoureusement la ville, et brûlait un grand nombre de maisons. Il avait concentré le feu de ses batteries sur deux bastions qu'il criblait de projectiles; il réussit à plusieurs reprises à y pratiquer des brèches; mais les assiégés les réparaient aussitôt. Le 6 avril la brèche se trouvant faite de nouveau à deux bastions, il espéra pouvoir donner l'assaut le lendemain. Mais, malgré le feu continuel que l'artillerie anglaise fit toute la nuit, Forde, au matin, vit avec désespoir le rempart réédifié encore une fois. Il n'avait plus que pour deux jours de munitions [1], ayant consommé plus de quatre cents barils de poudre et des boulets et des bombes à proportion. Il s'était juré de tout tenter pour s'emparer de Mazulipatam; il résolut de donner l'escalade le soir même.

Il forma ses troupes en trois corps, dont deux, composés de contingents indigènes, furent chargés de fausses démonstrations, tandis que le troisième opérerait l'attaque réelle. Les cipayes ouvrirent le feu à minuit, pendant que le bataillon anglais destiné à tenter l'assaut suprême, traversait silencieux les marais qui entourent

[1] *Mémoires de Lawrence.*

la ville. Le projet paraissait si hardi aux assaillants eux-mêmes, que presque tous les officiers avaient pris la précaution de faire leur testament avant de l'exécuter. Ils descendirent dans le fossé, ayant de la boue jusqu'aux genoux et de l'eau jusqu'à la poitrine, et arrivèrent au pied des palissades sans perdre un homme[1]. Une grêle de coups de mousquet et de coups de canons chargés de grappes de raisin partit alors du rempart. Les Anglais n'en couronnèrent pas moins les brèches et réussirent à entrer dans la ville.

Le marquis de Conflans, averti que les ennemis étaient dans la place, et ne pouvant passer à travers les lignes d'investissement, avait fait demander au colonel Forde quartier pour la garnison. Celui-ci avait froidement répondu que si le marquis ne se rendait pas, les habitants de la ville, les soldats et officiers allaient être passés au fil de l'épée. Pour éviter l'horreur d'un tel massacre, Conflans donna aux troupes l'ordre de mettre bas les armes et de se retirer dans l'arsenal. L'armée et les habitants étaient prisonniers de guerre.

Quelques jours après, le 15 avril, les vaisseaux, qui portaient Moracin et la petite armée française, forte de quatre cents hommes, que Lally avait envoyée au secours de Conflans, jetaient l'ancre dans la rade de Mazulipatam. Moracin, qui ignorait le sort de la place, dépêcha vers minuit une chaloupe avec une lettre pour le marquis de Conflans afin de lui donner avis de son arrivée, et le prévenir qu'il attendait ses ordres. Au jour il reconnut sa méprise. Il n'eut pas le courage de

[1] *Mémoires de Lawrence.*

tenter un débarquement, et une attaque qui pouvait peut-être réussir, car une révolte des prisonniers était probable. Il remit à la voile et cingla vers Pondichéry.

Les conséquences de la prise de Mazulipatam ne se firent point attendre. Salabet-Singue, n'espérant plus rien des Français, menacé d'être détrôné par son frère Nizam-Ali, obligé de s'appuyer sur des troupes européennes pour résister aux forces d'un prétendant redouté, sollicita l'appui du colonel Forde. Un traité fut donc conclu [1] entre le soubab et les Anglais. Le soubab s'engageait : 1° à céder en pur don à la Compagnie anglaise Mazulipatam et les Circars ; 2° à obliger tous les Français à son service à repasser la Chichena dans l'espace de quinze jours ; 3° à ne fournir aucun secours aux ennemis des Anglais, et à ne leur accorder aucune protection. De leur côté, les Anglais promettaient de protéger le soubab.

C'en était fait ! Clive avait le droit d'être fier ; à force de jugement, de clairvoyance, de volonté, d'énergie, d'habileté à profiter des circonstances, d'esprit de suite, de génie, pour tout dire en un mot, il triomphait. Et quel triomphe que le sien, le fruit de la politique et de l'épée ! Depuis le début de sa carrière, ce héros avait fait bien du mal à notre pays. C'était lui qui avait inventé tout un système de lutte contre Dupleix. Sur les champs de bataille où il avait paru, la France l'avait vu ébranler sa fortune. C'était lui qui, lors de la guerre pour la succession de la nababie du Carnate, avait opposé Méhémet-Ali-Kan à Chanda-Saïb. C'était

[1] *Mémoires de Lawrence.*

lui qui, après la prise de Madras par La Bourdonnais, avait sauvé Saint-David, la dernière forteresse de l'Angleterre; c'était lui qui avait eu l'idée de l'investissement de Cheringam, et la gloire d'avoir réduit une armée française à capituler.

La conquête de Mazulipatam couronnait tous ces exploits; elle les dépassait même, car elle était d'une portée politique immense. C'était le coup mortel donné à l'influence française. Notre pays ne perdait pas seulement une armée et une forteresse, il perdait l'Inde. Le Dékan aux mains de l'Angleterre, c'était le donjon de la citadelle aux mains de l'ennemi. Ainsi Clive retournait contre la France les fortifications élevés avec tant de peine contre l'Angleterre. Il n'avait plus qu'à contempler les mouvements désordonnés de Lally à l'agonie, et à sourire en se rappelant le mot de son adversaire : « Plus d'Anglais dans la péninsule. »

Cet échec cuisant, aux conséquences si redoutables, dont il recevait la nouvelle presque en même temps que la lettre de Bussy, était pour Lally un sujet d'alarme. Il comprit l'importance de ces provinces du Nord, trop tard, lorsqu'il les vit perdues. Bussy était l'homme désigné pour agir en pareille occurrence. Lui seul pouvait décider Salabet-Singue, le soubab du Dékan, à rompre l'alliance contractée avec les Anglais à marcher contre eux.

Lally comprit la nécessité de se rapprocher de son rival, et comme il n'était point inquiet pour le moment de la tournure que prenaient les opérations militaires dans le Carnate, — les Anglais, hors d'état au fond d'entreprendre une action sérieuse avant l'arrivée encore éloignée des secours d'Europe, se bornaient à se maintenir à Chinglepet et à manœuvrer pour nous faire évacuer Vandavachy, — il écrivit à Bussy, le 28 avril 1759, d'Arcate : « ... Je ne me sens pas assez d'esprit pour répondre à votre lettre du 24 ; mais voici ce que j'ai à vous dire du fond du cœur. Il est bien singulier qu'il y ait tant de personnes qui vous rapportent ce que je dis et ce que je ne dis pas de vous, et que je ne puisse pas vous en citer une qui m'ait fait rapport de ce que vous dites de moi. C'est sans doute, me direz-vous, parce que vous ne dites rien et que je dis beaucoup, et moi, je vous répondrai ingénument que c'est parce que je n écoute rien et que vous écoutez beaucoup. » Et, passant à des sujets « plus intéressants que celui d'une amitié qu'il avait offerte et que l'autre avait eu ses raisons de refuser », il ajoutait : « Je reçois l'avis par une lettre de M. de la Périgne et une d'Aïder-Singue que votre présence seule auprès de Salabet-Singue, qui vous attend à Ibrahim-Patam, peut réparer dans un instant la perte de Mazulipatam, que les Anglais offrent à Salabet-Singue, en le menaçant de prendre le parti de Nizam-Ali, s'il refuse.

« M. de la Périgne me mande qu'il a deux cent cinquante blancs avec Salabet-Singue qui augmentent tous les jours, et Aïder-Singue marque qu'il a mille cipayes et que c'est plus qu'il ne m'en faut, et que tout est gagné (pour me servir de ses propres expressions) si vous arrivez vite, au plus vite. J'ai envoyé tout de suite deux des quatre alkaras (courriers) qui me sont arrivés, et j'ai mandé à M. de la Périgne que vous partiez avec un détachement et du canon pour joindre Salabet-Singue...

Mon projet est de vous donner deux cents hommes d'infanterie, cent de cavalerie et quatre pièces de canon, de mettre le reste de l'armée, mille hommes environ (le chiffre n'était pas exact), dans Arcate, Chetoupet, Vandavachy et de suivre de là le projet que vous me dites avoir formé pour vous-même : c'est-à-dire d'abandonner l'Asie, fussé-je sûr de conquérir le paradis terrestre. »

Les temps étaient passés où Bussy eût donné sa vie pour retourner dans le Dékan même à ses risques et périls. Il avait trop approfondi le caractère de Lally, les brusques variations de celui-ci, pour ne pas demeurer convaincu qu'en assumant la responsabilité d'un plan si brusquement improvisé, si peu étudié, si disproportionné de moyens avec les exigences, il courait à une catastrophe certaine, irrémédiable. Il réfléchissait avant de se décider, et pesait le pour et le contre.

Certes, il avait le droit d'être tenté de retourner dans le Dékan pour y appliquer son système de politique, éprouvé par des années de succès. Mais quelle serait dorénavant sa situation à la cour du soubab? Aurait-il comme autrefois la gloire de nos armes, le prestige du nom français, surtout un grand homme d'État à Pondichéry pour le comprendre, pour le secourir? Non. Au lieu du prestige et de la gloire d'autrefois, la défaite, la honte de la levée du siége de Madras, la honte de la prise de Mazulipatam. Au lieu de l'amitié du grand homme d'État, l'antagonisme probable de son chef direct à Pondichéry. Ce chef, si changeant, si peu sûr, avait lui-même, de ses propres mains, miné le terrain sous les pas de son lieutenant. N'était-ce pas Lally qui avait écrit à Salabet-Singue [1] : « Vous m'avez mandé à différentes reprises de vous envoyer Bussy, ce qui me surprend fort. Tout dépend de moi et c'est moi qui donne des ordres. Bussy ne peut agir en rien dans aucun endroit que suivant ceux que je lui donnerai... »

N'était-ce pas Lally qui venait de nommer Rajah-Saïb nabab d'Arcate sans même consulter Salabet-Singue, le suzerain de la province? Avait-il pensé à ménager l'amour-propre de ce potentat, habitué à l'adulation même d'un rebelle? Loin de prévenir le soubab, il avait, faisant preuve du génie le plus impolitique, entamé ouvertement une correspondance avec l'homme que Salabet-Singue détestait passionnément, Nizam-Ali, un ennemi personnel, un rival au trône, un prétendant dangereux, exécré, — la créature des Anglais! — C'était à cet objet de la haine de Salabet-Singue que Lally avait écrit, — Bussy en tenait les preuves dans la main et les regardait avec fureur [2] : — « L'éloignement que Bussy vous a toujours montré, qu'il a témoigné pour vos intérêts, m'a jusqu'à présent empêché d'entrer en relation avec vous. Je viens de le déposséder de tout emploi pour vous satisfaire. » C'étaient là, en vérité, de belles lettres de créance pour se présenter à la cour du soubab! Il y ferait belle figure! Quelle attitude garderait-il devant Salabet-Singue lorsque celui-ci lui opposerait les actes et les paroles de Lally? Que répondrait-il au soubab accusant de trahison « le maître des Français? » Nie-

[1] Archives de la marine.
[2] *Id.*

rait-il les dépêches de celui-ci? Mais ce n'était pas possible, leur authenticité était trop claire. En ferait-il bon marché, opposant son influence à lui-même? Se targuerait-il de sa puissance dans les conseils des Français? Mais Lally lui avait enlevé ce dernier moyen, en le représentant au soubab comme un petit officier, comme un subordonné vulgaire, qu'on emploie et qu'on désavoue selon le besoin. Et puis, à la cour du soubab, on connaissait la disgrâce de Bussy.

Quels seraient donc les moyens d'action pour dompter la féodalité du Dékan, qui ne se soumettait que lorsqu'elle sentait le prestige d'une force incontestée? Aucun! Et ce serait dans de telles conditions qu'il partirait avec une poignée d'hommes, sans même avoir la certitude de les nourrir, pendant un voyage de trois cents lieues, à travers des peuplades ennemies, sur le ventre desquelles il faudrait passer. En vérité, c'était courir la plus folle des aventures. L'échec était certain, la responsabilité terrible. Que pourrait-il répondre, lorsqu'il reviendrait vaincu, s'il revenait, à Lally lui criant : « C'est à vos demandes passionnées que j'ai obéi, quand je vous confiai des soldats et la mission de relever notre fortune dans le Nord. Vous m'avez amené à céder malgré moi. Rendez-moi donc mes soldats et notre puissance! » Non, certainement, il ne s'exposerait ni à un tel échec, ni à une telle humiliation. Pour un refus, n'avait-il pas de bonnes raisons à faire valoir? Il était malade, et ses services passés mettaient son honneur à l'abri.

Il prit donc le parti de répondre à Lally que, si sa santé l'eût permis, il eût été tout prêt à se mettre en route, mais qu'il en était absolument hors d'état. Il crut de son devoir d'adresser au général un mémoire sur le parti à prendre touchant les affaires du Nord. « Vous le trouverez peut-être digne d'influer dans vos décisions. » Rien de plus politique, de plus topique que ces conseils. « Salabet-Singue, disait-il, semble avoir pu nous garantir de ce malheur, — la prise de Mazulipatam par les Anglais, — et ne l'avoir pas voulu. Que dire et attendre d'une pareille situation? (Bussy aurait pu ajouter, mais s'en gardait bien, que l'attitude du soubab, c'était le fruit de son rappel.)

« On conçoit encore moins pourquoi il n'accepte pas la remise de Mazulipatam entre ses mains, puisque les Anglais la lui offrent, en le menaçant de la remettre à Nizam-Ali, s'il refuse.

« Jaffer-Ali-Kan est auprès de lui et l'un de ceux qui dirigent actuellement les plans et les décisions du conseil de Salabet-Singue. C'est le même qui m'a tendu des piéges autrefois dans ma retraite... c'est l'homme des Anglais. Nous devons donc nous défier du procédé de Salabet-Singue, des propositions qu'il nous fait, de ses vues pour l'avenir.

« La plus innocente de ses vues à notre égard, c'est qu'il se propose de nous conduire dans le fond du Dékan, peut-être même jusqu'à Aureng-Abad et de nous opposer à Nizam-Ali... Si nous refusons de le suivre, nous pouvons compter sur son ressentiment... Nous ne devons nous exposer, ce me semble, ni à l'un ni à l'autre de ces deux inconvénients.

« Le moyen de les parer, c'est de mettre Salabet-Singue dans le cas de se démasquer avant que nous ne soyons totalement pris dans ses piéges... S'il y a la moindre bonne volonté dans Salabet-Singue, il rétablira Moracin dans son gouvernement de Mazulipatam ; s'il ne le fait pas, ce sera un très-mauvais augure. » Il terminait par le conseil d'attendre l'arrivée de l'escadre, qui ne devait pas tarder, pour transporter par mer le détachement destiné à opérer devant Mazulipatam, car en procédant ainsi on perdrait moins de temps et point d'hommes.

Lally entra dans une violente colère en apprenant que Bussy refusait de se charger de l'expédition dans le Nord. Eh quoi! c'était ce petit officier dont tous les exploits avaient consisté à pourchasser quelques bandes de gueux armés de flèches, qui osait lui résister, à lui un vétéran des guerres d'Europe, à lui muni des pouvoirs du Roi! Il était le chef, il était le maître et il le ferait voir. Cet acte de Bussy, c'était bel et bien un refus de service. L'indiscipliné avait beau le colorer d'un prétexte de maladie, il n'était pas sa dupe. La plaisante raison, en vérité! Est-ce qu'il ne savait pas que Bussy tenait table ouverte à Pondichéry? Est-ce qu'on n'avait pas vu ce singulier malade, le jour même où il écrivait que sa santé l'empêchait de prendre le commandement de l'expédition du Nord, se régaler d'un plat de kari, mets qui aurait pu mettre le feu dans les entrailles d'un homme bien portant? Non, il n'y avait pas de doute, Bussy obéissait à un plan prémédité de longue main. Jaloux de son chef, exaspéré de ne jouer qu'un rôle effacé, de ne plus trouver dans la guerre le prétexte à ramasser des trésors, Bussy s'appliquait évidemment à faire échouer tous les projets de son général, afin de contraindre celui-ci à lui céder et la place et le commandement.

Lally fut sur le point de faire arrêter Bussy. Après réflexion, il se borna à lui faire défense de paraître devant lui. Et il employa un singulier messager. Au lieu d'un officier, ce fut le Père Lavaur qui signifia l'ordre. Qu'on ne s'en étonne pas. Le Révérend Lavaur, pour le malheur de Lally, avait réussi à se faufiler dans l'entourage du général, dont il avait insensiblement capté la confiance. Déjà il lui avait été funeste en conseillant l'expédition du Tanjaour. Plus tard, il sera l'accusateur, le bourreau, pour ainsi dire, de l'infortuné soldat. Pour le moment, il flatte Lally de la façon la plus adroite. Il se présente comme le conseiller le plus désintéressé, comme un modèle de franchise, comme un homme détaché des biens de la terre, qui pratique et honore son vœu de pauvreté, comme un patriote zélé qui poursuit de sa haine les âmes vénales. Il suit Lally dans son ombre. Il a l'art de l'enserrer de ses conseils que semble dicter uniquement l'amour du bien public, et qui ne sont en réalité que les combinaisons d'un calcul mystérieux. Et Lally l'écoute, tout en restant persuadé qu'il se sert du moine et de son ordre sans les servir lui-même.

Il n'est pas douteux que par ses perfidies Lavaur ait hâté la rupture entre Lally et Bussy; c'est lui qui rapporte à l'un les railleries, les sarcasmes de l'autre. Il aiguillonne les susceptibilités, il attise le feu. Avec Bussy, il déplore l'aveuglement de Lally; avec Lally, il blâme la mauvaise volonté de Bussy. Et ce maître fourbe est si habile que les deux intéressés sont entièrement dupes, ne soupçonnent rien.

L'abominable hypocrite rédigeait tous les soirs, en secret, sur deux cahiers de modèle différent, une sorte de journal des événements politiques et militaires de la colonie. Le premier cahier contenait une apologie des actes de Lally; le second, la plus effroyable diatribe des faits et gestes de celui-ci. C'était le recueil des plus noires calomnies, fait avec l'art le plus raffiné, l'étude la plus réfléchie. Tout s'y tient, tout s'y suit; les discours y répondent aux actions; les intentions s'y expliquent par les faits. Et pourtant ce mémoire, ce n'est qu'un tissu de cancans et de mensonges enchaînés par le talent le plus habile à rendre indubitable ce qu'il présente en même temps comme incertain; car le Père Lavaur n'affirme jamais, il dit toujours : Je ne peux certifier, c'est sans prétendre le prouver que j'avance ce fait; mais il semble probable. Comme Iago, il lui suffit d'un mouchoir pour perdre l'innocence. Le Révérend Père Lavaur, avec une remarquable netteté de jugement, avait prévu que le drame de la guerre de l'Inde aurait pour dernier acte le procès de Bussy ou de Lally, et il s'était mis en mesure d'être l'accusateur de l'un ou de l'autre, à la fois pour se mettre à couvert et pour garder dans l'Inde la grande situation qu'il s'y était créée, car cet homme qui se prétendait si détaché de la terre, était ambitieux et cupide. Quand il mourut, on trouva dans la cassette de cet amant de la pauvreté pour plus d'un million de valeurs.

Le Père Lavaur s'acquitta adroitement de la mission

[1] *Journal du P. Lavaur* : Archives nationales, procès criminel de Lally, carton n° 1396 X^a B.

dont Lally l'avait chargé auprès de Bussy. Le fin matois prit l'attitude résignée d'un homme contraint par devoir à accomplir un acte dont son amitié réprouve les motifs et le but. Il ne voulut ni voir Bussy, ni lui parler. Il lui écrivit afin de l'informer de la décision du général, en termes habilement calculés pour un double résultat; le billet pouvait être lu par Lally sans que celui-ci eût de méfiance, et Bussy à son tour devait rester persuadé que la commission imposée au moine lui était si odieuse, qu'il n'avait pu supporter la faire de vive voix. Le terrain ainsi préparé, il attendit quelques jours. Il alla enfin chez Bussy.

Dans la conversation qu'il eut avec ce dernier, le Père Lavaur manœuvra avec sa duplicité habituelle. Sans se compromettre, sans rien énoncer ouvertement, en procédant par réticences, par insinuation, en suggérant à son interlocuteur des doutes que la passion de Bussy transformait en certitude, en écoutant plus qu'en parlant, il fit naître dans l'esprit du conquérant du Dékan la conviction que Lally, en lui défendant de paraître au quartier général, obéissait à la plus basse des rancunes. « Le motif d'une telle disgrâce [1], dit Bussy, c'est ma répugnance à avancer les deux cent quarante mille livres sans la garantie des conseillers, c'est surtout mon refus de me prêter à une autre combinaison financière du général. Ne voulait-il pas fournir la moitié des deux cent quarante mille livres, bien entendu avec ma garantie. Il s'attirait ainsi tout l'honneur de ce secours, sans rien hasarder, ayant sa sûreté

[1] Mémoire pour Bussy. Paris, 1766.

sur mon bien. Et aujourd'hui il pense que la douleur d'avoir encouru sa disgrâce me rendra plus traitable sur le moyen d'être bien avec lui! Mais je ne suis pas homme à acquiescer à un marché de cette nature. » Bussy, plein de ressentiment et de mépris, écrivait aussitôt au commandant en chef pour accuser réception de l'ordre transmis par le Père Lavaur. Il ajoutait que cette mesure le réduisant au rôle de bourgeois de Pondichéry, il n'en était que plus à l'aise pour insister sur sa demande de congé, et pour réclamer la permission de retourner en France.

Lally répliquait par un persiflage. « Je ne comprends rien à l'état de bourgeoisie auquel vous prétendez que je vous condamne. Si vous êtes militaire, j'accepte vos services pour le Roi et la Compagnie, et je vous ordonnerai toujours de leur part de les continuer. Si vous vous déclarez bourgeois, c'est à la juridiction municipale que vous devez vous adresser pour la permission de retourner en France... » Mais il ne levait point la défense de paraître devant lui.

Bussy restait donc à Pondichéry, rongeant son frein, un peu dédommagé pourtant par la sympathie de l'opinion. Bussy en effet était aussi populaire que son rival l'était peu. Une grande partie de l'armée, toute l'administration coloniale, les habitants de la ville plaçaient les talents du conquérant du Dékan bien au-dessus de ceux du vaincu de Madras. On témoignait d'autant plus d'égards à Bussy que ces égards étaient devenus autant de procédés blessants pour le général en chef, dont les emportements et les maladresses avaient exaspéré tout le monde. Cet homme, disait-on ouvertement, ne pense qu'à semer la discorde et le découragement. « Il semble que le Tout-Puissant l'a choisi pour tout perdre [1]. »

Ainsi, au mois de juin 1759, la situation apparaissait à tous sous le jour le plus sombre. On se rappelait avec tristesse l'échec de Madras, la perte de Mazulipatam; on voyait avec colère le général repousser l'homme qu'on regardait comme le seul capable de ramener le succès sous nos drapeaux. On pensait à l'avenir avec effroi. Les préjugés, les idées fixes de Lally conduiront à un désastre! c'était le cri unanime à Pondichéry.

[1] Archives nationales, procès de Lally.

CHAPITRE VII

L'ABANDON ET L'ÉPUISEMENT.

Lally désespéré. — Le soldat sans pain. — Rajah-Saïb nommé nabab d'Arcate. — Lally négocie avec le Maïssour. — Arrivée de la *Gracieuse*. — Nomination de Bussy au grade de commandant en second. — La mésintelligence continue entre les deux rivaux. — Bussy propose l'alliance avec Bassalet-Singue, tout en craignant de ne pas réussir. — Il part pour aller trouver le prince indien. — Exaspération de Lally contre Bussy. — Il le dénonce au ministre comme le plus pillard des hommes. — Le rôle de Noronha et du Père Lavaur. — Arrivée de l'escadre. — D'Aché refuse de rester dans l'Inde. — Départ de l'escadre. — Révolte des troupes. — Les généraux La Joie et Saint-Jacques. — Lally envoie Crillon à Cheringham. — Bussy échoue dans la négociation avec Bassalet-Singue. — Retour de Bussy. — Il propose la concentration de toutes les forces.

Assailli par les malédictions qui traversaient les murs pour pénétrer jusqu'à ses oreilles, Lally, avec son caractère hérissé de violences et d'inflexibilité, éprouvait des accès de fureur et de désespoir, qu'il masquait en public sous l'attitude la plus hautaine. Il aurait donné sa « part de paradis », pour mettre à ses genoux cette ville insolente. Il pensait à s'enfuir, à tout laisser là. « On ne me retirera donc pas de cette Sodome! » s'écriait-il comme au lendemain du retour de Madras. Et il se retrouvait aussitôt en face du devoir, qui lui commandait ironiquement de défendre cette Sodome, qu'il avait juré de protéger.

L'armée avait faim, était en guenilles. Le soldat ne possédait ni chemise, ni bas, ni souliers, ni viande, ni riz. « Notre vie, écrivaient les officiers, n'est plus en sûreté près de nos hommes. » Les révoltes étaient devenues une habitude. On ne les comptait plus; on devait être à la dixième. Les chefs n'osaient plus sévir contre les troupes que la misère rendait folles, qui ne revendiquaient en réalité que leur dû. Ils assiégeaient Lally de leurs plaintes, du récit de leurs douleurs. Force était bien à celui-ci de s'occuper de la misère de l'armée, de mendier à nouveau auprès du conseil un peu de pain et un peu d'argent. Et le conseil, dans sa délibération du 10 juin 1759, répondait, comme d'habitude, par son cri désespéré : Nous n'avons rien; les ressources sont totalement épuisées.

Il fallait donc en revenir aux éternels expédients, et probablement commettre quelque faute nouvelle.

Rajah-Saïb, qui brûlait de recevoir l'investiture de la nababie d'Arcate, poursuivait le général de ses offres. Il se déclarait prêt à verser sur l'heure 40,000 roupies pour les troupes, et 20,000 pour le commandant en chef. Fallait-il négliger une ressource si imprévue, si précieuse? Lally réunissait le conseil, exposait les propositions du prince et la nécessité de nourrir l'armée. Rajah-Saïb, disait-il, n'aura que le titre et les honneurs attachés à la fonction de nabab. Il restera sous notre autorité immédiate; c'est nous qui le nommerons par un paravana signé par le conseil et par moi. Il ne sera que notre lieutenant; nous mettrons garnison à Arcate et dans les forteresses du pays. Il nous fournira l'argent et les subsistances produites par la province. » Des objections s'élevaient. Leyrit et quelques autres firent ressortir le côté impolitique de la mesure, déclarèrent que c'était se mettre à dos Bassalet-Singue et le soubab du Dékan, dont l'appui était indispensable pour contre-balancer les progrès des Anglais dans le Nord, pour reprendre Mazulipatam. On invoqua même l'autorité de Bussy absent.

Lally, avec une aigreur peu dissimulée, répliqua que ces arguments pouvaient être excellents, mais que Bassalet-Singue était à trois cents lieues au moins, qu'il faudrait des mois pour connaître ses offres et que l'armée serait morte de faim d'ici là, que Rajah-Saïb avait la main pleine et le mérite d'être présent. Le prendre tel que ou perdre l'armée, conclut-il. Le conseil, intimidé par cet argument péremptoire, vota, mais d'un air maussade, pour la nomination de Rajah-Saïb. Le nouveau nabab versa aussitôt les sommes promises et fournit cent mille mesures de riz, quinze milles de coulou (sorte d'avoine), treize cents chiens marrons (chèvres sauvages), et quelques bœufs. Lally fit remettre à la caisse militaire les 20,000 roupies que le nabab lui avait envoyées en présent. On avait donc encore une fois le moyen de continuer la guerre.

Lally se reprenait à espérer. Il sentait qu'il était temps de traiter avec les princes indigènes, et entamait des négociations avec le rajah du Tanjaour, avec le roi de Maïssour, avec le soubab du Dékan; il nourrissait même le projet d'une intervention, hélas! trop tardive, dans le Bengale, dont Clive était le maître. Il en avait même écrit à Law et à Moracin, lorsque ceux-ci se trouvaient dans les Circars. Mais pour cette action diplomatique, où il fallait tant de souplesse, tant de science des usages et des hommes, il n'avait à son service que de l'inexpérience et de la roideur. Le décousu dans les projets, l'ignorance des termes et des moyens, l'incapacité à saisir les formes habituelles aux diplomates de l'Orient, l'indifférence pour les traditions et la morgue des cours asiatiques, le ton de mépris, qui perçait même sous la caresse, faisaient de lui le plus détestable négociateur pour traiter avec des potentats si fiers. « Il échouera, disait-on. Pour cette œuvre diplomatique, il n'y a qu'un homme parmi nous. C'est Bussy. » Mais Lally ne voulait pas rappeler son rival. Est-ce que cet homme était bon à autre chose qu'à prélever des commissions, qu'à grossir son immense fortune? Et pourtant un ordre de la cour allait lui imposer les services de ce proconsul détesté.

Le 15 août 1759, la frégate la *Gracieuse* mouillait devant Pondichéry. Elle annonçait l'arrivée prochaine de l'escadre de d'Aché, et elle apportait des dépêches et des instructions importantes. Le ministère donnait à Lally de nouveaux pouvoirs. Il devrait dorénavant « connaître de toutes les parties de l'administration, corriger le despotisme du gouverneur et du conseil, remonter jusqu'à l'origine des abus, en couper la racine, exclure le conseil de tout intérêt direct ou indirect dans l'exploitation des revenus de la Compagnie, enfin faire poursuivre à la requête du procureur général, tout conseiller, tout marchand, employé, qui aurait quelque intérêt à démêler avec les fermiers ».

Enfin, il allait pouvoir châtier les mauvaises volontés, dompter ses ennemis, être le maître. Ah! si ces ordres, il les avait eus en poche un an plus tôt, que de malheurs on eût évités! Mais son allégresse ne dura pas longtemps. A la fin de la dépêche, le ministre lui annonçait la nomination de Bussy comme commandant en second. Il relut ce paragraphe à deux reprises, avec dépit. En vérité, on lui donnait là un précieux auxiliaire! Mais à quoi pensait le ministère? Ainsi, le maréchal de Belle-Isle avait assez de confiance dans Bussy pour l'introniser à un tel poste! Il tenait[1] « pour un Turenne un être pernicieux, dont tous les exploits se bornaient à avoir mis en fuite quelques bandes de sauvages ». Que d'argent Bussy avait dû répandre à Versailles! Mais le brevet était là, sous ses yeux. L'ordre était clair. Il fallait obéir.

Il ne voulut pourtant pas écrire lui-même à Bussy. Il manda le Père Lavaur, et lui dit sans plus d'explication : « Prévenez M. de Bussy que j'ai à lui communiquer des ordres du Roi, que je l'attends aujourd'hui entre deux et trois heures. » Et comme le moine le priait de le dispenser de la commission, il ajoutait : « Je me suis déjà servi de vous, je continue. » Le Père Lavaur, comme la première fois, n'osait se présenter devant Bussy; il lui mandait le fait dans un billet.

Bussy arriva à l'heure dite, avec le visage d'un homme qui sait pourquoi on l'appelle. Prévenu par ses amis de Paris, il s'attendait à sa nomination. Le général le reçut par une bordée de reproches, et entama tout un

[1] Lettre à Silhouette : Archives de la marine.

discours pour exposer ses griefs. Il s'arrêta enfin, et, changeant de propos, demanda à Bussy de lui donner par écrit son opinion sur la situation actuelle des affaires, et sur les moyens de réparation.

Sortir de l'inaction, reprendre du service, Bussy ne demandait que cela. Son orgueil était satisfait, puisque force était à son rival de compter désormais avec lui. Ce titre de commandant en second faisait oublier à Bussy bien des traverses! Mais il voulut obtenir des garanties contre un retour de méfiance. Avant d'envoyer son rapport sur l'état des affaires, il écrivit à Lally le 15 août 1759 : « ...Je vous ai toujours allégué le dérangement de ma santé qui n'est que trop réel, et vingt-deux ans de peines et de fatigues dans l'Inde comme des titres malheureusement assez justificatifs de la nécessité où je me vois de ne pas différer mon retour en France. Je vous supplie de n'en pas conclure, monsieur, que j'oublie ce que je dois au service du Roi et aux intérêts de la Compagnie. Ce devoir a sur moi un pouvoir très-véritable et très-puissant, et je ne balancerais pas à lui sacrifier mes plus chers intérêts, si ce sacrifice pouvait être de quelque prix par son utilité; mais je ne vois pas ce que je puis faire dans les circonstances où nous nous trouvons.

« Mon crédit[1] parmi les gens du pays, qui seul pouvait me soutenir, n'existe plus... Mon inutilité me pèse, parce que j'en sens toute l'étendue. Il ne me reste que du zèle et de la bonne volonté. Je les emploierais encore aux affaires, si l'on pouvait s'en promettre des

[1] Mémoire pour Bussy.

fruits. Vous êtes, par votre place et par vos lumières, juge compétent et même arbitre sur cette nature. Vous me parlez au nom du Roi. Ces grands objets suspendent le sentiment de mes maux. Je n'hésiterais pas à rentrer dans les affaires et à travailler sous vos ordres, si je me flattais assez pour croire que mes soins vous seraient utiles et agréables. Sans cette assurance, je ne puis rien faire avec dignité et il m'est impossible de me soumettre à ce que vous avez bien voulu me faire connaître des intentions du ministre et de vos propres dispositions. Vous sentez sûrement, monsieur, que la nouvelle face des affaires m'est étrangère à bien des égards.

« Je ne suis amoureux d'aucun système; mais ce que je sais de la situation des intérêts politiques de ce pays me persuade qu'il y a des principes généraux et immuables, dont on ne peut pas s'écarter sans danger. Je dois aussi vous prier d'observer que les besoins pressants de l'armée sont un malheur auquel je ne puis remédier... »

Au reçu de cette lettre, Lally s'emportait et répliquait le même jour : « Je ne m'imaginais pas qu'un ordre du Roi aussi précis que celui que je vous ai signifié hier de sa part, exigeât une négociation entre nous... Il s'agit d'un oui ou d'un non par écrit à un ordre du Roi par écrit que je vous ai signifié... Au reste le Roi n'entre point dans le plus ou le moins de liaison qui peut être entre nous. Il nous ordonne de le servir en telle ou telle qualité... et il n'est pas en mon pouvoir de laisser partir un officier que le Roi fixe ici par un ordre exprès. »

Ainsi, les garanties qu'il poursuivait, Bussy ne les obtenait point. Il n'y avait plus qu'à obéir. Il fit donc parvenir, le 7 septembre, au général, son rapport sur l'état des affaires. C'était une consultation très-étudiée et très-profonde. Il affirmait tout d'abord la nécessité d'engager et de fixer Bassalet-Singue dans notre parti, « car, quelle que soit la politique de ce prince, qu'il fasse la paix avec son frère Nizam-Ali, ou qu'il contracte une alliance avec Balagirao, le chef des Mahrattes, il n'abandonnera jamais ses revendications sur le pays d'Arcate, dont il estime détenir la souveraineté de par la succession de feu son père, le grand Nizam-el-Molouck. Il ne signera jamais un traité avec aucune puissance du monde, sans faire reconnaître au préalable la valeur et la légitimité de ses droits. Il faut donc s'attendre, si nous recherchons son appui, à le voir demander comme condition *sine quâ non,* d'être regardé *comme le maître de la province* d'Arcate et d'en partager les revenus avec nous. » Bussy ne dissimulait pas la gravité de ces exigences, qui constituaient d'assez lourdes charges; mais il en faisait aussitôt voir les avantages. Une moitié bien assurée valait mieux qu'un tout incertain. Nos dépenses se trouvaient considérablement réduites, puisque toutes les troupes indigènes de l'armée, cipayes et cavaliers, passeraient à la solde de Bassalet-Singue, qu'enfin il seroit facile de ne pas comprendre dans le partage de la province le territoire compris entre Alemparvé, Gingi et Vandavachy, notre domaine propre.

Bussy énumérait alors, et au point de vue militaire, toutes les sûretés qui ressortaient d'une alliance avec Bassalet-Singue. L'union avec ce prince nous assure la supériorité numérique sur les Anglais. Nous aurons à notre service une multitude de cavaliers et de cipayes pour battre l'estrade et rassembler des vivres. Il sera dès lors facile de resserrer les Anglais et d'étendre nos lignes d'opérations. Si l'armée française entreprenait un nouveau siége, elle trouverait dans les troupes de Bassalet-Singue, des auxiliaires très-précieux. Ceux-ci assureraient les derrières de l'armée, maintiendraient la tranquillité du pays et nous fourniraient les vivres ; concours qui eût suffi pour le siége de Madras.

Il était certain que Lally allait se récrier en faveur de Rajah-Saïb, investi depuis quelques mois de la nababie d'Arcate. Bussy sentait que c'était le point délicat et il s'entourait de précautions et de protestations avant de passer à la seconde partie de son mémoire, où il proposait, somme toute, la déchéance du protégé de Lally. Mais, comme cette déchéance était à ses yeux nécessaire, il ne s'appliquait à trouver que des compensations sortables pour Rajah-Saïb, en déclarant que si on ne les acceptait pas, on s'exposait à des désastres. Jamais Bassalet-Singue ne laisserait en repos, sur le trône d'Arcate, un usurpateur. Lally et la Compagnie assumeraient-ils la responsabilité d'une guerre longue et pleine de dangers? Clive en effet comprendrait la nécessité de s'allier avec le nabab, et les Anglais soutiendraient les droits de Bassalet-Singue. Ne valait-il pas mieux amener une transaction honorable entre les deux princes? Il concluait en recommandant d'envoyer deux ambassadeurs à Bassalet-Singue pour lui proposer l'alliance sur les bases qu'il venait d'indiquer.

On fut très-frappé de l'utilité de ce plan et de la solidité des raisons sur lesquelles il était fondé. Lally déclara que puisque Bussy avait conçu le projet, c'était à lui de l'exécuter, et aussitôt il lui envoya l'ordre écrit de joindre Bassalet-Singue et d'emmener comme escorte quatre compagnies de cavalerie, autant d'infanterie et deux canons. Il ajoutait : « Quant à la partie politique de la négociation, je m'en rapporte à ce que M. de Bussy jugera de plus expédient à faire pour déterminer Bassalet-Singue à nous joindre. »

Tout en demeurant persuadé que le meilleur projet à poursuivre, c'était de s'allier avec Bassalet-Singue, Bussy, qui craignait quelque frasque de Lally, qui ne comprenait que trop l'impuissance d'un négociateur écrasé par le poids de désastres répétés, se prenait à douter du succès de sa mission. Il se disait : « Mon plan est bon, mais il vient trop tard. » Les princes indiens se mettent toujours du côté du plus fort, et était-il sûr que Bassalet-Singue nous estimât les plus forts? Puis Lally avait une telle versatilité d'esprit qu'on pouvait craindre un coup de tête bouleversant les calculs les mieux assis. Enfin, quel effet la défaite de d'Aché et le brusque départ de l'escadre avait-il produit sur l'esprit des potentats hindous? Bussy se disait avec tristesse et découragement que c'était trop tard d'une année. Mais il n'y avait pas à reculer, et puis la nouvelle de la victoire de Vandavachy lui rendit un peu confiance.

Les Anglais, avec deux mille hommes, étaient venus attaquer devant cette place notre armée, réduite à onze cents combattants. Ils avaient été repoussés, mis en déroute par la furie de nos troupes, commandées par le capitaine de Geoghegan, laissant sur le terrain quatre cents morts et quatre canons. Bussy partait, se promettant de célébrer bien haut devant les Indiens la gloire de cette bataille, et son premier acte en arrivant à Vandavachy, c'était, afin de frapper les esprits, de faire chanter un *Te Deum* et d'organiser la cérémonie pompeuse d'un triomphe. Mais pendant qu'il faisait ainsi sonner bien haut ses trompettes, il était en proie à la plus vive inquiétude.

Les Anglais, qu'on n'avait pu poursuivre à cause de la lâcheté de la cavalerie, s'était ralliés à Trivatour, s'y étaient établis, barrant la route d'Arcate que Bussy était forcé de suivre, et les gués du Paléar qu'il lui fallait traverser.

Il était impossible de tourner la position. Attendre le départ des Anglais, c'était absurde. Bussy s'arrêta au parti que la logique impliquait : passer sur le ventre de l'ennemi. Mais Bussy connaissait trop son chef pour assumer seul la responsabilité d'une bataille. Il réunit donc un conseil de guerre, exposa énergiquement son plan, enleva les officiers, qui, à l'unanimité, déclarèrent que : tant qu'on serait devant Trivatour, il serait impossible de joindre Bassalet-Singue, qu'il fallait marcher à l'ennemi et le rejeter de l'autre côté du Paléar. Bussy mit aussitôt l'armée en mouvement. Les Anglais, encore sous le coup de leur échec, n'osèrent accepter la bataille, ils se mirent en retraite, traversèrent en hâte le Paléar et ne s'arrêtèrent qu'à Conjivaron, abandonnant la route d'Arcate. Bussy, laissant l'armée sur les positions évacuées par les Anglais, ne prit, pour être plus libre dans ses mouvements, que trois cents cavaliers, et à leur tête, se dirigea sur Arcate, où il arriva quelques jours après.

La haine que Lally ressentait pour son rival, le troublait si fort qu'il blâma avec passion et la réunion du conseil de guerre et la marche à l'ennemi. « Il en tombait de son haut, écrivait-il à Bussy le 7 octobre; il n'avait pas vu, depuis quarante-six ans qu'il servait, tenir conseil de guerre en pareille circonstance. Il n'y avait qu'à attendre huit ou dix jours, cela ne compromettait rien. Mais risquer une bataille, c'était remettre au hasard le succès du reste de la campagne. On avait manqué de se faire envelopper et détruire! » Avec une mauvaise foi sotte, il allait jusqu'à dire qu'il eût « désiré voir l'ennemi rester huit jours à Trivatour, parce que cette position l'éloignait du chemin que Bussy devait prendre avec son détachement, au lieu qu'en marchant aux Anglais, Bussy rapprochait ceux-ci de la route qu'il avait à suivre » .

Lally ne veut pas s'avouer que Bussy peut accomplir un acte énergique et sage. La haine l'aveugle trop. C'est le moment où il écrit à Silhouette : « M. de Bussy est l'homme le plus faux, le plus menteur, le plus pillard dont vous avez jamais ouï parler. C'est un homme borné d'ailleurs pour tout ce qu'on appelle connaissances, et surtout celles du métier de la guerre qu'il n'avait jamais fait... Il a cependant l'astuce maure, et il est comme Médée versé dans l'art des trahisons... » Quelques jours plus tard il va jusqu'à écrire au même personnage : « Des plus grands malfaiteurs condamnés au supplice de la roue, depuis cent ans, il n'en est pas un dont les crimes approchent de ceux de Bussy... Bussy a plus de 30 millions, et le fait est que la Compagnie en tirerait plus de 10 millions, si, par un ordre des plus secrets, il était arrêté à l'île de France, jusqu'à ce qu'il ait rendu compte des sommes qu'il a touchées...

« Je ne serais pas surpris si j'apprenais qu'il a débauché la moitié de l'armée et qu'il est parti pour le Nord. Un homme qui avait formé le projet de faire son domestique du soubab du Dékan et de marcher de sa personne à Dehly pour s'y emparer des trésors de cette cour est capable de tout.. Vous conviendrez qu'il n'y a pas de repos à espérer dans l'Inde, tant qu'on y laissera un tel homme. »

Quelques jours auparavant, dans une dépêche adressée au comité des directeurs de la Compagnie, il dénonçait Bussy et Leyrit : « Quant aux noirceurs et abominations que j'ai éprouvées de la part de M. de Leyrit, avant et depuis mon arrivée à cette côte, ainsi que de M. de Bussy, depuis que je l'ai rappelé du Dékan et qu'il a refusé de m'obéir en se portant à Mazulipatam, c'est un procès criminel dans les règles que je soumettrai au ministre... Si je vous avais envoyé, il y a huit mois, ces deux hommes pieds et poings liés, cette colonie serait aujourd'hui en état de défense... » Il en arrivait à être persuadé que ce pillard, ce concussionnaire, était son mauvais génie, que le démon l'avait vomi pour perdre l'Inde et lui-même. Il eût tout donné pour voir Bussy écrasé sous la défaite; il ne pouvait repousser l'espoir vague de quelque catastrophe terminant tragiquement l'immense voyage que son rival avait entrepris à travers tant de peuplades ardentes et belliqueuses; mais en même temps la réalité lui apparaissait, et il songeait avec effroi que ce dénoûment imaginé dans la fièvre de la passion, c'était la privation des secours amenés par Bassalet-Singue et l'abanbon pour lui-même. Puis emporté aussitôt par le délire de la haine il se disait : autant de conseils de Bussy, autant d'avis de traître. Les repousser, cela ne suffisait pas! Il fallait prendre le contre-pied de ces projets-là.

Bussy avait déconseillé la conclusion d'une alliance avec les Mahrattes; raison de plus pour la sceller. Bussy avait déclaré que tant qu'on ne serait pas absolument sûr du concours de Bassalet-Singue, il était dangereux d'entamer les négociations avec les Paléagars et les petits princes du Carnate, puisque le potentat dont on recherchait l'appui était le suzerain de ceux-ci, et qu'il appartenait à lui seul d'appeler ses vassaux sous son étendard. Raison de plus pour tenter une action diplomatique auprès d'eux! Et, pour cette œuvre, où le dépit avait tant de part et le bon sens si peu, Lally choisissait les plus dangereux collaborateurs, le Père Lavaur, le Père Saint-Estèvan, enfin un moine portugais, Noronha, que l'intrigue avait fait évêque *in partibus* d'Halicarnasse, et qui s'était vu refuser les bulles à cause de ses mœurs honteuses. Il était resté quelque temps à Paris, et la police détenait sur lui des notes peu édifiantes. Il vivait du métier d'intrigant.

Lally, qui le méprisait en l'employant, le régalait parfois du compliment que partout ailleurs que chez des Français, il eût été depuis longtemps pendu ou brûlé. Ce coquin très-souple, plein de mauvaise foi, parlait couramment les principaux dialectes de l'Inde; il maniait adroitement les grands seigneurs musulmans ou brahmes. Ses vices lui servaient plus que ses vertus. Sa maxime était que les mains servent à prendre. Et il prenait à la fois des Mahrattes, des Maïssouriens, des nababs, des rajahs, surtout des Français, plus qu'on ne lui offrait souvent. Il trahissait avec effronterie Lally et les Indiens.

Certes, il y avait dans le couvent de Pondichéry d'autres moines qui écrivaient, qui parlaient les langues du pays, qui avaient, eux aussi, sur les indigènes un ascendant tout aussi puissant quoique d'une tout autre nature, l'ascendant d'une vie pure, de mœurs chastes, du désintéressement. Les peuples du Carnate professaient un respect instinctif pour ces hommes pacifiques et doux, et ce respect avait rejailli jusque sur la robe du Père Noronha. Quand un nabab ou un rajah concluait quelque convention avec la Compagnie, il ne manquait jamais de demander que le cachet des Pères fût apposé sur le traité, juste au-dessous du cachet du gouverneur. L'adresse avec laquelle la compagnie de Jésus exploitait les intérêts de l'ordre temporel avait aussi contribué à asseoir son influence. Elle suivait une politique où la modération dans la tactique s'alliait à l'inflexibilité d'une ligne de conduite mathématiquement reconnue.

Elle n'avait qu'un noyau d'établissement à Pondichéry. Elle voulait de là, avec le temps, rayonner sur l'Inde. Pour atteindre ce but encore éloigné, elle ne pouvait employer que des moyens moraux. Forcément, donc elle s'inspirait dans sa stratégie du principe dont Bussy avait fait la base de son système de domination : pour régner, s'imposer comme conseiller, comme arbitre entre les princes indigènes et la France. Ce principe, elle le modifiait seulement dans les applications, car son caractère et sa situation lui interdisaient l'emploi des armes. Il lui fallait donc s'appuyer sur la France, la servir en utilisant à son profit direct la force et le prestige de cette puissance. Elle considérait comme des leviers solides et l'habileté diplomatique de quelques membres de la mission et le respect inspiré par la vertu des autres.

L'appui de l'ordre des Jésuites n'était donc plus à mépriser dans l'Inde, et Lally eût été blâmable s'il avait négligé de le rechercher. Le malheur, c'est qu'au lieu de s'adresser aux plus purs représentants du christianisme sur cette terre lointaine, il ne choisit, comme instruments de ses desseins, que des intrigants. Il est vrai qu'il eût peut-être été bien difficile d'amener à l'action les serviteurs de la vertu et de la charité. Les impures besognes de la politique répugnent aux saints. Ceux-là ne pensent point au royaume de la terre.

Lavaur et Estévan exploitaient avec l'adresse de démons le zèle que tout moine professe pour la propagande de sa foi. Les fourbes déclaraient à leurs condisciples que le plus sûr moyen de répandre le christianisme sur la terre indienne, c'était d'augmenter la force de l'ordre en se mêlant aux grands du pays, en s'introduisant dans les conseils de ceux-ci, en y paraissant à la fois comme des arbitres de paix, et comme les ambassadeurs du plus puissant des monarques. A Lally, ils disaient qu'ils étaient Français et prêts à tous les sacrifices pour assurer le triomphe de la nation, l'écrasement des Anglais. Lavaur et Estévan jouaient donc et le général et leur ordre. Naturellement l'action diplomatique conduite par eux leur rapporta de l'argent, mais n'amena aucune convention avec les princes Mahrattes et Paléagars dont on recherchait l'alliance.

Il fallait pourtant faire vivre l'armée. Mais comment? Par des expédients, car Lally ne comptait plus sur la flotte. Il avait reçu quelques semaines auparavant une lettre de M. Magon, le gouverneur de l'île de France. « Je doute, lui disait celui-ci, que les vaisseaux aient une envie réelle de partir; tout au plus feront-ils une courte visite à Pondichéry... Je sens, mon cher général, toute l'horreur de votre situation; mais je suis hors d'état d'y apporter du remède... j'aurais voulu vous faire passer des noirs et des soldats, l'escadre les a tous enlevés... Je vois le mal et ne puis l'empêcher, quoique je me sois retourné de toute manière pour en venir à bout. Heureusement, j'ai obtenu la permission de repasser en Europe et je vais en profiter puisque je ne peux plus être d'aucune utilité ici. Peut-être les lumières que je vais porter en Europe pourront encore déterminer à prendre les partis nécessaires pour sauver nos affaires. Je crains pourtant qu'il ne soit trop tard. »

Ainsi c'était l'abandon. Lally en demeurait persuadé, lorsque tout à coup on signala une escadre de onze vaisseaux de haut bord, qui arboraient les couleurs françaises. C'était la plus formidable armée navale qui eût paru dans les mers indiennes. Lally respira à cette vue, se crut délivré, triomphant même. Sa joie fut de courte durée.

D'Aché débarquait à Pondichéry avec l'attitude d'un homme découragé. Il avait rencontré la flotte ennemie, le 2 septembre, à la hauteur de Trinquemale. Il s'était battu avec son courage et son infortune habituelle; malgré ses onze vaisseaux, malgré ses 740 canons, ses 6,440 hommes d'équipage, il n'avait pu disperser les neuf navires anglais armés de 536 pièces et montés par quatre mille matelots. Il n'en avait pris, ni coulé un seul. Loin de prendre l'offensive, il avait subi la bataille; il s'estimait défait, quoique les Anglais n'eussent point réussi à lui barrer la route de Pondichéry. Arrivé le 15 septembre 1759, il signifiait qu'il repartirait le 17 du même mois. Pour tout secours il offrait, en échange des deux millions retenus l'année précédente, quatre cent mille livres, des diamants pris en route sur un navire anglais, estimés 380,000 livres, et en échange des onze cents soldats amenés avec les millions par le chevalier d'Éguilles, quelque cinquante hommes. « N'attendez de moi rien de plus », ajoutait-il.

Son jugement était obscurci. Il disait à Lally : « Je suis venu parce que j'ai songé au danger dont Pondichéry était menacé; je ne suis pas arrivé aussitôt que je l'eusse voulu, mais heureusement et par bonheur à temps pour vous remettre un peu de secours. » Ainsi il convenait lui-même que Pondichéry était en péril; qu'il l'avait cru assiégé, pris peut-être, et il déclarait qu'il s'en allait pour revenir l'année suivante! « Je ne puis pas rester mouillé devant la ville, avec l'imminence de la mousson d'octobre et les tempêtes qui l'accompagnent. »

Cette résolution consterna Lally, le conseil et les habitants. On convoqua une assemblée qui, à l'unanimité, adressa des représentations à l'amiral. « Ne quittez du moins pas la côte, lui demandait-on, avant que l'escadre anglaise ne la quitte elle-même... Vous êtes déchargé de la responsabilité de tout accident... La colonie touche à son dernier instant; c'est une même chose pour vous de nous quitter dans la situation présente ou de signer notre perte. Rien ne pourrait justifier un tel parti. »

On lui remontre que le combat a été indécis, que les Anglais ont beaucoup souffert, qu'en abandonnant la rade de Pondichéry pour faire voile vers les îles, il constatera lui-même sa défaite; qu'en restant, au contraire, c'est lui qui est le vainqueur; que pour convaincre les Indiens de notre succès, on va chanter un *Te Deum* et tirer cent coups de canon. L'amiral ne veut rien entendre, et part comme il l'avait dit, le 17 septembre.

A cette nouvelle, tous les ordres de la colonie, ecclésiastiques, magistrats, militaires, employés, marchands, bourgeois, convoqués par le gouverneur s'assemblent pour une réunion solennelle au siége du gouvernement. On délibère promptement et on décide à l'unanimité de rédiger une protestation nationale et de l'envoyer immédiatement à d'Aché. On l'écrit sur-le-champ.

« M. de Leyrit, gouverneur des établissements français de l'Inde, disait cette pièce énergique, ainsi que tous les membres du conseil, ayant épuisé, sans aucun succès, tous les moyens imaginables pour vous retenir ici, encore au moins quelques jours, afin de rassurer les noirs du pays prêts à se déclarer contre nous; et vu la consternation générale répandue dans la ville de Pondichéry : il a été résolu d'assembler un conseil national, lequel a protesté unaninement contre votre départ précipité, vous déclarant seul responsable de la perte de cette colonie.

« Il a été délibéré en conséquence qu'il en serait porté des plaintes au Roi et au ministre, pour en demander justice; la Compagnie n'ayant jamais eu d'autre objet en demandant des vaisseaux au Roi, que celui de sauver ses établissements au risque de ces mêmes vaisseaux; et sera délivré une copie de cette protestation à tous les capitaines des vaisseaux de l'escadre de M. d'Aché[1]. »

Cette protestation était signée de Lally, Leyrit, Soupire, Bussy, Verdière, Dure, Gadeville, des conseillers Barthélemy, Dubois, Beausset, Barthélemy, de la Selle, du Père Lavaur, supérieur des Jésuites, du Père Dominique, supérieur des Capucins et d'une foule d'autres noms.

Elle parvint au comte d'Aché, qui était déjà à douze lieues au sud de Pondichéry. Tout en jurant, il donne l'ordre de virer de bord et revient.

Il qualifie le conseil national « d'assemblage de poltrons », et déclare plus haut que jamais qu'il persiste dans son projet de départ; il consent, pourtant, après bien des prières, à débarquer 450 matelots, les plus mauvais de la flotte.

Au moment où il s'apprête à commander l'appareillage, le 27 septembre, on signale du fort l'escadre anglaise, qui, croyant d'Aché parti, s'avance sans ordre occupant un espace de quatre à cinq lieues et remorquant un de ses vaisseaux. Lally, de la terrasse du fort,

[1] Archives du Ministère de la marine.

fait tirer le canon pour prévenir l'amiral, qui semble ne rien voir. Une heure se passe. D'Aché est toujours immobile. Lally fait de nouveau tirer le canon. Enfin la flotte française lève l'ancre et met à la voile.

Elle avait la supériorité du nombre, l'avantage de l'ordre, du vent et de la concentration[1] contre un ennemi forcé de se rallier. D'Aché, tout porte à le croire, pouvait écraser les vaisseaux anglais l'un après l'autre. Il n'avait qu'à laisser arriver et à se précipiter dessus, lorsque au grand étonnement de tout Pondichéry qui était sur les toits du gouvernement, on vit d'Aché donner à son escadre le signal de serrer le vent et de faire route au midi. Nos vaisseaux disparurent bientôt dans la direction de Ceylan.

Les Anglais, persuadés heureusement que d'Aché avait débarqué d'importants renforts à Pondichéry, n'osèrent rien tenter contre la ville, et, craignant un retour offensif de leur adversaire, virèrent de bord et firent voile vers Madras.

D'Aché en partant avait emporté toutes les espérances de Lally. Celui-ci se voyait encore une fois acculé aux expédients.

Il pensa trouver quelque ressource en réformant l'administration, en mettant de l'ordre dans les finances, en appliquant un mot du dispositif de ses nouvelles instructions qui lui ordonnaient « de couper la racine des abus ». Il demande les comptes. Il voit avec effroi[2] des dépenses inutiles, énormes, cinq mil-

[1] *Mémoires de Lawrence.*

[2] Mémoire pour la révision du procès, par le fils de Lally.

lions de lettres de change tirées en moins d'un an par le conseil sur la Compagnie, des créances de huit cent mille livres achetées pour deux cent mille, trois valets noirs écrasant la colonie du poids de leurs concussions. Il défend aux trésoriers de recevoir ou de fournir aucun fonds, de solder ou de délivrer aucune lettre de change sans son attache. Il supprime la moitié des dépenses. Il impose une amende de trois cent douze mille livres sur les valets noirs, qui la portent au trésor dès le cinquième jour, tant les places de valets étaient importantes!

A la nouvelle de ces réformes, ce fut un déchaînement contre Lally. Tous les intérêts atteints se réunissent pour combattre l'homme revêtu d'un pouvoir détesté. Les libelles se rédigent et le Père Lavaur souffle sur ces haines. On ne songe qu'à entraver les mesures prises par le général. Et, pour augmenter le mécontentement de l'armée, on va jusqu'à ralentir la fabrication de la Monnaie, en train de convertir en espèces divisionnaires l'argent apporté par l'escadre. On empêche la vente des diamants, dont le prix devait être consacré à la solde des troupes. Cependant le temps pressait et l'attitude de l'armée était inquiétante. On lui devait dix mois de paye!

Le 17 octobre, le régiment de Lorraine se soulève. Les officiers accourent et trouvent leurs hommes rangés en bataille, avec armes et bagages. A toutes les exhortations, les soldats répondent que les généraux et les officiers frètent un vaisseau et vont partir, qu'on les abandonne, que se voyant bannis, ils ne se croient plus Français. Sans vouloir rien entendre, ils se mettent en marche. L'armée entière, infanterie, cavalerie, artillerie va camper à une demi-lieue plus loin. Elle procède aussitôt et dans un ordre parfait à l'élection de nouveaux officiers. Elle choisit pour ses généraux les sergents La Joie et Saint-Jacques.

Le lendemain, les troupes élisent un conseil formé des anciens de tous les corps. Après une délibération régulière, l'assemblée décide qu'on accordera quatre jours de délai au général Lally pour le payement de la solde, promettant de se battre « comme des lions » si les Anglais les attaquent pendant cette période, mais menaçant de se porter aux dernières extrémités si, le terme expiré, ils n'ont pas touché leur dû. La Joie et Saint-Jacques maintiennent une rigoureuse discipline, se gardent étroitement et envoient des espions pour éclairer les mouvements des Anglais.

Lally, à la réception de ces nouvelles effrayantes, convoque le conseil. Il lui demande de déclarer aux troupes que les conseillers et le gouverneur sont dépositaires des diamants et de l'argent apportés par l'escadre. On répond que c'est inutile. Il réclame des fonds pour envoyer à l'armée; on réplique qu'on n'en a pas. Il oblige les conseillers à porter la vaisselle plate à la Monnaie. Il exige de Lavaur trente-six mille livres. Il réunit à peu près deux cent cinquante mille francs et les fait parvenir aux révoltés, avec une proclamation pour les éclairer.

« Je suis outré et indigné, disait-il, d'apprendre que le soldat et le cavalier sont persuadés que la flotte, ainsi que les noirs que j'ai taxés, m'ont remis des sommes considérables pour le payement de ce qui leur est dû.

« Si je découvre les auteurs de cette calomnie abominable, j'en ferai un châtiment effrayant. Je n'ai pas encore touché un sol de la Compagnie depuis que je suis aux Indes. Ce que j'ai payé aux troupes, depuis trois mois, je ne l'ai arraché que des valets noirs du gouverneur et des conseillers qui ont fait passer tous leurs fonds en Europe et que je viens d'obliger à envoyer leur vaisselle à la Monnaie.

« Je vous ordonne donc qu'au reçu de cette présente lettre, on batte l'ordre et qu'on lise cette lettre en plein cercle des troupes.

« J'ai fait partir tout ce que j'ai pu ramasser d'argent dans la ville ce matin, montant à près de 50,000 roupies, qui suffisent à payer le demi-mois à l'officier et tout le mois au soldat, si l'on ne donne rien à l'officier.

« Vous commanderez sur-le-champ un officier et vingt hommes par chacun des trois corps, ainsi que dix hommes de celui de l'artillerie, dont je veux bien laisser le choix aux soldats eux-mêmes, lequel détachement de 70 hommes se rendra tout de suite à Pondichéry, non-seulement pour y vérifier l'argent que la flotte a apporté pour les troupes et ce que la taxe des noirs a produit jusqu'ici, mais aussi pour m'aider à contraindre les habitants à se cotiser, pour fournir à la paye d'ici à la récolte de janvier, car je suis tout aussi prêt à me soulever que le soldat, puisqu'il m'est dû bien plus qu'à lui.

« Voici donc l'arrangement que je proposerai. C'est de payer d'abord le demi-mois dû à chaque soldat; de laisser ensuite un fonds pour le payer dorénavant par tiers, le 1er, le 10 et le 20 de chaque mois.

« Quant à ce qui leur est dû d'ancien, de leur proposer s'ils veulent pour sûreté de leur payement les terres de Chetoupet et de Vandavachy. Ils nommeront alors un sergent ou un de leurs camarades de confiance par régiment, qui assisteront avec les fermiers à la perception du revenu de ces terres jusqu'à parfait payement.

« Au reste, si quelque soldat découvre que moi tout le premier, ou qui que ce soit dans la colonie, aient quelque somme d'argent en dépôt quelque part, je lui prêterai main-forte pour y fouiller en règle, et si son rapport se trouve vrai, il y aura un dixième dans tous les biens pour le dénonciateur.

« Voilà tout ce que je peux pour satisfaire le soldat, dont je condamne la conduite, sans pouvoir en blâmer tout à fait les motifs...

« J'ai donné tout mon argent à la Compagnie, et ce n'est peut-être que la rage de ceux à qui j'ai ôté le maniement des finances, qui les a induits à répandre que je recevais leur argent; et c'est du mien et de l'emprisonnement que j'ai fait des voleurs, que j'ai pu fournir à leur prêt depuis trois mois. »

C'est le vicomte de Fumel qui porte la lettre. Il était détesté du soldat. A peine a-t-il prononcé le mot d'à-compte, qu'il est accueilli par des huées. Il s'en va sans lire la proclamation.

Lally envoie Crillon avec la même proclamation. A la vue de cet officier, la scène change. Les rebelles détachent vingt-cinq grenadiers pour lui servir de garde d'honneur. A son entrée dans le camp, il est salué par vingt-deux coups de canon. On le conduit au quartier général. La Joie et Saint-Jacques s'avancent vers lui avec leur état-major, environnés des chefs de chaque corps, dans l'appareil de leur nouvelle dignité. Tels deux généraux qui en recevraient un autre. La négociation s'entame. Crillon lit la proclamation devant le conseil des anciens, leur parle, les persuade enfin. Les rebelles acceptent de recevoir un à-compte sur ce qui leur est dû en accordant vingt jours pour le payement du reste. Ils parlent encore en maîtres dans leur acte de soumission : l'argent, y est-il dit, sera délivré à l'aldée où nous sommes, et ensuite on se mettra en marche, les officiers à notre tête.

Lally, pour éviter la possibilité d'une nouvelle révolte et pour nourrir plus facilement les troupes, fractionna l'armée en deux parties. Il porta l'une sous Arcate, pays un peu moins ravagé que le territoire de Vandavachy, où l'on était resté cinq mois. Il détacha l'autre sous les ordres de Crillon, pour marcher sur Trichinapaly et s'emparer de la pagode de Cheringham, dans le Sud. Il espérait prélever les revenus de la province et tirer des brahmes quelques laks de roupies. Cette division de l'armée, c'était une faute. On restait affaibli devant les Anglais qui venaient de recevoir de puissants renforts et qui s'emparèrent de Vandavachy, de quelques autres places; ils mirent bientôt le siége devant Arcate. Il fallut rappeler Crillon, qui avait enlevé Cheringham aux Anglais après une action brillante, mais qui n'avait pu recueillir d'argent.

On n'espérait plus que dans l'arrivée de Bassalet-Singue; mais là encore on allait se heurter à une nouvelle déception. Bussy avait totalement échoué dans son ambassade. Bassalet-Singue avait tout d'abord montré une grande impatience de se joindre aux Français. Ses lettres pendant cette période ne sont que des appels chaleureux. Ce grand feu s'était peu à peu calmé, au fur et à mesure que la renommée apportait au camp du prince l'exagération de nos infortunes. Pourtant il avait adressé à Bussy un projet de traité en tous points conforme aux prévisions de ce dernier. On s'était enfin rejoint. Bussy avait discuté les propositions du nabab, avait proposé les siennes, qu'on avait presque acceptées. On avait fixé le jour du départ, quand brusquement Bassalet-Singue dit à Bussy que ses dispositions étaient changées.

Les causes de cette volte-face, — c'était la nouvelle de la révolte de l'armée, que le nabab croyait tout entière passée au service des Anglais, c'était surtout la lecture d'une lettre reçue de Pondichéry, dont voici les principaux traits : « N'ayez aucune confiance en ce que vous dira M. de Bussy. M. de Lally n'a consenti qu'il allât auprès de vous que pour l'éloigner. Gardez-vous de vous laisser séduire par ses promesses et de venir dans la province d'Arcate, où vous perdriez l'honneur et peut-être la vie. » Cette lettre lue en plein Dorbar avait épouvanté le nabab et sa noblesse, déjà au courant des divisions de Bussy et de Lally. Le traité, pensa le nabab, ne sera pas ratifié par le commandant en chef. Et puis la défaite écrase les Français. Lally est peut-être presque seul, fugitif, abandonné de son armée. Avec ses idées d'Asiatique, il croyait à quelque trahison, à quelque affreux marché des généraux avec les Anglais. Il voyait sa tête en danger, et, pour couvrir ses craintes, il affirmait de nouveau ses premières prétentions. « La province d'Arcate m'appartient, disait-il à Bussy, je ne puis m'y rendre qu'en maître. » Il demandait enfin trois mois de réflexion. Bussy eut beau dire, beau faire, il ne put rien contre ce parti pris de la méfiance et de la peur. Force lui fut de céder. Son retour fut difficile; il lui fallut tromper l'hostilité des peuples dont il traversait le territoire. Il apprit, au cours de cette pénible retraite, l'investissement d'Arcate par les Anglais et résolut de tout tenter pour dégager cette ville. Il précipita sa marche, donnant des ailes à sa troupe, faisant sous un soleil de feu douze lieues par jour. Il eut la fortune d'arriver à temps. La ville était aux abois, prête à se rendre. Il fit sa jonction avec les corps restés sous Vandavachy, manœuvra si adroitement que les Anglais levèrent le siége et repassèrent le Paléar.

L'abandon de Bassalet-Singue avait jeté Lally dans un état moral étrange. S'il prenait un amer plaisir à contempler l'humiliation de son rival, s'il trouvait des mots sanglants pour stigmatiser en public la chute des chimères « de l'homme si attaché aux Maures », de ce traître qui avait fomenté la rébellion des troupes, il était en même temps effrayé de l'isolement où il se débattait. Il se prenait à espérer en la paix. « Si elle ne se fait prochainement, disait-il, je m'écroule. » Il formait le projet d'aller rejoindre Crillon, qui était à la tête de treize cents hommes, dans le Sud, devant Trichinapaly, laissant Bussy à Pondichéry se débrouiller comme il pourrait. « Je lui abandonnerai les trois quarts de l'empire volontiers. Que ne puis-je lui céder le tout! » Il assemblait le conseil supérieur et lui déclarait qu'il remettait le commandement de la presque totalité de l'armée à Bussy pour agir dans le pays d'Arcate. Puis, brusquement, il changeait d'avis, il révoquait son ordre, partait pour rejoindre les troupes destinées d'abord à Bussy, à qui il ordonnait de le suivre, et tout cela en donnant les marques du plus profond découragement.

Bussy, lui, n'était point abattu. Il croyait à la possibilité de vaincre. Il le disait à son chef et insistait sur la nécessité d'une concentration de toutes les forces, qui donnerait sur l'ennemi une supériorité décidée, garantie d'un succès éclatant et décisif. D'après ses calculs, il était facile de réunir trois mille trois cents hommes à chapeau, deux mille bons cipayes, douze cents cavaliers indigènes. Il fallait manœuvrer pour se poster entre les Anglais et Madras, les forcer à combattre et se porter sur Madras après les avoir battus. Qu'espérer d'une intervention dans le Sud? « Ce n'est pas devant Trichinapaly que se porteront les coups décisifs, ajoutait-il, mais bien autour de Madras. » En laissant l'armée divisée en deux corps, on restera fatalement dans une inaction qui mine les troupes. Bussy avait raison et il n'est pas téméraire de l'affirmer.

La logique des choses réclamait si bien l'application du plan conçu par Bussy que les Anglais n'en suivirent pas d'autre pour assurer leur triomphe final. Mais Lally était moins que jamais disposé à écouter les avis de « l'homme funeste ».

Il l'accusait d'avoir, de connivence avec le Père Saint-Estévan, essayé de fomenter une nouvelle révolte des troupes.

Il n'est pas douteux que le Père Saint-Estévan eût prêché la sédition tout en écrivant à Lally qu'il lui était dévoué. « Je suis religieux, lui disait-il, et n'ai besoin de rien, missionnaire et ai renoncé à toute ambition qui ait rapport au monde. On peut donc se fier à la pureté de mes intentions. » Il insinuait qu'une tentative d'assassinat dirigée contre le général était à redouter. « Les murmures ne sont pas ce qu'il y a de plus à craindre pour vous, écrivait-il à Lally ; on doit s'attendre à tout de la part de furieux qui n'écoutent que leur fureur. La mort n'est pas ce qui arrêtera un fanatique à qui l'on met en tête que c'est rendre service à la patrie que de commettre un crime qui, par là, devient à ses yeux une action héroïque. Plus d'un se trouve dans ce cas dans cette troupe furieuse, je le sais à n'en pouvoir douter et vous en avertis. »

Il était encore plus explicite avec le commandant d'Arcate. « ...L'armée se décourage, lui écrivait-il, de l'inaction où l'on est, et le soldat attribue publiquement à la trahison la lenteur qui le désespère. *Il veut nous livrer, il nous a vendus,* sont les expressions ordinaires, et, en conséquence, on tient des propos qui me font trembler tôt ou tard pour M. de Lally. Nous avons eu déjà bien des crises : Dieu nous en a tirés. Celle qui menace ne regarde pas *tant la nation que le particulier*... Vous m'entendez. Hélas ! que fera-t-il d'une armée semblable? Non! je vous le dis à cœur ouvert et en ami, jamais cette armée (fasse le ciel que je me trompe!) ne fera rien sous ses ordres, par mauvaise volonté. Il serait à souhaiter qu'il en connût la façon de penser; mais il faudrait que l'avis vînt de quelqu'un sur qui il n'eût aucune prévention. Alors il pourrait avoir son effet, et il en résulterait un vrai bien, soit pour lui, soit pour la nation. »

Le commandant d'Arcate envoya cette lettre à Lally, qui, légèrement inquiet, ordonna une enquête, dont fut chargé le premier factionnaire de Lorraine. Cet officier répondit qu'il ne pouvait y avoir aucun doute sur les manœuvres d'embauchage du Père Saint-Estévan; que celui-ci était venu s'établir au milieu du régiment de Lorraine, sous prétexte d'y prêcher la mission; que jamais zèle n'avait été plus dévorant; mais que la propagation de la foi préoccupait moins le moine que la politique.

« Vous avez bien raison, mon général, ajoutait-il, de vous méfier des menaces que vous fait le Révérend Père... Sur ce que plusieurs officiers et soldats du corps m'avaient dit que ce Père prodiguait des louanges excessives de M. de Bussy et vantait l'avantage que l'armée retirerait s'il la commandait en chef, — le Révérend Père Estévan vantait la piété et les richesses de Bussy, qu'il appelait l'homme de Dieu, — j'ai cru qu'il était de mon devoir d'approfondir sa conduite; il ne me l'a pas laissé ignorer longtemps, car il m'a tenu à moi-même les mêmes discours. » — Saint-Estévan avait peint effrontément sa politique dans ce peu de mots : faire paraître beaucoup de franchise, revenir sur ses pas et interpréter ses intentions. — « Dès ce moment j'ai cherché à découvrir l'effet qu'ils pouvaient faire sur les soldats; ils n'en ont fait aucun. Les soldats n'ont pas tenu les discours séditieux dont ce Père les accuse, et je peux vous répondre de leur attachement et de la bonne volonté du régiment de Lorraine. »

L'accusation contre le moine était donc juste; mais si la culpabilité du Père Estévan était aussi évidente que son but, qui était de soulever l'armée pour déposer Lally, faire acclamer Bussy en qualité de commandant en chef, rester lui-même le tribun des troupes afin de dominer celles-ci et le général sorti de la sédition, aucun fait ne légitimait les soupçons de Lally contre son rival. Le grief capital, c'est qu'on avait vu Bussy et le Jésuite causer ensemble, avec assez d'animation, pendant près d'une heure, au fond d'une pagode. Bussy a toujours nié avoir eu connaissance des projets du moine, qu'il n'avait jamais vu avant son arrivée à Arcate.

Devant les faits de l'enquête il n'y avait qu'un parti à prendre : couper le mal dans sa racine, enlever du camp « la trompette de sédition ». C'était matière de discipline, et en pareil cas quel est le soldat qui hésiterait? Lally n'était point d'un caractère à pardonner des tentatives d'embauchage, surtout quand il les croyait inspirées par son rival.

Il fit donc signifier « au brandon de discorde » de retourner au plus vite à Pondichéry. Le Père Saint-Estévan essaya de gagner du temps; enfin, poussé dans ses derniers retranchements, il déclara qu'il allait partir pour se rendre à quatre lieues d'Arcate dans une église où l'appelaient les ordres de son supérieur.

Cela ne faisait pas l'affaire de Lally; le moine eût encore été trop près de l'armée. Il eût pu le faire expulser *manu militari;* mais il lui répugnait de

[1] Rapport du commandant d'Arcate.

prendre une mesure de rigueur contre un ministre du Christ. Il préféra demander courtoisement au Père Lavaur, le supérieur des Jésuites, de rappeler le coupable. « Mon respect et mon amour pour la Société, écrivait-il donc le 12 janvier 1760, au Père Lavaur, me rendent muet contre les sujets de plainte que j'ai contre le Père Saint-Estévan. Ses prédictions de bouche et par écrit, que je garde précieusement, ne sortiront point leur effet.

« Nous sommes, en quelque façon, convenus d'un point : qu'il avait la tête chaude. Je l'ai éprouvée brûlante et même brûlée, et c'est un secret qui ne se déploiera que lorsque je vous reverrai. Je l'ai prié de s'en retourner à Pondichéry : il a obéi après quarante-huit heures de résistance et même de désobéissance. Il me mande que vos ordres l'appellent à Ponchépaquari, église située à quatre lieues au delà d'Arcate. Je ne le veux point là sous quelque prétexte que ce soit. Je vous prie instamment de le rappeler et de nommer quelque autre à sa place, si cette place est devenue tout à coup si importante.

« Je suis aussi zélé pour la foi que la Congrégation de la Propagande. La guerre est un temps peu propre aux missions. Vous avez même jugé celle-là de trop peu d'importance, par la dernière lettre qu'il a reçue de vous et qu'il a montrée à tout le monde ici. La morale est le caractère distinctif de notre religion : à quoi sert la foi sans les œuvres? Moins de chrétiens et plus d'honnêtes gens, voilà la vraie religion du commerçant.

« Le Révérend Père Saint-Estévan eût été un grand apôtre du temps de Charlemagne, même du temps de saint Dominique; aujourd'hui, c'est un homme qui nage, à sec après le martyre, et *martyrium non dabitur ei.*

« Je vous suis bien obligé de votre almanach, et tous les jours de l'année me sont égaux dans les souhaits que je fais pour vous, *quia jugum tuum suave est et onus tuum leve.*

« J'ai toujours haï les pilules depuis que je suis au monde, et quand je les ai avalées, mes médecins avaient grand soin de les dorer. Je vous aime, mon Révérend Père, parce que vous êtes pour moi très-aimable. Je vous respecte parce que vous êtes membre d'une Société à laquelle je puis dire hardiment : *quod spiro et placeo, si placeo, tuum est.* »

Le Père Lavaur répondit au général sur un ton de persiflage hypocrite, que celui-ci ne comprit pas : « Je suis affligé, Monsieur, plus que je ne saurais l'exprimer des sujets de plainte que le Père de Saint-Estévan vous a donnés. Je ne suis pas moins sensible, Monsieur, mais dans un sens bien différent, à la manière dont vous avez bien voulu vous en expliquer avec moi. Il est aisé d'y reconnaître les sentiments dont vous m'avez fait souvent l'honneur de m'assurer en faveur de notre Société. J'y vois en même temps, avec une nouvelle satisfaction, la justice que vous nous rendez en restreignant dans le personnel votre mécontentement...; je vais exécuter sans délai les ordres que vous m'y donnez... Le Père de Saint-Estévan ne sera à la mission, où il s'est retiré, qu'autant de temps qu'il en faut à une lettre qui part d'ici aujourd'hui pour s'y rendre... Je coupe court, Monsieur, à tout ce que j'aurais envie de vous dire là-dessus. C'est que je crains de donner le lieu même le plus innocent au soupçon d'être un homme qui cherche à couvrir de la moindre dorure ses sentiments, comme s'il en fallait cacher la laideur. Que n'y a-t-il quelque fenêtre par où l'on pût considérer ce qui est dans les cœurs! On verrait dans le mien, Monsieur, comment peuvent se réunir et s'accorder parfaitement des affections qui, ne pouvant subsister ensemble dans un autre, les lui font juger incompatibles.

« On y verrait aussi un si grand éloignement de toute dissimulation qu'on ne pourrait me soupçonner de faire le moindre usage de celle-ci, avec l'assurance de n'être jamais découvert. C'est le fruit de la morale dans laquelle j'ai été élevé et que les vues de religion n'ont fait que fortifier en moi : vous savez, Monsieur, pour le moins aussi bien que moi, malgré l'axiome du commerçant, que le vrai chrétien et l'homme vrai ne sont qu'un : en visant à l'un on vise sûrement à l'autre.

« Les assurances d'amitié (je ne me sers du terme qu'après vous, Monsieur) que vous daignez me faire me flattent beaucoup plus que le compliment dont vous les accompagnez. Le moindre doute là-dessus me coûterait trop pour qu'il pût naître chez moi. Je vous avouerai ingénument que j'ai toujours compté et compterai sur vos bontés, *quæcumque obtrudant infesti nubila venti.*

« J'ose assurer avec plus de confiance que rien ne saurait altérer, ni mon dévouement ni mon profond respect. »

Le P. Saint-Estévan partit l'oreille basse, honteux,

comme un intrigant démasqué ; ses diatribes passionnées n'avaient point ébranlé le moral de l'armée. Elle n'aspirait qu'au combat. Elle avait acclamé Lally à son entrée dans le camp ; elle sentait que la présence de son chef était l'indice d'un mouvement en avant.

CHAPITRE VIII

BLOCUS DE PONDICHÉRY.

Lally décidé à prendre l'offensive. — Les manœuvres autour de Conjivaron et de Vandavachy. — Le siége de cette ville. — Bataille de Vandavachy. — Bussy fait prisonnier — Lally refuse de favoriser la mise en liberté de celui-ci. — Les Anglais prennent Arcate. — Lally projette l'attaque de Chetoupet. — L'armée se révolte. — Coote s'empare de Valdaour et de Karikal. — Lally se retranche à Oulgaré. — Traité avec le Maïssour. — Les Maïssouriens à Pondichéry. — Combat de Villenour. — Blocus de Pondichéry. — La discorde dans la ville. — Abandon de la métropole. — La famine. — L'ouragan du 1er janvier. — Resserrement du blocus. — La capitulation. — Pigot refuse de la reconnaître. — Tentative d'assassinat contre Lally. — Destruction de Pondichéry.

Lally était en effet décidé à reprendre l'offensive; il avait environ deux mille trois cents Européens sous ses ordres, avec des cipayes et des Mahrattes comme cavalerie. Il lui paraissait prudent de ne rien risquer avant d'avoir repris sur les Anglais Vandavachy, qui lui assurait une base d'opération très-forte, selon lui, contre Madras au besoin. Il mit donc ses troupes en mouvement sur la route d'Arcate à Vandavachy.

Les Anglais, instruits par leurs espions bien payés, habiles et nombreux, se mirent en marche à leur tour. Leur chef, le colonel Coote [1], avec le coup d'œil d'un

[1] *Mémoires de Lawrence.*

homme de guerre, devina que l'objectif des Français, c'était Vandavachy. Il s'établit donc de l'autre côté du Paléar, alors presque à sec, près de Cauveripauk, dans une position protégée sur les flancs par des marais, sur le front par un large étang. Il tirait ses subsistances de Conjivaron, où se trouvaient ses magasins. Or il n'avait pas pourvu sérieusement à la défense de cette place; il n'y avait laissé que quelques hommes. Imprudence pleine de danger! car on pouvait enlever la ville d'un coup de main et affamer l'armée anglaise.

Lally le comprit. Après une feinte adroite, il part la nuit, et, au milieu de l'obscurité, arrive devant Conjivaron. Il passe le Paléar à gué et enlève presque sans lutte la ville et les magasins. L'ennemi est donc coupé de Madras et privé de vivres. Mais Lally ne veut point risquer la bataille que Coote serait obligé de chercher. Il abandonne sa facile conquête, repasse le Paléar et vient mettre le siége devant Vandavachy, laissant à Trivatour Bussy avec le gros de l'armée pour couvrir l'opération d'investissement. Il emporte la ville d'assaut et espère prendre le fort en quarante-huit heures; mais il compte sans le chevalier Dure, qui recommence ses bévues de Madras. Il fait des dispositions « comme s'il eût été question d'assiéger Luxembourg », ainsi que le crient les soldats. Il perd six jours à établir des batteries impuissantes, alors que quelques canons tirant en barbette eussent suffi.

Coote, qui avait perdu le contact, apprend enfin l'attaque et la résistance inespérée de Vandavachy. Il ne veut point laisser tomber une place si importante et il s'avance en hâte pour la secourir.

Avec son instinct de la guerre, Lally pressentait que l'armée anglaise allait fondre sur lui; mais par où? il l'ignorait. Ce n'étaient ni les rapports de ses cavaliers ni ceux des espions qui pouvaient l'éclairer. Des espions, il n'en avait pour ainsi dire pas, son dédain pour tout ce qui était hindou ayant fait fuir brahmane, parsi, musulman. Ses cavaliers? ils n'osaient s'éloigner du camp hors de la portée de pistolet.

Il pressait le siége, comprenant le prix d'une heure gagnée. Il informait Bussy de ses pressentiments et de ses inquiétudes. Bussy les partageait. Il indiquait les routes qui semblaient devoir servir de débouchés aux Anglais, insistant sur la nécessité de ne pas attendre l'ennemi dans les lignes de siége, proposant de le lever, d'envoyer le parc d'artillerie à Chetoupet, de se jeter sur l'ennemi. On le surprendra en plein embarras de formation. On a donc des chances pour le battre. Alors, c'est non-seulement la reddition de Vandavachy, mais encore la retraite des Anglais jusque sous Madras et peut-être le blocus de cette dernière ville.

Lally croyait avoir encore quelques jours à lui, et la concentration de l'armée sous Vandavachy lui semblait le plus pressé. Il rappelait donc de Trivatour Bussy avec tout son corps. Ces troupes étaient à peine arrivées depuis deux jours, quand, le 22 janvier 1760, au matin, on entendit une violente fusillade retentir en avant du camp, et nos grand'gardes se replièrent en annonçant l'armée anglaise.

Le terrain sur lequel allait se décider le sort de l'Inde était une plaine parsemée d'arbres, coupée de fossés et d'étangs, hérissée de digues, large d'environ deux kilomètres, fermée d'un côté par les remparts de Vandavachy, de l'autre par un coteau aux pentes abruptes. Le camp des Français s'étendait dans la plaine, en bas du coteau, couvert sur le front opposé à la ville par un étang et des digues qui semblaient comme les épaulements d'une redoute.

La position de l'assiégeant parut si forte à Coote[1] qu'il s'arrêta un moment; mais comme il avait plus que tout autre le coup d'œil et l'art si précieux pour les hommes de guerre de plier ses opérations aux nécessités du terrain, il résolut de longer le camp français en marchant par la hauteur, et, une fois les lignes ennemies dépassées, de revenir sur celles-ci en les prenant à revers, en s'appuyant sur la place et sur le mamelon. L'armée anglaise commença donc à décrire un arc de cercle autour du camp de Lally. Chaque soldat avait à son chapeau ou à son turban une branche de tamarin. On eût dit une forêt en marche.

Lally pénètre du premier coup d'œil l'intention de l'ennemi, il voit toutes les conséquences de cette savante opération. Il comprend que, pour ne pas être sous le canon de la place, acculé aux étangs et détruit, il faut se jeter sur l'ennemi avant que le mouvement tournant soit accompli. Il forme ses troupes en bataille et se précipite au milieu de la plaine. Il vise la droite des Anglais, il espère la culbuter sur le centre avant que la gauche redescende la colline. Pour favoriser la formation de son attaque, il rassemble toute sa cavalerie indigène et la pousse sur l'ennemi. Noronha,

[1] ORME, *Histoire de l'Inde*, 2 vol.

l'évêque d'Halicarnasse, se met à la tête du millier de Mahrattes qu'il a enfin amenés, faisant caracoler son cheval, la croix pastorale sur la poitrine, le sabre en main. Les cavaliers, avec des hourras furieux, s'ébranlent comme un tourbillon.

Cet élan vigoureux s'amortit tout à coup. Les Mahrattes retiennent leurs montures, hésitent. La ligne anglaise se couvre de fumée, les détonations de la fusillade crépitent. Aussitôt, les Mahrattes, sans même avoir entendu le sifflement des balles, tournent bride, pêle-mêle, emportant dans leur déroute Noronha, qui crie et gesticule le sabre au poing; ils ne s'arrêtent qu'à deux lieues de là, sur un mamelon à gauche de la ville, d'où ils contemplent la bataille, comme des vautours.

Coote continue froidement sa marche; il se contente de resserrer sa ligne en ramenant vers son centre sa gauche, étagée sur la hauteur. Il fait rapprocher ses réserves, car la position prise par Lally l'inquiète.

Pendant la déroute de ses auxiliaires, Lally, profitant du terrain, a jeté dans une redoute naturelle formée par les terrassements d'une digue, deux cents matelots et deux canons. Le feu de cette forteresse improvisée prend l'ennemi à revers. Lally appuie sa gauche à un étang qui miroite un peu plus loin. C'est le poste de Bussy et du régiment de Lally. Il place le bataillon de l'Inde au centre. A la droite, il se tient avec Lorraine et la cavalerie. Cette aile est en l'air. Mais un peu en arrière, à 200 toises, se profile le relief d'un talus assez fort, qui s'infléchit à angle droit et forme comme la moitié d'un bastion aux fronts tournés vers l'ennemi.

Il le garnit de deux canons, soutenus par cinquante grenadiers et des cipayes.

Coote voit la force de ces lignes. Le mouvement tournant, quoique un peu modifié par la sortie des Français, est toujours la base de l'attaque. Il faut déborder la redoute des marins, la prendre à revers ou être écrasé. Il veut river sa droite au sol; c'est le pivot de la bataille.

Lally comprend que c'est le moment de briser la droite anglaise, l'axe de la résistance. Il rassemble toute sa cavalerie européenne. Il va conduire lui-même la charge. Ce mouvement était imprudent; car depuis longtemps on n'avait eu que trop de preuves du peu de solidité de la cavalerie. Il eût mieux valu attendre l'ennemi dans nos lignes, comme le conseillait Bussy. De la pointe de l'épée il montre l'ennemi aux cavaliers et crie en avant. Tous restent immobiles. Il interdit le commandant, rugit contre ces lâches. Les officiers les pressent, les poussent. On les met enfin au galop. Ils suivent Lally; la charge semble lancée; à deux cents mètres des Anglais, un coup de mitraille s'abat sur les escadrons, deux hommes seulement tombent; mais la panique prend les cavaliers; ils tournent bride, affolés, s'enfuyant au hasard, laissant Lally seul avec son aide de camp à quatre-vingts pas des grenadiers anglais, qui le couvrent de balles. Ses habits sont percés.

Son aide de camp lui crie : « Vous êtes blessé? — *Plût au ciel*, répondit Lally; *mais je ne le suis que de la jean-foutrerie de ces gens-là.* » Il se retourne et voit avec terreur le régiment de Lorraine qui, avec une ardeur inconsidérée, a quitté les positions de la droite et s'avance en l'air dans la plaine, en butte aux coups de l'armée anglaise. Les soldats, comme fous, courent en criant : « Fonçons! fonçons! » Déjà ils masquent les canons de la redoute.

Leur premier choc est terrible ; ils brisent tout devant eux. Mais les réserves anglaises arrivent, écrasent de leur nombre le régiment de Lorraine, qui, rompu, se rejette en arrière. « Tout est perdu ! » s'écrie Lally.

A ce moment tragique Coote précipite ses troupes de la droite sur la redoute de la gauche que défendaient les marins. Le feu de ceux-ci arrête l'ennemi ; mais tout à coup un chariot de munitions saute, l'explosion tue quatre-vingts soldats. Le désordre se met dans les rangs. Bussy s'en aperçoit et voit en même temps l'écrasement du régiment de Lorraine. Il court à la gauche, rallie les troupes, essaye de maintenir les positions par un feu violent et par des sorties furieuses. Trois fois il conduit ses soldats à la charge contre les bataillons ennemis, qui heurtent ses lignes comme les vagues d'une mer furieuse, revenant aussitôt que brisés. Malgré ses efforts, les Anglais, qui débordent la redoute, y entrent enfin. Leur feu rejette notre aile gauche sur le centre, qui s'effondre sur la droite accablée, et l'armée s'enfuit.

Pendant la déroute, Bussy cherche en vain à rallier les soldats. Il s'attarde, suivi de deux hommes dont un est blessé. Les Anglais se sont approchés. Bussy est assailli par une grêle de balles. Il en est quitte pour une contusion. Va-t-il échapper? A ce moment son cheval est blessé. Il le sent chanceler; il met pied à terre, guidé par un instinct irréfléchi, persuadé à tort que l'animal va tomber. Il marcha encore longtemps avec le fardeau d'un traînard sur le dos. — Bussy fait quelques pas. Puis les Anglais l'entourent. Il se rend à un officier qui le somme. On le conduit à Coote, qui le laisse libre sur parole. Il promet de se tenir prêt à obéir à la première injonction.

Cependant Lally parvient à rallier l'armée sous les canons établis derrière les digues que bordent le camp. Les troupes restées à la garde des tranchées viennent appuyer ce mouvement suprême. La cavalerie, remise de sa panique, prend position. Les Anglais s'arrêtent et bornent leur action à une canonnade assez faible. Lally profite de ce répit pour sauver son parc d'artillerie. Il emmène dix pièces sur dix-huit, fait enclouer celles qu'il laisse, brûle ses tentes, met le feu aux poudres que le défaut de voitures l'empêche de convoyer et se replie vers Pondichéry par Chetoupet, Gingi et Valdaour, sans être sérieusement poursuivi, Coote ne le faisant suivre que par la cavalerie indigène.

Cette bataille, Lally l'avait perdue parce qu'à une phase du combat, il avait trop fait le soldat. C'était le moment de faire le général. Quoique très-compromise, la partie n'était pas perdue. En rappelant les garnisons des places de Chetoupet, d'Arcate, en faisant revenir à marche forcée Crillon et les troupes inutiles à Cheringham, il était facile de concentrer des forces encore imposantes et de tenter de nouveau la fortune. Il valait mieux abandonner les forteresses que de les laisser prendre avec leurs garnisons. C'était la tactique du bon sens. Au lendemain de la capitulation de Saint-David, les Anglais n'en avaient point eu d'autre. Ils avaient opéré la réunion de tous leurs bataillons pour faire tête autour de Madras, et la victoire avait été le fruit de cette combinaison stratégique. C'était le cas ou jamais de les imiter. Mais il semble que la fumée de Vandavachy avait fait tourner la tête à Lally.

Découragé, abattu, croyant sentir peser sur lui le poids de la fatalité, ce suprême retranchement des malheureux, il pense qu'il n'a plus qu'à défendre les approches de Pondichéry jusqu'au jour, hélas! prochain où il faudra s'enfermer dans la place pour y mourir si l'on peut. Il se désole, il récrimine, il éclate en imprécations contre ces voleurs, ces bandits, ces scélérats du conseil, dont l'hostilité est cause de sa défaite! « L'enfer s'oppose à tout ce que j'entreprends. Le gouverneur, le conseil, les femmes, le peuple, la brigue, le démon, m'ont fait perdre la bataille ! » s'écrie-t-il. Il est dans un état d'irritabilité effrayante.

A la vue d'un conseiller, La Selle, qui revient de Cheringham, où celui-ci n'a pu percevoir une roupie, il entre en fureur, l'injurie, fait mander Leyrit et le conseil. Dès que ceux-ci paraissent, il apostrophe le gouverneur avec violence. Il accuse Leyrit et les magistrats de la Compagnie d'être les complices de Bussy, les appelle traîtres, fauteurs de révoltes, fait conduire La Selle en prison. Ces emportements réjouissent les ennemis du général, glacent ses amis. On crie partout que « le méchant homme est devenu fou », on l'insulte presque.

Lally, l'objet de la réprobation universelle, soupçonne partout des traîtres; il se croit enveloppé dans les rets « d'un infernal complot ». Ce qui le console, c'est que Bussy n'est pas là pour lui tendre des piéges

Or, précisément à cette heure critique, Bussy revient pour obtenir son échange. Il n'a pas la mine d'un homme accablé. Il explique à tout le monde sa capture. La guerre a ses chances. Il a eu le malheur d'être pris. D'Estaing le fut aussi, devant Madras. Lui ne désire, ne veut qu'être échangé. Sa rançon est versée, et sa mise en liberté ne dépend plus que de la bonne volonté de Lally. Qu'exigent, en effet, le gouverneur et le conseil de Madras? Que Lally se conforme simplement au traité qui règle l'échange des prisonniers. Et que porte-t-il, ce traité? C'est que chaque nation, pour obtenir l'élargissement des captifs, payera leur rançon; c'est qu'en outre chaque officier, prisonnier sur parole, ne pourra servir s'il n'a été régulièrement échangé. Or les Anglais déclarent sur l'honneur que M. de Lally a violé les clauses de la convention, qu'il a forcé des officiers, pris sur le champ de bataille et revenus à Pondichéry pour traiter de leur mise en liberté, à servir au mépris de leur parole, qu'enfin il n'a jamais voulu payer les rançons.

Il supplie donc Lally d'user sans délai du droit qu'il a de le délivrer. Il écrit à Leyrit pour le prier d'intercéder en sa faveur auprès du général. Il explique sa capture, s'évertue à repousser les accusations proférées contre lui par son rival. « Je rallie la gauche, s'écrie-t-il, je la mène trois fois à la charge. J'essuie le feu de l'ennemi à bout portant. Qu'on accuse en pareil cas un officier de vouloir se faire tuer, je le comprends, mais l'accuser de vouloir se faire prendre, c'est absurde. Je sollicite, je prie, je supplie qu'on use du pouvoir qu'on a de me faire rendre la liberté, de me remettre en état de servir. » Il envoyait sept cents roupies pour sa rançon, prêt à fournir d'autres sommes comme avance pour régulariser la situation des autres prisonniers.

Mais, à ces sollicitations, Lally répondait froidement que le captif avait eu tort de donner sa parole. « Actuellement, ajoutait-il, il est aux ordres du gouverneur de Madras, non aux miens. » Comme un procureur, il ergotait sur les termes de la convention relative aux échanges. Enfin, et pour placer Bussy dans une impasse, il envoya aux autorités anglaises l'argent de la rançon, mais il refusa absolument d'exécuter les clauses du traité réglant la situation des autres prisonniers.

Le résultat de cette manœuvre, c'est que les Anglais, poussés par leur protégé, le nabab d'Arcate, Méhémet-Ali-Kan, qui connaissait par expérience la valeur de Bussy, sommèrent ce dernier de satisfaire à sa parole et de se constituer prisonnier à Madras.

Bussy pourtant passa encore près de trois semaines à supplier le général, demandant même un ordre qui lui enjoindrait de rester. Mais Lally fit la sourde oreille, déclara que le cas de Bussy était douteux, qu'il n'y avait qu'un conseil de guerre qui pût le résoudre. Ce conseil, il ne l'assemblait pas, et Bussy enfin était forcé de partir, l'âme pleine de ressentiments. L'armée et la colonie le virent s'éloigner avec tristesse ; il semblait qu'il emportât avec lui le reflet des gloires passées et les derniers espoirs.

La situation, en effet, était désastreuse. Les Anglais avaient coupé Pondichéry de ses communications avec le Carnate ; c'était comme un blocus à distance. Coote, après quelques jours d'hésitation, — il n'avait pas vu d'abord la grandeur de sa victoire et craignait un retour offensif des Français, — s'était, l'impuissance de son adversaire constatée, mis en marche sur Arcate. La capitale du Carnate, malgré ses fossés creusés dans le roc, les vingt-deux tours qui flanquaient le rempart, sa garnison de deux cent cinquante soldats français, se rendit à discrétion au bout de huit jours.

La prise de possession d'Arcate, c'était aux yeux de Coote le premier acte du plan d'opérations contre Pondichéry. On ne devait, selon lui, songer à attaquer cette ville que lorsqu'on occuperait toutes les places qui la protégeaient. Il agit avec la décision et la rapidité d'un homme de guerre. En un mois il enleva successivement Arcate, Chetoupet, Timeri, Divicotta, Permacol, Alemparvé. Dans l'intérieur des terres, Gingi, à peu près inexpugnable au haut de son roc, tenait seul. Sur la côte, il ne restait plus à la France, hors Pondichéry, que l'établissement de Karikal.

Lally, effrayé des progrès de l'ennemi, avait bien essayé d'arrêter l'invasion en reprenant l'offensive. Il projeta d'attaquer la forteresse de Chetoupet pendant que les Anglais étaient occupés au siége d'Arcate. De deux choses l'une, ou l'ennemi s'avancerait au secours de la forteresse et débloquerait Arcate par ce fait même, ou il resterait immobile, et alors Chetoupet tomberait avec les magasins et les prisonniers français que Coote y avait entassés. La place reprise, Lally marcherait sur Vandavachy, forçant l'ennemi à livrer une bataille dont le gain était le salut d'Arcate et de Pondichéry. Il avait retrouvé son ancienne audace, et cette qualité, c'était, dans la situation désespérée des affaires, la meilleure garantie du succès.

L'opération était bien combinée et devait réussir; mais quand on donna l'ordre à l'armée de se mettre en marche, la cavalerie de l'Inde se révolta. Elle réclamait sa solde! « Qu'on nous paye, dirent les cavaliers, ou nous passons à l'ennemi. » Et comme on ne peut les satisfaire, ils montent à cheval et prennent la route des lignes anglaises. On court après eux, on les joint à trois lieues; à force de supplications, on les ramène, sauf une trentaine qui ne veulent rien entendre. Le lendemain, les soldats de la marine se mutinent à leur tour. Toute l'armée les appuie et réclame son dû. Enfin, par un expédient, en vendant les fermes à une créature du Père Saint-Estévan, Ramalinga, on trouve environ cent mille roupies. Il semble qu'on va pouvoir reprendre l'opération sur Chetoupet, quand tout à coup, le 25 février, l'amiral Cornish paraît à la côte, venant renforcer de quatre vaisseaux de ligne et de deux frégates l'escadre déjà si forte de l'amiral Stevens. Dès lors, Lally ne peut plus penser à tenir la campagne ; il est forcé de protéger Pondichéry contre la flotte et contre l'armée qui s'avance par terre.

Bientôt Coote est à quatre lieues de Pondichéry. Il enlève Valdaour, et, se servant de la flotte et des troupes de débarquement, il s'empare de Karikal; c'est la dernière barrière qui tombe. Pondichéry est isolée, presque complétement bloquée; il ne reste plus de libre que la route de Thiagar, et encore est-elle à chaque instant menacée. Lally ne veut pas la perdre; c'est le chemin du Maïssour, et il négocie avec le roi de ce pays pour obtenir un secours de dix mille hommes et des vivres. Il établit donc l'armée près d'Oulgaré, en face de l'ennemi, sur une bonne position, qu'il fortifie par des redoutes et des retranchements solides. Coote n'ose l'attaquer, et pendant trois mois reste immobile dans son camp, qu'il a entouré, lui aussi, de fossés et d'épaulements[1].

Lally, le même Lally qui déclarait grotesque l'idée d'une alliance avec les indigènes, surveille avec inquiétude les phases de la négociation entamée avec le Maïssour. Il presse Noronha de se hâter, car l'appui du Maïssour, c'est maintenant le seul moyen qui lui reste de ravitailler les troupes. Il déclare que, pour l'obtenir, il ne faut reculer devant aucune concession; il cède Thiagar et son territoire; il va jusqu'à plier son orgueil, jusqu'à se soumettre à un caprice de ses futurs auxiliaires, qui exigent que la convention soit ratifiée par le conseil, chose inouïe dans les fastes de l'Inde, où le chef de l'État est seul maître des affaires diplomatiques. Il apprend enfin que huit mille Maïssouriens, traînant derrière eux quatre mille bœufs et un énorme convoi de riz, viennent d'entrer à Thiagar. Pondichéry va donc être enfin approvisionné? Non! c'est une nouvelle déception qui attend Lally.

Entre Thiagar et Pondichéry, les Maïssouriens trouvent la route barrée par un corps ennemi. Ils le battent; mais, dans l'échauffourée, la majeure partie du convoi se disperse, et les auxiliaires de Lally arrivent, diminués d'une moitié qui s'est enfuie et seulement

[1] *Mémoires de Lawrence.*

avec quatre cents bœufs et quelques sacs de riz. Bientôt ils sont plus gênants qu'utiles. Les Anglais corrompent leur chef, qui se sauve au premier coup de feu. Lally veut employer ces hordes pour tenter un coup de main afin de délivrer cinq cents prisonniers français mal gardés aux environs de Madras. Les Maïssouriens partent, sont pris de panique à quelques lieues, courent jusqu'à Gingi et de là regagnent en hâte leur pays.

Lally se résout à ne plus compter que sur lui-même. Il va tenter l'attaque des lignes anglaises. Elles s'étendaient sur un espace de trois kilomètres, la gauche s'appuyait sur des maisons fortifiées, la droite sur le village de Villenour mis en état de défense, le centre était retranché dans un hameau. Des redoutes armées d'artillerie protégeaient en avant ce front déjà si fort. Le plan de Lally, c'est de tourner le village de Villenour et de prendre le camp ennemi à revers avec le bataillon de l'Inde, pendant que les régiments de Lorraine et de Lally enlèveront les travaux du centre et que les marins attaqueront la gauche.

Rien ne transpire du projet. Au milieu de la nuit du 3 septembre, deux fusées donnent tout à coup le signal du combat. Les troupes, silencieuses, se ruent dans un élan terrible sur les redoutes anglaises. On emporte celles de gauche. Au centre, l'ennemi, remis de sa surprise, résiste avec acharnement. Cependant Lally s'étonne de ne point entendre le canon dans la direction de Villenour. Tout y est calme. Au centre l'action est furieuse. Lorraine et Lally enlèvent la redoute à la baïonnette; mais le feu qui part du hameau les arrête. Coote accourt avec du renfort amené de Villenour, où règne un silence inexplicable. Lally tient en furieux pendant près d'une heure; mais le mouvement tournant du bataillon de l'Inde ne se prononce pas. On apprend enfin que ce bataillon, après une marche de quelques minutes, a fait volte-face tout à coup et s'est replié sur Pondichéry. Lally ramène alors l'armée en arrière.

Il était évident que Coote, encouragé par sa victoire, allait prendre l'offensive pour rejeter la petite armée française dans Pondichéry. Lally n'en doutait pas, car il savait que Coote venait de recevoir de nouveaux renforts qui portaient son armée à cinq mille Européens et dix mille cipayes, tandis que l'effectif des troupes françaises n'était plus que d'environ douze cents hommes. S'obstiner à tenir la campagne avec cette poignée de soldats, c'était aller à la défaite; on serait débordé et bousculé jusque sur les glacis. Se renfermer dans la ville, c'était hâter la reddition.

Le malheureux Lally, en présence de ce terrible dilemme, ne savait plus que faire. Il y avait bien les forts qui couvraient Pondichéry comme d'une couronne, mais, malgré les services qu'ils avaient rendus lors du siége soutenu par Dupleix, il les estimait de peu de valeur dans le cas présent, n'ayant, disait-il, point assez de troupes pour les garnir fortement et pour occuper les bastions de la ville. Défendre pied à pied ces ouvrages, c'eût été pourtant le meilleur parti. Bref, il y mettait de faibles garnisons et laissait le gros de l'armée dans les lignes d'Oulgaré.

Le 10 septembre à minuit, le colonel Monson, sur l'ordre de Coote, attaque simultanément les forts d'Ariancoupan et de Valdaour, ainsi que le camp d'Oulgaré. Les Français évacuent sans combat Ariancoupan. Le chevalier Dure, qui par fatalité commande l'armée à Oulgaré pendant l'absence de Lally malade, perd la tête, se laisse presque envelopper, et abandonne les lignes. Heureusement, la redoute de Valdaour, par sa résistance, donne à Lally le temps d'accourir et de rallier l'armée; mais il est trop tard. On ne peut reprendre les redoutes conquises par les Anglais. Tout ce que le malheureux général put faire ce fut d'assurer la retraite, ce fut de ramener l'armée sous le canon de Pondichéry. Pendant sept jours encore, il fit sortie sur sortie pour chercher à repousser l'ennemi, mais inutilement. Force lui fut de s'enfermer dans cette ville.

Les Anglais n'entreprirent point de travaux de siége. Ils se bornèrent à fortifier solidement leurs lignes d'investissement et à établir quelques batteries pour bombarder la ville. Coote ne veut point prendre la place de vive force. Il préfère le blocus. Il sait que l'assiégé ne pourra pas le rompre, il sait que la famine lui livrera bientôt la ville et la garnison.

L'escadre anglaise, renforcée des vaisseaux de Cornish, croisait devant Pondichéry, qu'elle tenait sous son canon. Lally s'attendait à un bombardement, craignait une attaque simultanée de la flotte et de l'armée anglaises. Il était nécessaire d'en imposer à l'ennemi, de lui persuader que la place assiégée avait une garnison formidable.

Il imagine donc une ruse et commande une parade générale sous les murs de la ville, sur la plage. Il donne l'ordre à tous les Européens de revêtir un uniforme, de prendre un fusil et de se rendre, au jour fixé, au bord de la mer. Il fait distribuer des habits à ceux qui n'en ont pas et n'excepte de la revue que le conseil et les religieux.

Au moment où Lally allait sortir de sa maison avec le gouverneur, une foule d'employés de la Compagnie, les armes à la main, envahissent la cour en criant qu'ils ne veulent pas aller au rendez-vous. Lally mande le conseil, croyant trouver un appui près de lui contre les mutins. Un des magistrats coloniaux, le conseiller La Selle, qui n'avait point pardonné au général de l'avoir fait arrêter à son retour de Cheringham, voyant ses collègues indécis, s'écrie tout à coup : « Les employés ne sont pas faits pour passer des revues, ni pour porter les armes hors de la ville ; leur service se borne à l'intérieur de la place. Si vous voulez les voir, vous pouvez descendre dans la cour ; mais certainement ils n'iront pas plus loin[1]. »

Deux sous-marchands applaudissent à ce discours et descendent en hâte le répéter à la foule qui grouille dans la cour et crie : « Nous n'obéirons pas à Lally ; nous n'obéirons qu'au gouverneur ! »

M. de Leyrit, mécontent de la sédition, quitte brusquement le cabinet de Lally, et, du perron, harangue les mutins. Il leur remontre en termes énergiques l'odieux de leur conduite ; il rappelle la présence des Anglais, la nécessité de l'union, de la discipline, de l'obéissance. Il leur ordonne de se mettre en marche pour se rendre à la revue et déclare que lui-même va

[1] Mémoire pour le comte de Lally par son fils, 1779.

se mettre à leur tête. Sa voix est couverte par des murmures, des cris; son autorité est méconnue. Il remonte tristement auprès du général.

A ce moment une compagnie de grenadiers, mandée secrètement par Lally, entre dans le fort, la baïonnette au canon; elle entoure les rebelles. C'était le cas de sévir, de reprendre l'autorité perdue, d'écraser dans l'œuf tout germe de révolte! Il n'y avait qu'à saisir les plus compromis et à les faire juger séance tenante par une cour martiale.

Lally n'osa pas. Il crut qu'un acte de clémence lui ramènerait sûrement les cœurs, il se contenta de faire désarmer les rebelles, d'exiler La Selle et les deux sous-marchands, l'un à Valdaour, les autres à Gingi; puis, se tournant vers le second du conseil, homme modéré que son caractère mettait à l'abri du soupçon : « Je voudrais pouvoir vous épargner, monsieur, lui dit-il; je sens qu'on a abusé de votre faiblesse; mais vous êtes à la tête d'un conseil assemblé sans permission de son président et révolté contre l'autorité du Roi; je ne puis me dispenser, pour la forme, de vous donner les arrêts; vous les prendrez chez moi, coucherez dans mon appartement et mangerez à ma table. »

C'étaient là des demi-mesures! Comme toujours, elles n'intimidèrent personne; comme toujours, loin de ramener les esprits, elles exaspérèrent les haines. La longanimité du général passa pour de la peur.

Pondichéry en quelques semaines devient une succursale de l'enfer. La disette, la discorde, la lâcheté, la sédition conspirent tour à tour pour le triomphe des Anglais. La population exaspérée ne voit plus dans

Lally que l'auteur de ses maux. On accuse ouvertement le général de trahir le Roi et la nation. L'origine irlandaise de Lally sert de preuve à ces calomnies. On affiche partout des placards infâmes contre lui.

Sur un de ces placards on lisait : « Gingi *à vendre.* » Sur un autre, ces mots : « Messieurs et mesdames, vous êtes priés d'assister de vos charités le sieur de Lally, qui se prépare à faire un pèlerinage à la Mecque pour obtenir la rémission de ses crimes. Il s'attend à vos générosités; il voudra bien se charger de vos diamants usés, de votre vieille vaisselle plate, et autres bagatelles de cette espèce : Mahomet vous en tiendra compte. »

Un complot s'organise et échoue par la lâcheté des conspirateurs. Lally trouvait sur sa table un billet où on le menaçait de mort. Le lendemain, après avoir pris un peu de gruau, sa seule nourriture, il fut pris de vomissements et de convulsions. Il s'écrie qu'il est empoisonné. Lavaur, qui est resté près du général, le quitte alors et s'en va par la ville criant que Lally est devenu fou! On déclare qu'il faut le faire arrêter et fusiller sur-le-champ.

Le malheureux général, perpétuellement inquiet, perpétuellement irrité, affaibli par le climat, malade (on venait de lui faire l'opération de l'empyème), en proie à des accidents nerveux produits par ses souffrances d'esprit et de chair, se voyait contraint de garder la chambre. Le Père Lavaur et quelques intimes pénétraient seuls auprès de lui. Lally pensait tout haut devant eux. On le voyait sombre, muet, accablé, se lever tout à coup, torturé par le spectre de la défaite, pour exhaler comme Hamlet, en paroles passionnées, son impuissance et son besoin d'action. « Pondichéry est perdu! s'écriait-il en prenant les mains du Père Lavaur. Pondichéry est perdu! Il est impossible de rompre les lignes ennemies. L'armée est impuissante. La capitulation est proche. Et c'est moi, moi-même qui suis condamné par le destin à signer un acte que je voudrais effacer de mon sang! Ah! pourquoi suis-je vivant? » Et au souvenir des résistances, des perfidies du conseil, il avait des cris de colère. Puis il se reprenait à espérer dans l'arrivée de l'escadre. Il n'était pas possible que d'Aché n'apparût point tout à coup avec ses vaisseaux; il devait être parti de l'île de France. On avait assez mendié son secours. L'amiral savait qu'il tenait dans ses mains le sort de Pondichéry. On allait signaler la flotte bientôt. Et alors, Pondichéry ravitaillé, l'armée appuyée par des renforts, on ferait lever le siége. Il fallait donc tenir tant qu'on aurait une poignée de riz.

Le Père Lavaur écoutait, approuvait, et au sortir de ces entrétiens, les mains encore tièdes des étreintes de Lally, il courait chez les memdres du conseil, et, à voix basse, avec la mine d'un homme accablé, il entamait un récit perfide où le général apparaissait sous la figure d'un traître que le remords torturait moins que la peur de la responsabilité future. Chacun emportait l'impression que Lally jouait la comédie de l'angoisse. Et ce qu'il y avait de terrible, c'est que chacun était intéressé à le croire pour se sauver soi-même. Lavaur, avec sa connaissance des hommes, avait compris qu'au lendemain de la défaite, il faudrait un bouc émissaire.

Cependant Lally, résolu à tenir jusqu'à la dernière extrémité, n'avait plus qu'une pensée: ménager en avare le peu de vivres qui restaient. Il proposait au conseil de faire sortir de la ville les bouches inutiles et les Hindous. Le conseil[1] rejetait la demande avec des cris d'indignation. Le gaspillage des subsistances était alarmant. Pour faire un exemple, Lally condamnait à une amende de douze mille livres un sous-marchand convaincu d'avoir vendu à son profit le riz destiné à la nourriture des soldats. Le conseil criait à la vexation. Tous les jours il s'assemblait. Autant de séances, autant de motions pour entraver les actes du général. C'étaient des *remontrances* perpétuelles, fomentées par l'opposition la plus ardente et la plus aveugle.

Et Lally, on le sait de reste, n'avait ni assez de tact, ni assez d'habileté pour triompher de l'hostilité d'un pseudo-parlement. Il défendait brutalement au greffier d'écrire sur ses registres aucune déclaration ayant rapport à lui tant que le siége durerait. On n'en accusait que de plus belle le despotisme de la « bête féroce ». Interdisait-il la sortie des bœufs et des bêtes de somme, ordonnait-il de mener au fort tout le bétail qui se présenterait aux portes, de rechercher dans toutes les maisons, sans en excepter la sienne, le grain afin de le centraliser dans un magasin général, ces mesures si légitimes prescrites par le règlement en vigueur dans les places assiégées excitaient une tempête de protestations. « Lally veut effrayer et décourager tout le monde », déclarait le conseil.

Dissiper la méfiance de ces gens-là, les ramener à des sentiments de modération et de concorde, c'était,

[1] Mémoire du comte de Lally (le fils).

certes, un travail difficile! Lally y était moins propre que tout autre, avec son esprit d'emportement, son caractère entier, ses dépits, ses ombrages, sa haine des transactions. L'hostilité ouverte du conseil le troublait; il en comprenait tout le danger. Il lui était insupportable de constater que toute une population contrôlait avec une fièvre de soupçons chaque ordre qu'il donnait pour la défense.

Il était convaincu qu'on ne pouvait soutenir efficacement le siége d'une grande ville comme Pondichéry, si les habitants n'avaient pas une foi entière dans la valeur et dans le patriotisme du commandant en chef. Il s'apercevait trop tard de ses fautes. Il n'avait su ni se faire aimer, ni se faire craindre; il n'avait su ni ménager le conseil, ni le dominer, ni le réduire. Son orgueil l'empêchait de le caresser; sa raison lui disait qu'après tant de revers, il n'était plus possible de s'imposer par la terreur. Le découragement le prenait et le paralysait.

Accablé sous le fardeau, il voulut s'en débarrasser. Et, sans réfléchir davantage, comme un homme troublé, aveuglé par le sentiment de son impuissance et de son désespoir, il convoqua un conseil mixte et envoya officiellement à l'assemblée sa démission. La lettre était triste et amère : « Nous touchons [1], disait-il, à la catastrophe que je vous ai annoncée; votre haine pour moi l'a emporté sur l'envie de sauver Pondichéry. Vous n'en êtes pas à votre première désobéissance. Souvenez-vous du jour mémorable où l'ennemi s'est présenté

[1] Archives du ministère de la marine. Archives nationales. Parlement; procès criminel, 1396, 1397, 1398, X²B. Collection Ariel. Bibliothèque nationale : Section des manuscrits.

par terre et par mer pour nous attaquer. J'avais, afin d'en imposer à l'Anglais, ordonné une revue sur la plage de tous les hommes en état de porter les armes. Vos employés ont refusé de se soumettre à mes ordres. Vous les avez soutenus dans leur rébellion.

« Depuis, vous n'avez pensé qu'à traverser tous mes projets. » — Et, après l'énumération de ses griefs, il reprenait : « Il est temps de prendre un parti. Celui de sévir est, je le sens bien, celui auquel vous voudriez me forcer; il avancerait d'un mois la perte de cette ville, par le refus que j'essuierais du peu de moyens qu'il nous reste à employer pour en prolonger le terme. Voici donc à quoi je me détermine, c'est de me démettre de l'autorité que le Roi et la Compagnie m'ont confiée et de vous charger seuls de l'événement. Je ne me regarde plus ici que comme un particulier, qui payera de sa personne, ainsi que le dernier bourgeois, si l'ennemi attaque nos murs, et j'ordonne, de la part du Roi, que cette déclaration soit inscrite sur vos registres. »

La lecture de cette lettre produisit une vive émotion dans l'assemblée, formée par les conseillers et les officiers de l'armée délégués régulièrement. Les militaires se lèvent et s'écrient que « ni eux ni leur corps ne serviront sous un autre général que Lally ».

Les fonctionnaires de la Compagnie se regardaient, intimidés par cette manifestation spontanée des commandants des troupes. La gêne et le malaise des conseillers perçaient dans leur attitude et dans leurs paroles. Ils comprenaient qu'il fallait compter avec le parti militaire; ils jugeaient qu'accepter la démission de Lally, c'était, en présence de l'opposition de l'armée, assumer la plus lourde des responsabilités. Enfin, ils n'avaient aucun candidat à proposer à la succession de Lally car il était clair qu'aucun officier n'accepterait le commandement. Ils se consultèrent rapidement; ils ne voulaient ni renverser Lally, ni lui donner un vote de confiance. Il fallait trouver la formule qui exprimerait ce double sentiment. L'un des conseillers proposa alors de déclarer que le conseil ne se croit pas compétent pour recevoir la démission de M. de Lally. Cette motion rencontra l'adhésion de tous les conseillers, et, mise aux voix, elle fut votée à l'unanimité.

Cette démarche, cette tentative de démission n'eut d'autre résultat que d'affaiblir Lally davantage. Lui-même avait constaté son impuissance en déclarant qu'on était près de la catastrophe finale et qu'on ne pouvait qu'en éloigner le terme. Lui-même avait enlevé les dernières espérances, si toutefois il en restait encore. Pondichéry et le conseil ne virent dans la déclaration du général qu'un procédé d'intimidation. Au sortir de la séance les conseillers disaient hautement que l'*Irlandais* [1] jouait la comédie du désespoir, mais qu'il était un pauvre comédien, ignorant les règles de son art, qu'il ferait bien de les apprendre du conseil, qui les sait mieux que lui, comme on peut le voir par le vote.

Un seul espoir restait à l'infortuné défenseur de Pondichéry, l'arrivée de l'amiral d'Aché, l'arrivée de l'escadre; le général sondait d'un regard inquiet l'horizon de la mer. Aucune voile n'estompait de ses tons

[1] *Mémoire* du conseiller Le Noir. *Mémoire* pour l'instance en révision du procès qui a condamné Lally à mort, par Lally-Tollendal. Rouen 1779.

mats l'onde étincelante. La flotte ne venait pas! Elle ne devait jamais venir.

Enfin, on reçut par la voie de Mahé des dépêches de l'île de France et d'Europe. Lally les lisait avec avidité, puis avec désespoir. D'Aché refusait de quitter l'île de France, malgré les protestations du gouverneur et du conseil de l'île, qui disaient dans une déclaration solennelle : « Il est plus que probable que l'ennemi tâchera de réduire Pondichéry, et que, cette opération faite, il viendra attaquer cette île... Nous sommes menacés par deux ennemis, les Anglais et la famine. Celle-ci est inévitable. Plus nous approchons du terme fatal de l'épuisement des vivres, plus l'amiral exige qu'on étende les distributions... Il est absolument nécessaire que l'escadre lève l'ancre pour jeter du secours dans Pondichéry, qui ne peut que succomber s'il n'est pas secouru. »

Le gouverneur et le conseil avaient été jusqu'à refuser aux vaisseaux le *journalier* en pain. Ni les menaces, ni les supplications n'avaient pu décider d'Aché à appareiller. Pondichéry était entièrement abandonné! Et, comme par une raillerie du destin, il y avait dans les dépêches d'Europe un ordre qui, en blâmant l'indocilité du conseil, étendait encore les pouvoirs du général. Le ministère lui rappelait pompeusement qu'il était le représentant du Roi, qu'il avait droit aux honneurs réservés aux lieutenants du souverain. Un régiment et quelques millions eussent mieux fait l'affaire de l'abandonné.

Il vit l'horreur de sa situation. Dire la vérité à l'armée et à la ville, c'était rendre la capitulation immédiate. Il valait mieux mentir, adresser un dernier appel à d'Aché, assurer la vie d'un mois par des réquisitions implacables, opérées dans toutes les maisons sans en excepter la sienne, enfin se réconcilier avec le conseil, en mettant sous le pied les frémissements de l'orgueil. C'est le parti auquel il s'arrête; mais là encore il se trompe. D'Aché ne répondra pas à l'appel. Les réquisitions exercées à domicile ne donneront qu'un mois de vivres et le conseil se refusera à tout rapprochement.

En vain Lally et le gouverneur supplient tour à tour le conseil d'oublier le passé, d'abdiquer tout ressentiment, de n'avoir plus qu'une pensée, le salut de Pondichéry, qu'un mot d'ordre, l'union, ils n'obtiennent que des gestes de méfiance et des paroles furieuses contre les perquisitions à domicile. Lally ne se décourage pas encore. Il veut tenter une dernière démarche; mais, en homme aveuglé par le destin, l'ambassadeur qu'il choisit pour prêcher la concorde, ce n'est pas l'ange de la paix, non! c'est l'esprit le plus propre à attiser les haines, c'est le Père Lavaur.

Ce démon court chez les conseillers, se démène si bien qu'après quelques heures chacun proclame tout haut ce qu'il n'osait penser tout bas, c'est que les ordres montrés par Lally comme venant de Versailles sont apocryphes, ont été forgés pour les besoins d'un général aux abois. Des conseillers forment aussitôt le projet de faire arrêter Lally; ils poussent l'impudence jusqu'à demander l'appui du gouverneur. Il faut la colère et l'autorité de celui-ci pour empêcher l'exécution du complot. Lally, exaspéré, fait dresser sur les places de la ville des gibets et des roues. Il menace d'y faire accrocher les rebelles, de quelque condition qu'ils soient.

Cependant la famine devient terrible. Lally prend le parti cruel d'expulser les Indiens, qui mangent et ne se battent point. Il les fait conduire en dehors des remparts et fait fermer les portes. Pendant de longs jours, ces malheureux vont du camp anglais aux glacis de la forteresse, sans cesse repoussés de l'un à l'autre, sans cesse revenant comme une marée humaine. Une moitié périt de faim. Les Anglais ont pitié de l'autre et la laissent passer.

Mais ces mesures désespérées ne pouvaient que retarder de quelques heures le sort de Pondichéry. Il n'était même plus possible de reculer par des sorties le moment de la capitulation, tant les ouvrages anglais élevés autour de la place étaient redoutables. Une seule chance restait; la tourmente qui sévissait dans la mousson d'octobre à janvier. Elle seule pouvait disperser la flotte anglaise, rendre la mer libre. Lally attendait la tempête depuis trois mois et ne l'espérait plus. Tout à coup, dans la nuit du 1er janvier, l'ouragan éclate. Il renverse les maisons, inonde les terres, les couvrant de sables et de débris. Le vent emporte une partie des vaisseaux anglais vers la haute mer avec la vitesse d'un boulet. Des lumières apparaissent un instant sur les eaux, quelques coups de canon résonnent encore, puis on n'entend plus que le rugissement du vent et des vagues.

A la pointe du jour, Lally voit la rade sans un seul bâtiment. Il espère; il renaît; il dépêche embarcation sur embarcation; il envoie dans tous les comptoirs voisins une lettre circulaire : « L'escadre anglaise n'est plus; des douze vaisseaux qu'ils avaient dans notre rade, sept ont péri, quatre sont démâtés. Une seule frégate à échappé. Ne perdez pas un instant pour nous envoyer doubles chelingues sur doubles chelingues, chargées de riz... Maintenant, l'escadre de Sa Majesté va être maîtresse des mers de l'Inde... Risquez tout, tentez tout, forcez tout... »

Lally contemple avec ivresse les épaves qui affluent à la côte. Il s'écrie que c'en est fait de la flotte anglaise, que Pondichéry est délivré. Quatre jours se sont écoulés depuis le commencement de la tempête! Tout à coup il aperçoit, se profilant sur le miroir des eaux, des taches aux formes encore indécises; bientôt elles s'accentuent. Il reconnaît avec désespoir la voilure des bâtiments anglais. Les marins de la Grande-Bretagne ont triomphé de la tempête. Ils ramènent leurs vaisseaux devant Pondichéry. Et le soir Stevens avec ses navires ferme de nouveau la rade.

C'en est fait. Pondichéry est perdu. Le siége dure depuis cinq mois. Il reste environ quatres livres de riz par soldat. Il faut capituler, et en hâte, sinon on court à quelque effroyable catastrophe, à la mort de l'armée et des habitants. Lally écrit au gouverneur pour le sommer d'assembler le conseil et de dresser les articles de la capitulation. « Ce ne sont point, s'écrie-t-il, les troupes seules qui capitulent, c'est une colonie. Êtes-vous résolus d'abandonner les habitants à la merci des vainqueurs? »

Le gouverneur répond que l'ordre est conçu en termes trop vagues, qu'il faut savoir si le général exige que le conseil se mêle de la capitulation. Après de nouvelles instances de Lally, le conseil s'assemble pour une délibération passionnée et somme le général de « ne pas capituler, mais de demander une suspension d'armes ».

Proposer cela au général Coote, c'était ridicule, c'était s'exposer à un refus certain. Et que ferait-on alors? Tenir quelques jours et puis ouvrir les portes et rendre à discrétion l'armée et la place!

Lally en appelle à un conseil de guerre, pendant que le *parlement* colonial se réunit de son côté. Lally propose aux officiers de rédiger une capitulation en forme de déclaration. On rendra Pondichéry à Sa Majesté Britannique, non à la Compagnie; *on ne prononcera sur le sort de la ville qu'après la paix*. Les habitants garderont leurs propriétés et le libre exercice de la religion catholique. Tous, soldats et habitants, seront prisonniers de guerre, aux termes du cartel, c'est-à-dire qu'il suffira de payer rançon ou d'être échangé pour être libre.

Le conseil colonial de Pondichéry dressait en même temps des articles. Le premier portait qu'il y aurait « une suspension d'armes pendant quinze jours, pour laisser à Pondichéry le temps d'être secouru, et que s'il ne l'était pas d'ici à ce temps, il passerait alors sous la domination britannique ». Le second portait que « pendant ces quinze jours Coote nourrirait Pondichéry ».

C'était, quoiqu'elle hante habituellement aux jours de malheur les comités de défense, la plus grotesque des illusions. Le conseil était-il assez aveuglé pour penser que Coote consentirait à ravitailler une ville qu'il s'efforçait d'affamer depuis cinq mois?

Lally biffait les deux articles principaux et écrivait en marge du projet : « Ces deux articles sont ridicules à imaginer et fous à proposer. »

Le chevalier Dure et le Père Lavaur, ces deux hommes néfastes, l'un par son incapacité, l'autre par ses trahisons, furent chargés de remettre au commandant anglais le projet de capitulation.

« On me propose, dit Coote, d'accorder à une place réduite à la dernière extrémité les conditions qu'une forteresse dans le meilleur état de défense pourrait obtenir. En vérité, ces gens-là sont fous. Ils demandent que la garnison anglaise relève simplement la garnison française jusqu'à la paix? » A son tour il formule ses volontés : Il exige la reddition pure et simple de l'armée. Il est le maître. Le vaincu n'a pour l'adoucir d'autre ressource que la prière. Lally sait que Coote est généreux. Il l'implore et le décide à déclarer que les particuliers conserveront leurs effets, qu'on ne démolira point Pondichéry, parce que c'est une conquête royale et que le souverain de la Grande-Bretagne doit seul en décider. Mais le gouverneur de Madras, Pigot, a des vues opposées. Il veut raser la ville de fond en comble. Il ne reconnaît aucune des stipulations que Coote et Lally ont contractées. « Qu'on me remette la ville, écrit-il au commandant des troupes anglaises, sinon je ne fournirai ni solde ni vivres. » Coote et Lally cèdent en protestant contre « l'insulte faite à la prérogative royale. » Ainsi la capitulation est violée avant d'être exécutée! Et le gouverneur de la Compagnie anglaise donne l'ordre de conduire, le 18 janvier, Lally prisonnier à Madras.

Cependant à Pondichéry les têtes s'enflamment. Des bandes, l'écume de l'armée et de l'administration, parcourent les rues en hurlant contre Lally, ce traître qui a vendu la ville et s'en va chargé de trésors immenses. Elles stationnent devant la porte du fort, où Lally a son logement. Tout à coup les battants s'ouvrent et Lally moribond, porté sur un lit, apparaît aux yeux de cette foule rendue féroce par l'eau-de-vie qu'elle a bue dans les heures d'attente. Des imprécations retentissent, et cette cohorte de séditieux se jette sur le général. Celui-ci se redresse, le pistolet à la main, et ordonne d'une voix faible aux quatre gardes qui l'accompagnent d'armer leur mousqueton. Les bandits hésitent une minute. C'en est assez pour donner à des hussards anglais le temps d'accourir, sabre au poing. Lally est sauvé.

Un quart d'heure après, le chevalier du Bois, intendant de l'armée, est assassiné à sa sortie du fort. On le dépouille, on traîne son cadavre. On lui refuse la sépulture. Le procureur du Roi Boyelleau ne pense pas à rechercher les coupables, il ne songe qu'à mettre les scellés sur les papiers; on ne les a jamais revus. Tout le monde savait que cet intendant, en sa qualité de fonctionnaire du Roi, avait tenu une foule de notes et de procès-verbaux sur l'administration, sur les abus, les prévarications des employés civils ou militaires.

Lally, en arrivant à Madras, s'élevait en protestations contre les procédés de Pigot; celui-ci, qui détestait personnellement le général, ne répondait pas; il se complaisait à accabler de mauvais traitements, d'avanies sottes le général vaincu. Il faisait fouiller les coffres de celui-ci, espérant y recueillir un trésor; il n'y trouvait que des habits. Il faisait arrêter à la douane de Madras les bagages de Lally; il poursuivait de sa haine tous les officiers ou marchands suspects de lui être attachés. C'était une jouissance pour Pigot de mortifier son prisonnier. Coote en rougissait et protestait hautement pour l'honneur de l'Angleterre et de l'humanité. « J'ai assez de force, écrivait-il à Lally, pour supporter patiemment les insultes qui ne s'adressent qu'à moi; mais toute ma philosophie m'abandonne quand ils font passer par vous les traits infâmes qu'ils destinent à me percer. »

Le 5 mars 1761, Pigot signifia à son prisonnier d'avoir à se tenir prêt pour partir dans quatre jours. Lally, à peine convalescent, demandait un répit d'une ou deux semaines; Pigot refusait et, le 10 mars, l'envoyait prendre par un détachement de cinquante hommes.

On l'embarquait de force sur un navire marchand, où il n'y avait même pas une cabine pour un passager. On l'empêchait de faire transporter à bord quelque provision que ce fût; on lui refusait même la faculté d'emporter du vin! Pendant trois mois, jusqu'à Sainte-Hélène, il fut réduit à la viande salée des matelots.

Tranquille enfin, l'orgueilleux et vindicatif Anglais s'achemine entouré d'un appareil triomphal vers Pondichéry à peu près désert, et procède, le cœur enivré de joie, à la démolition d'une ville qui l'avait tant de fois fait trembler. Il fait raser les maisons, les palais, les églises; il applaudit à chaque pierre qui tombe et s'écrie : « Ainsi les Français ruinèrent Saint-David! »

CHAPITRE IX

PROCÈS ET EXÉCUTION.

Colère de l'opinion à Paris. — La tactique des conseillers. — Lally considéré comme un traître. — Les attaques contre lui. — Le ministre cherche à étouffer l'affaire. — Les conseillers demandent un tribunal. — Bussy se prononce en faveur du procès. — Le journal du Père Lavaur. — Lally à la Bastille. — Premières lettres du Roi. — Le Parlement juge de Lally. — Première instruction. — Tactique des légistes. — Seconde instruction. — Les dépositions des témoins. — Partialité de l'information. — Erreurs grotesques. — Le rapport de Pasquier. — La défense de Lally. — Sa condamnation. — Son supplice. — Conclusion.

La chute des établissements français de l'Inde retentit douloureusement à Paris, encore sous le coup de l'émotion produite par la perte du Canada. Le patriotisme se sentit humilié à la pensée que l'Angleterre nous enlevait du même coup nos deux plus belles colonies; la France était presque le même jour chassée de l'Asie et de l'Amérique! Deux armées françaises capitulaient en même temps aux deux extrémités du monde! Il y eut une explosion de colère; l'orgueil national chercha à se consoler en trouvant des coupables. Et, certes, il y en avait! Mais lesquels? On voulut savoir. On rechercha avec avidité les lettres qui arrivaient de l'Inde. La passion y trouva l'aliment à ses fureurs, car toutes émanaient du parti hostile au général.

Toutes accusaient Lally, toutes le représentaient comme un génie de ténèbres, effroyable amalgame de méchanceté, d'envie, de ruse, de perfidie, toutes le dénonçaient comme un traître. « L'instrument dont Dieu s'est servi, écrivaient les Jésuites, pour châtier les crimes des Français, c'est cet Irlandais... chargé de trésors immenses, qui poursuit l'effronterie jusqu'à s'écrier, — comme on le prétendait à Pondichéry, — qu'il ne laisserait aux colons que les yeux pour pleurer. » La majorité des conseillers affirmaient avec moins de mysticisme, mais avec autant de fiel, que le général avait vendu l'Inde aux Anglais; que le désastre était le résultat d'un plan infernal, conduit avec l'habileté mathématique qu'un joueur consommé met à assurer le gain d'une partie d'échecs. Et, par une sorte de fatalité, pas un mot des officiers de l'état-major, pas une ligne de d'Estaing ou de Crillon pour rétablir la vérité, pour faire rentrer sous terre la calomnie et la sottise! Dès lors la conviction de la foule fut faite. La trahison de Lally devint un article de foi. Faire revenir l'opinion, c'était désormais un travail plus effrayant à entreprendre que ceux d'Hercule lui-même.

Les conseillers, à leur arrivée, trouvèrent donc un terrain admirablement préparé pour leurs manœuvres, et une tactique indiquée; ils n'avaient qu'à exaspérer les passions. On les accueillait comme des victimes; on les écoutait comme des prophètes. L'administration fit la faute de leur communiquer les lettres où Lally dénonçait aux ministres les concussions et l'hostilité du conseil. A la lecture de ces accusations si précises dans leur âpreté, ils prirent peur, et la peur les rendit féroces :

leur tête était en jeu. Perdre Lally était le seul moyen de la sauver.

Ils entamèrent contre l'absent la guerre la plus acharnée. Ce fut un débordement de factums, de « mémoires », de « souvenirs », de « correspondances » pour soulever Paris contre le général.

Un des plus violents parmi ces libelles, c'était le mémoire du conseiller Le Noir. Il avait fait, lui aussi, son journal, et Dieu sait ce que cet homme, à l'affût de tous les commérages, y avait entassé de noirceurs et de calomnies. Il ne se faisait pas une opération, il ne s'écrivait pas une lettre qu'il ne l'enregistrât avec une glose de sa façon. Et quelle glose! un tissu d'absurdités, d'interprétations haineuses, et avec cela un grand nombre de documents authentiques qui masquaient d'un semblant de vérité les déclamations les plus mensongères.

Il donnait le tarif de toutes les places prises par l'ennemi à tant chacune. Lally avait vendu Mazulipatam, vendu Chetoupet, vendu Arcate, vendu tout, même les approvisionnements, à *ses chers Anglais*. Il avait pris des engagements pour leur vendre Pondichéry bien avant la reddition de la place, et *l'argent* était prêt depuis longtemps. Il n'avait assiégé Madras que pour vendre au gouverneur Pigot l'honneur de défendre la place. Bien plus, il n'avait imposé des conditions si dures au fort Saint-David que pour forcer le gouverneur anglais à les refuser et pour lui procurer, — lui vendre sans doute! — l'honneur d'une belle défense; malheureusement, le gouverneur n'avait pas entendu à demi-mot et s'était lâchement rendu.

Toutes ces absurdités étaient émaillées d'apostrophes, d'imprécations. Les épithètes de monstre, de scélérat, de bête féroce, revenaient à chaque page; Lally était un possédé, le diable résidait en lui. Le superstitieux conseiller terminait son roman par une apostrophe lyrique : « Lally, l'argent est votre dieu, implorez-le bien; nous verrons s'il vous sauvera. Pour le nôtre, il est au ciel, et nous espérons de sa miséricorde que, malgré votre malice, il nous sauvera, si c'est sa sainte volonté[1]. »

La presse ne suffisait pas à l'activité de leur haine. Ils avaient recours à la parole pour exploiter à leur profit le désespoir des actionnaires entièrement ruinés. Dans des réunions, au siége de la Compagnie, ils prononçaient, sous prétexte d'exposer les faits, des discours violents qui étaient à la fois l'apologie de leurs actes et le réquisitoire le plus venimeux contre l'*Irlandais*. Ces appels à la vengeance, véritable *Marseillaise* des écus, soulevaient l'auditoire, qui sortait enfiévré pour colporter dans Paris sa rage et ses revendications.

Lally, qui n'avait pu obtenir de l'Angleterre sa mise en liberté et était prisonnier sur parole depuis le 23 septembre 1761, arrive au moment où l'ardeur des passions atteignait au paroxysme. Il dédaigne de répondre aux pamphlets et aux déclamations de ses ennemis. S'il doit justifier de sa conduite, c'est devant le Roi, non devant Paris. De vive voix et par écrit il expose donc au ministre ses opérations et, au courant du récit, il renouvelle avec amertume ses plaintes contre

[1] Mémoire de Le Noir.

les fonctionnaires de la Compagnie. Il dénonce leurs vols. Il les accuse de l'avoir acculé à la capitulation par la perfidie de leurs manœuvres. Il n'épargne personne. Il s'écrie qu'il a été le représentant du Roi, le commissaire de la couronne, et que c'est au nom de ce personnage sacré qu'il demande le châtiment des coupables... Il conclut en réclamant lui-même l'examen le plus rigoureux de ses actes, en défiant qui que ce soit d'y trouver un autre mobile que l'amour du bien public...

Le ministre voulait étouffer l'affaire; il promettait justice au général, lui recommandait le silence. Lally, en soldat discipliné, s'inclina et se tut.

Les conseillers, forts du mutisme de leur adversaire, de l'appui de Paris, résolurent de prendre l'offensive. Le 3 août 1762, ils adressèrent au Roi une requête formelle pour demander justice, vengeance des vexations, outrages, accusations de Lally, et supplièrent Sa Majesté de leur indiquer un tribunal. En même temps ils dénoncèrent Lally au ministre par un mémoire dans lequel ils articulaient neuf chefs d'accusation. M. de Leyrit, l'ex-gouverneur de l'Inde, jusque-là en dehors de la cabale, prend parti pour les conseillers. Bussy, enfin, se joint à la troupe des accusateurs.

Bussy, revenu en mars 1761, n'avait point perdu de temps pour asseoir fortement son influence; sa grosse fortune était venue en aide à son habileté ordinaire. Il s'était allié à la famille du duc de Choiseul, par son mariage avec une fille de cette maison, alors si puissante. Il était très-bien en cour et avait pris de l'ascendant sur le ministre; en tête-à-tête avec le duc, il s'était expliqué sur les causes qui avaient amené la capitulation de Pondichéry, blâmant Lally avec une modération de langage qui donnait au réquisitoire une portée redoutable. Quoiqu'il eût eu communication des lettres écrites de Pondichéry à Silhouette, à Godeheu, à Boullongne, où Lally le dénonçait comme le plus faux, le plus pillard, le plus funeste des hommes, où il allait jusqu'à dire : « De tous les grands criminels condamnés au supplice de la roue, il n'en est pas un dont les crimes approchent de ceux de Bussy », il avait eu la force de dissimuler sa fureur et son ressentiment.

Il n'avait rien publié contre son rival. On savait qu'il avait en main une foule de lettres et de rapports de nature à éclairer les actes de Lally. On n'ignorait pas ses griefs; il y faisait lui-même de fréquentes allusions, mais il gardait l'attitude réservée, expectante d'un homme dont la haine n'a pas désarmé et qui guette sa proie en calculant ses mouvements pour la mieux saisir. Quand il apprit la requête des conseillers au Roi, il s'écria que c'était l'occasion tant attendue, et il écrivit officiellement à la Compagnie, le 30 août 1762 : « Messieurs, vous n'avez peut-être pas encore oublié le mémoire que j'ai eu l'honneur de vous adresser, pour vous prier de me communiquer les accusations que l'on a pu porter contre moi. Aussi certain de leur absurdité que de ma propre existence, je n'ai souhaité, je ne demande autre chose, sinon qu'elles me fussent communiquées, pour confondre le calomniateur qui se trouvait dans l'impossibilité de rien prouver de ce qu'il a osé avancer avec autant de noirceur que de témérité, parce que l'imposture la mieux réfléchie et la plus préparée ne peut pas prouver ce qui n'est pas. Quand j'ai vu que l'on se refusait à une demande si juste et si naturelle, j'ai été forcé de croire que l'on ne jugeait pas à propos de me communiquer des accusations enfantées dans le délire d'un homme aveuglé par la passion... D'un autre côté, si ces accusations étaient regardées comme non avenues... la grâce qu'elles avaient suspendue ne devait pas être anéantie, et cependant on ne me remettait pas le brevet de maréchal de camp que Sa Majesté avait daigné m'accorder sur vos propres représentations...

« La mort s'est présentée à moi sous tant de formes et en tant d'occasions, que j'ai appris à ne pas la craindre; mais je n'ai pas appris à braver la honte et le déshonneur. Les calomnies de M. de Lally ne peuvent me rendre indigne des grâces de mon Roi... Si ce ne sont pas des calomnies, dignes seulement de mépris et d'un profond oubli, mais des accusations qui méritent d'être examinées aux risques de l'accusateur et de l'accusé, *dont l'un ou l'autre mérite la mort,* je me soumets à cet examen et je le demande.

« Je sçais, Messieurs, que les calomnies dont je me plains sont consignées dans vos registres ; qu'elles y soient tracées de mon sang si je suis coupable, ou qu'elles soient effacées par le sang de mon calomniateur.

« ... Il importe peu à la Compagnie qu'elle puisse distinguer l'innocent du coupable. Ce n'est point sur des mémoires ou des écrits contradictoires, où chacun peut se donner raison, qu'elle doit porter un jugement décisif. La colonie presque entière est à Paris. Que l'on interroge juridiquement les témoins oculaires de tout ce qui s'est passé dans l'Inde; qu'on désigne un tribunal pour recevoir ces témoignages, et que l'on examine sérieusement une affaire aussi importante et qui intéresse tout l'État... Si vous avez des raisons pour ne pas me communiquer les accusations dont je suis l'objet, j'en ai de mon côté qui exigent absolument que j'en sois instruit et je serais forcé de vous faire à ce sujet une sommation juridique... »

L'effet de la lettre était terrible. On déclarait partout qu'il fallait faire la lumière, punir les coupables. Le mot d'ordre des conseillers, ce fut dès lors: Notre tête ou celle de Lally. Malgré l'opposition du ministre des finances, Bertin, qui ne voulait point d'un procès et écrivait au général : « Quand j'aurai rendu compte au Roi, votre affaire n'aura plus de queue », Choiseul déclarait qu'il était absurde de songer à résister à un courant d'opinion si puissant, qu'il fallait lui donner satisfaction, et le duc, qui cumulait les fonctions de ministre de la guerre, signait, le 1er novembre 1762, une lettre de cachet pour enfermer Lally à la Bastille.

Quoique sollicité par des amis mêmes du duc, Lally refusait de s'enfuir. Il écrivit à Choiseul : « J'apporte ici ma tête et mon innocence », et, le 5 novembre, alla se constituer prisonnier à la Bastille.

Dix-huit mois s'étaient écoulés depuis l'exécution de la lettre de cachet. Aucun magistrat n'avait interrogé Lally. Celui-ci avait demandé à être jugé par un conseil de guerre composé de généraux. On n'avait pas répondu à la requête. Le prisonnier embarrassait le gouvernement. Le ministère espérait « que le temps sécherait les boues de Pondichéry » et qu'on oublierait, quand tout à coup un fait imprévu vint rallumer les passions. Le Père Lavaur mourut. Ce fut l'occasion d'une recherche dans les papiers de ce moine. Au cours de la perquisition, le procureur général au Parlement trouva dans la cassette du Jésuite, à côté d'une somme d'un million quatre-vingt mille livres, le journal[1] contre Lally. Le procureur général lut cette diatribe; il y vit l'évidence même, la preuve irréfragable de la trahison. Aussitôt, il adresse au Roi une plainte en règle « contre le sieur de Lally, dénoncé sur les faits d'abus d'autorité, malversation, déprédation, même de haute trahison, pour être le procès fait et parfait audit sieur de Lally, ses complices et adhérents ».

Le mémoire du Père Lavaur, on le sait, c'était un recueil de calomnies fait avec un art raffiné, une étude réfléchie; tout s'y tenait en apparence et pourtant ce n'était qu'un tissu de commérages et de mensonges enchaînés par un talent habile à rendre indubitable ce qu'il présente en même temps comme incertain. Le juge qui eût voulu analyser impartialement le mémoire, en eût bien vite reconnu la fausseté; il y avait tant d'absurdités, tant de faits dénaturés, tant de morceaux grossièrement cousus et se détruisant l'un l'autre, tant de contradictions! Un lecteur inconnu avait même eu le soin de signaler en marge du manuscrit quelques odieuses erreurs.

Qu'on juge par quelques extraits tirés de ce journal de la hardiesse et de l'énormité des condictions. Est-on

[1] Archives nationales. *Procès de Lally*, 1396 X²B.

à l'instant du conseil mixte assemblé par Lally pour y proposer le siége de Madras, on lit : « Le général ouvrit la séance par un mémoire, où il s'efforça de prouver que, Madras une fois pris, on aurait des vivres, de l'argent, du crédit. Personne n'en doutait, et, une fois le principe admis, rien n'était plus certain ; mais tout le monde ne convenait peut-être pas qu'il fût si aisé d'exécuter ce qui servait de principe à la harangue. » Ouvre-t-on le journal au récit de la levée du siége de Madras, on est frappé par cette affirmation si nette : « Il n'eût tenu qu'à M. de Lally de prendre Madras [1]. »

Est-il question de la marche du général sur cette ville, le Père Lavaur peint Lally comme enfiévré du désir d'enlever la place : « Environné de deux mille neuf cents Français et de quatre mille noirs, suivi de vingt-deux pièces de campagne, de quatre de dix-huit, il envahissait d'avance en idée tout le territoire des Anglais, prenait Madras et chassait son ennemi de toute l'étendue de l'Inde. Il lui tardait déjà de venir à l'exécution de son vaste projet. L'abondance excessive de la pluie, les boues extraordinaires dont les chemins étaient remplis, le mécontentement de la troupe, dont quelques-uns désertaient pour se rendre à l'ennemi, ne lui parurent pas devoir le remettre même de quelques jours. Lally prétendait pouvoir assurer que Madras ne lui échapperait pas; il se flattait à tout propos de cette espérance. » Arrive-t-on à la narration des difficultés du siége, Lally n'est plus qu'un traître qui se réjouit

[1] Journal du Père Lavaur. Archives nationales. Parlement; procès criminel de Lally, 1396 X²B.

de la lenteur des travaux, qui cherche tous les moyens pour faire échouer l'opération. « M. le général n'eût assurément pas mieux choisi son point d'attaque s'il eût consulté le gouverneur de Madras. Cependant la vivacité de notre tir en imposait à l'ennemi, qui ne répondait plus que de dix à douze pièces. » C'était sans doute sous l'inspiration de l'ingénieur Dure que le Père Lavaur avait écrit ces mensonges!

« De nouveaux ordres donnèrent à l'ennemi les moyens et le temps de réparer le mal qu'il avait souffert. Le 10, on ne se trouvait guère plus avancé que le premier jour. Le général ne put s'empêcher de s'en apercevoir; s'il n'en fut pas fâché, du moins le parut-il. Le coupable n'était pas loin; on l'allait chercher partout où il n'était pas. »

Le Père Lavaur raconte-t-il la prise d'Arcate par Lally, il a bien soin de rabaisser le fait d'armes, de déclarer « que le fort d'Arcate n'est pas bien fortifié, et que la place en elle-même est peu de chose » ; mais quand il parle de la reprise de cette ville par les Anglais, il change de ton : « La force de la place ne fut pas capable d'arrêter la hardiesse de l'ennemi. »

Lit-on le récit de la révolte des troupes, le Père Lavaur affirme au commencement de la page que « c'était le moindre des soucis du général que les choses en vinssent à ce point » ; et en bas de cette même page il affirme que « le général fut abasourdi de la nouvelle. La rage et la fureur le saisirent tout à coup. Les yeux étincelants et la bouche écumante, ce n'était qu'avec une espèce d'horreur qu'on le voyait, tantôt courant d'un bout de sa chambre à l'autre, tantôt se culbutant de son lit comme un désespéré, tantôt criant à pleine voix, tantôt gémissant et pleurant comme un enfant. Il donna à craindre pour son cerveau. » Ici le mensonge n'est plus seulement odieux, il est ridicule. Pour en être convaincu, il suffit de lire la proclamation de Lally aux troupes révoltées et la déposition de Crillon.

Le Père Lavaur décrit-il les fouilles opérées dans les maisons pendant le siége, c'est d'abord une peinture du pillage que Lally ordonne en furieux, «des violences, des recherches forcées, des injustices criantes, des portes enfoncées, des meubles enlevés, des marchandises transportées, le sac de Pondichéry par une soldatesque effrénée. Les soldats s'appropriaient tout ce qui leur tombait sous la main ». Et quelques lignes plus loin, le Père Lavaur déclare tout le contraire : « On doit dire, s'écrie-t-il, à la gloire des soldats autorisés à fouiller dans les maisons, qu'ils n'en abusèrent pas et que le général trouva mauvais plus d'une fois qu'ils n'usassent point de la liberté qu'il leur avait donnée. »

Tantôt il représente Lally comme ordonnant le pillage, s'écriant : « Admirez le désintéressement de mon soldat; il ne veut pas piller les maisons que je lui abandonne à discrétion! » Tantôt, au contraire, il le montre « lançant les ordres les plus sévères contre tous ces désordres ».

Selon la page qu'on a sous les yeux, Lally est tantôt un ami indulgent pour les Anglais, tantôt l'adversaire le plus cruel : « L'ennemi profitait de la bonne volonté dont M. de Lally lui donnait tant de preuves. Le général ménageait les Anglais, il avait des bontés pour eux. » Et au verso, on lit avec étonnement : « Le général était enchanté de consterner les Anglais. Les dispositions où était M. de Lally ne faisaient qu'animer les ennemis à la plus vigoureuse résistance. Ils aimaient mieux se faire massacrer sur la brèche que de tomber entre les mains de Lally. »

Est-il question de l'investissement de Pondichéry, des contradictions aussi fortes s'étalent cyniquement : « Lally se voyait, non sans complaisance, à même de ne laisser aux habitants que des yeux pour pleurer. Après la prise des limites, il eut soin que la joie qu'excita en lui une pareille vue n'éclatât au dehors. L'ennemi commença à tirer; M. de Lally ne put s'empêcher d'en marquer sa joie. » Quelques alinéas plus loin, le général est peint sous les traits d'un homme accablé à la pensée des Anglais bloquant Pondichéry. « Il était en proie à une espèce de chagrin et de désespoir qui l'avait mis hors de lui-même. Dans l'excès de son désespoir, on l'entendait crier comme un forcené : « C'en est donc fait, Pondichéry n'est plus, nous allons devenir la proie des Anglais! » Il poussait des hurlements. »

Le Père Lavaur parle-t-il de l'ouragan qui précéda de quelques jours la reddition de Pondichéry, qui dispersa la flotte anglaise et inonda les terres, tout d'abord il s'écrie avec emphase : « Que l'on eût seulement fait sortir quatre cents hommes, c'en était fait des Anglais. Tout, jusqu'à dix heures, fut en confusion dans leur camp. On demandait de tous côtés à sortir sur l'ennemi. Il ne dépendait que de nous de faire l'armée anglaise prisonnière et de reprendre le pays perdu.

« M. de Lally jugea autrement, et tout Pondichéry vit clairement enfin qu'on était livré. » Plus loin, à propos de l'ordre donné deux jours après la tempête pour briser les fusils, jeter les canons à la mer, noyer les poudres, il tient un autre langage et montre ces mêmes soldats, qu'il aurait voulu voir jeter sur le camp anglais, « épuisés de force, exténués par la faim qui les dévorait, enflés par tout le corps, ayant peine à se soutenir, d'une faiblesse qui les mettait hors d'état même de défendre la place, sans artillerie, car les canonniers sont réduits à l'impossibilité de servir les pièces, par l'état de faiblesse où ils sont tombés faute de nourriture. »

Il affirme que « Lally avait donné parole au général Coote de lui livrer Pondichéry ». Mais, par malheur, en voulant trop prouver, il s'embrouille. Ainsi, au début du résumé qu'il trace des pseudo-pourparlers de Lally avec Coote, il donne la date du 15 octobre comme fixée pour la livraison de la place. Plus loin, — il a oublié, — il dit que le 22 octobre était le jour arrêté. Enfin la date change encore : « La perte de Pondichéry avait été fixée pour la fin de décembre. »

Si les contradictions sont nombreuses, les mensonges et les absurdités fourmillent. Au moment du siége du fort Saint-David, Lally, selon l'autorité du Père Lavaur, assemble les officiers d'artillerie et leur tient ce discours : « Je suis impatient, Messieurs, de la lenteur avec laquelle on me sert à Pondichéry. Je ne veux plus attendre l'arrivée des munitions; elles viendront à mesure, fallût-il pour cela arrêter Leyrit et ses conseillers. Je suis pressé de terminer cette entreprise; je ne veux pas rester éternellement devant cette place.

« Je suis donc déterminé à attaquer de vive force, à l'entrée de la nuit, tous les postes extérieurs qui sont dans la partie du nord... D'ailleurs, que savons-nous? cela nous mènera peut-être plus loin que nous ne pensons. Je suis heureux. Le dieu du hasard... » Pourquoi Lally aurait-il réuni les officiers d'artillerie pour leur parler d'un projet d'attaque où ceux-ci n'avaient que faire, car l'enlèvement de postes extérieurs se fait avec de l'infanterie? Quand Lally prit d'assaut les quatre forts qui couvraient Saint-David, il donna en militaire sensé l'escalade avec ses fantassins et non avec ses artilleurs. Mais ce discours, le Père Lavaur ne l'avait écrit que pour le mot de la fin : le dieu hasard! afin de prêter à l'objet de sa haine la parole de l'homme le plus léger. Citons comme dernier exemple des mensonges et des absurdités dont fourmillent ce journal odieux le récit de la scène qui suivit la tentative d'empoisonnement dirigée contre Lally. Il avait pris son gruau, sa seule nourriture, et avait été saisi de convulsions violentes. « La scène singulière que le général donna certain jour, écrit le Père Lavaur, mérite qu'on en fasse le détail.

« Ce fut vers les six heures du soir qu'un transport furieux le saisit tout à coup dans sa chambre. La crainte que ses cris et ses hurlements inspirèrent aux assistants, les engagea à courir aux Jésuites pour appeler le R. P. Lavaur. Celui-ci accourut aussitôt. Le général n'avait pas tout à fait perdu la raison et en eut assez pour le reconnaître. « Approchez, s'écria-t-il, Père Lavaur, approchez; pour vous tous, allez-vous-en, sortez d'ici. Je ne veux pas que personne y reste. Qu'on me laisse seul avec le Père. » Notez que le ton sérieux dont il s'exprimait était accompagné de mille postures extravagantes qu'il faisait sur son lit et qui lui donnaient l'air d'un convulsionnaire.

« Quand tout le monde fut sorti, hors le Père, il se laissa aller sans réserve aux transports de la plus vive et de la plus extravagante douleur. « C'en est donc fait de Pondichéry! Pondichéry est perdu, Pondichéry n'est plus! Pondichéry va être aux Anglais! Que je suis malheureux! Ah! Pondichéry! Pondichéry! Que n'ai-je la force de me tuer! Oui, je suis un poltron. Eh bien! qu'on me tue, qu'on m'empoisonne, qu'on m'assassine, sans cela Pondichéry est perdu; qu'on me tue, mais qu'on ne me fasse pas de mal. Que ne puis-je me tuer moi-même! Ah! préjugés de la religion, que vous êtes terribles! »

« On ne perdait pas, dans les environs de la chambre, une seule des impressions du général, et chacun en frémissait, tandis que le Père Lavaur n'épargnait rien pour calmer une fureur dont *la proximité du général lui fit bientôt connaître le principe, et que le temps seul ou le sommeil pouvait faire cesser*. La conjecture du Père Lavaur se trouva vraie, les fumées se dissipèrent et la fureur tomba.

« Ainsi se donnait en spectacle assez souvent un homme dont dépendait le sort de Pondichéry, l'honneur de la nation, le profit de la Compagnie et la gloire du Roi. Il faut cependant convenir que ces excès n'étaient pas toujours portés au dernier période; mais aussi il est vrai que c'était du plus au moins, que les ordres qu'il donnait s'en ressentaient. »

Eh bien, tout ce récit, où l'on a rassemblé avec art et patience les détails les plus petits et les plus typiques afin de donner à la scène les couleurs de la vie et de la vérité, est faux d'un bout à l'autre. Lally n'était pas ivre ce jour-là, pas plus que les autres jours. Moracin, qui n'est pas suspect de tendresse pour Lally, qui, dans le procès de ce dernier, fut un des témoins les plus acharnés contre lui, qui était dans la chambre du général, ne fait dans sa déposition même pas allusion à cette prétendue ivresse et déclare uniquement que « Lally se roulait, jetant des cris et disant qu'il était empoisonné. »

Que dire du discours absurde que Lavaur prête à Lally, « qu'on m'empoisonne ; qu'on me tue ; qu'on ne me fasse pas de mal » ? que ce sont paroles incohérentes d'ivrogne? Mais puisqu'il n'était point ivre, qu'aucun témoin, pas même Michelard, n'a fait la moindre allusion à la prétendue intempérance du général, quel intérêt avait donc Lavaur à travestir en contorsions d'alcoolique les convulsions d'un malade? car il n'y a aucun doute sur le fait, que ce jour-là Lally fut en proie à d'effroyables douleurs, s'il n'est pas prouvé qu'un poison lui eût été versé.

Et c'est ce fatras d'absurdités, ce tissu de contradictions, ce ramassis de commérages, ce monument de mensonge et de haine, qui, à l'éternelle honte du Parlement, servit de base à toute l'accusation dirigée contre Lally.

Mais, dira-t-on, l'autre journal, celui qui était l'apologie des actes de Lally, l'accusation a dû le produire, la défense s'en servir ! Non ! il n'a pas figuré au dossier. Si l'accusation en a eu connaissance, la défense l'a ignoré : il a disparu. On n'en a pas parlé dans le procès;

et pourtant il ne peut y avoir aucun doute sur l'existence de ce document. Le marquis de Montmorency, maréchal de camp, syndic de la Compagnie des Indes, qui fit toute la première partie de la campagne avec Lally, qui assista au siége de la ville de Tanjaour, vit et lut le journal favorable à Lally. Il a affirmé le fait, non pas seulement dans des conversations, mais dans une lettre écrite à Duval d'Éprémesnil, curateur pour la mémoire de Leyrit, lors de l'instance en révision du procès qui condamna Lally-Tollendal à mort. Et ce témoignage est si important, qu'il est impossible de ne pas citer cette lettre.

«J'ai reçu, Monsieur, écrivait-il à Duval d'Éprémesnil, le 4 juin 1780, de Paris, la lettre que vous m'avez fait l'honneur de m'écrire en m'envoyant votre plaidoyer. Vous désirez sans doute savoir ce que j'ai dit touchant le journal ou mémoire du Père Lavaur; le voici exactement:

«Lorsqu'après la mort de ce Jésuite, l'on me dit qu'on avait trouvé dans ses papiers un journal terrible contre M. de Lally, je répondis : Cela ne se peut pas; ce journal n'est sûrement pas de lui, ou, s'il en est, il faut donc qu'il en ait écrit deux différents. Car, lorsque je suis parti de l'Inde, lui, me donnant des lettres pour faire remettre en France à différents particuliers, et moi, lui ayant demandé comment il y parlait de nos affaires : Je vais vous le faire voir, me dit-il. Pour lors, il ouvrit son journal, le feuilleta avec moi depuis le jour de mon arrivée dans l'Inde jusqu'au jour où j'en partais, et m'y fit voir tous les événements de la campagne très-sagement et très-fidèlement racontés, et partout les plus grands éloges de M. de Lally.

« Comme ce fait est vrai, je l'ai dit, Monsieur, et je puis l'affirmer. J'ai encore ajouté, et je me le rappelle très-bien : « Je vois tant de méchanceté et de mensonge dans les imputations qu'on fait à M. de Lally sur les faits qui se sont passés sous mes yeux, pendant le temps que j'ai resté dans l'Inde, que je suis dans le droit de douter bien fort et même de ne pas croire un mot de ce qu'on lui impute depuis mon départ, jusqu'à ce qu'on me l'ait prouvé clair comme le jour. » Voilà, Monsieur, quels ont été et quels sont encore et mes propos et ma façon de penser.

« J'ai l'honneur, ajoutait-il en post-scriptum, de vous prévenir, Monsieur, que, ne sachant pas si ma lettre peut être de quelque utilité dans l'affaire présente, j'en vais faire passer la copie à M. de Lally-Tollendal avec copie de celle que vous m'avez fait l'honneur de m'écrire [1]. »

En présence de ce témoignage si affirmatif et si net, Duval d'Éprémesnil se récriait, disant : « Le Père Lavaur vous a montré, Monsieur, en feuilletant son journal avec vous, quelques endroits honorables pour M. de Lally sur l'expédition de Saint-David. Vous l'avez dit en France ; de là l'imagination de M. de Lally, très-féconde en ressources quand il s'agissait de mal dire et de mal faire, a tiré la fable des deux journaux et l'a portée jusqu'à vous attester.

« Au reste, permettez-moi de vous demander, Monsieur, si vous avez tenu, lu d'un bout à l'autre et de vos propres yeux le journal du Père Lavaur, au moment de

[1] Correspondance entre le marquis de Montmorency et Duval d'Éprémesnil. Paris, 1788.

votre départ de Pondichéry, ou s'il vous l'a lu ligne par ligne, *secretum meum mihi;* je crois bien que le Père Lavaur possédait cette maxime comme un autre, et j'ai peine à croire qu'il vous ait lu mot à mot tout son journal... »

Mais le marquis de Montmorency maintenait énergiquement ses affirmations en termes dédaigneusement laconiques : « J'ai reçu, Monsieur, répliquait-il, la lettre que vous m'avez fait l'honneur de m'écrire le 10 juin 1780. J'ai eu l'honneur de vous mander par la mienne du 4 de ce mois, *et mes propos* et ma *façon de penser*... Je n'ai rien à y ajouter de plus. J'ai l'honneur d'être, etc. »

Le marquis de Montmorency s'engageait encore plus. Comme Duval d'Éprémesnil avait écrit dans son second mémoire, à Dijon : « J'ose répondre que le marquis de Montmorency ne signera jamais qu'il tient le général Lally pour honnête homme », le marquis indigné publiait aussitôt cette déclaration : « J'ai toujours tenu et je tiens encore le général Lally non-seulement pour honnête homme, mais pour brave et zélé serviteur du Roi, parce que je l'ai toujours vu tel et que personne ne m'a fait encore voir le contraire. Je le dis, je le pense et je le signe. »

Enfin, la comtesse de la Guiche a déclaré hautement et à plusieurs reprises que le Père Lavaur, revenu de l'Inde, lui avait dit à elle-même avoir dressé un journal dans lequel la justification de Lally était portée au dernier degré d'évidence, et que ce général était aussi innocent que l'enfant qui vient de naître.

Le parlement de Paris, au cours du procès criminel

de Lally, refusa de recueillir le témoignage du marquis de Montmorency. Craignait-on sa déposition? Craignait-on ses révélations solennelles? Craignait-on de l'entendre s'écrier : « La base de l'accusation est absurde. Le Père Lavaur dressait deux journaux, un pour Lally, un contre; j'ai lu, moi, le journal pour! »

Le journal de Lavaur était une arme trop redoutable pour que les ennemis de Lally ne s'en servissent point. On le communiqua donc à toute la cabale. Des extraits s'en répandent dans Paris; Lally devient un objet d'exécration. Les cochers de fiacre crient à leurs chevaux récalcitrants : « Hue! Lally! »

Le débordement de l'opinion est tel, que le ministère s'intimide. Le Roi, assiégé par son conseil, hésite; il lui répugne de voir un lieutenant général, un vieux soldat, jugé par des *robins*. Sous la pression du flot, il cède enfin, mais comme Pilate. Les lettres patentes du 12 janvier 1763, il les signait, mais tristement. Il avait bien soin d'y insérer cette réserve : « Qu'on instruirait l'*affaire* en tout ce qui aurait trait aux faits de l'Inde. »

Le Parlement allait donc prononcer sur les actes de Lally; or le Parlement, avec sa furie d'opposition, sa lassitude d'obéissance, son besoin de s'affirmer comme une puissance dans l'État, sa joie de mettre sur la sellette un lieutenant général, un homme du Roi, constituait le tribunal le plus passionné, le plus détestable qui fut jamais! Il pouvait être juge en matière de finances; mais admettre qu'il pût décider de la valeur d'une opération de guerre, c'était absurde. Une assemblée de légistes délibérant sur des problèmes de stratégie, c'était ridicule. On n'avait pas suivi cette méthode grotesque lors du grand débat sur le Canada. Les magistrats chargés du procès, en hommes respectueux du droit, avaient retenu de l'affaire ce qui ressortissait des actes d'administration. Pour les faits militaires, ils s'en étaient rapportés à la compétence d'un conseil de guerre.

Pourquoi ne suivait-on pas la même procédure? Il faut en chercher l'explication à la fois dans la haine qu'inspiraient et le caractère et la personne même de Lally, enfin et surtout dans ce fait : c'est que le Parlement, qui reflétait les passions de la foule, se considérait comme un vengeur investi de la mission de mener à l'échafaud un familier du Roi!

Le souverain avait dit : « On examinera les actes de tous ceux qui ont été mêlés aux affaires de l'Inde. » Le Parlement répliqua qu'il « était indispensable de distinguer d'abord en ce qui concernait Lally, afin d'éviter la confusion entre les crimes de ce dernier et ceux reprochés à des coupables encore inconnus». Ainsi, Lally était déjà considéré comme un coupable!

Mais il ne suffisait pas de formuler la prétention de juger sur l'affaire de Lally, il fallait amener le Roi à l'admettre. Le moyen fut vite trouvé. Il n'y a, dirent les légistes les plus habiles dans l'art des condamnations, qu'à faire, en s'appuyant sur les lettres patentes du 12 janvier 1763, commencer une information par le Châtelet. L'instruction réunira, grâce aux témoignages, une base de présomptions assez forte pour que le Parlement retienne le procès. On prendra ainsi le Roi et l'inculpé dans une sorte d'engrenage.

Le calcul était juste. Bientôt, devant les interrogatoires et les dépositions recueillis par le lieutenant criminel, la couronne se vit forcée de rendre, le 1er avril 1764, de nouvelles lettres patentes pour investir le Parlement du débat.

Dès lors, on mène l'affaire tambour battant. Le 9 avril, le procureur général rend une nouvelle plainte volumineuse. Le même jour on décrète Lally de prise de corps[1]. Décréter de prise de corps un homme en prison depuis dix-huit mois, c'était presque de la bouffonnerie, quoique l'ordonnance fût le produit d'une fiction légale! Le 30 avril, on commença l'information.

Elle fut à la fois odieuse et ridicule. On ne la fit point porter sur les causes originelles qui avaient amené l'écroulement de l'empire français dans l'Inde. Il eût été trop facile à Lally de se disculper en argüant de ses instructions. On ne souleva jamais la question de l'évacuation du Dékan. On ne chercha ni à établir le bilan des ressources dont Lally disposait à son arrivée, ni à comprendre la marche et l'enchaînement des faits. Au lieu d'élargir le débat, on le rétrécit. Le rapporteur, imbu du journal du Père Lavaur, son *Credo*, n'est dominé que par l'unique pensée d'établir la preuve de la trahison qu'il affirme, et, dans cette vue, au lieu de juger de l'ensemble des opérations, il ne se préoccupe que des détails. Avec une habileté extraordinaire, il les plie, les rogne, les arrange au gré de sa thèse. Il ne cite, n'écoute que les témoins qui lui donnent raison. Et, naturellement, ce sont les plus tarés, les plus vils par leur position ou leur caractère. Il prête une oreille

[1] *Procès de Lally.* Archives nationales.

attentive aux sottises que débite Michelard, le palefrenier de Lally, et n'écoute pas Crillon, lorsque celui-ci s'écrie qu'il n'a jamais eu connaissance des prétendues malversations de Lally, qu'il n'a jamais vu dans aucune action du général quoi que ce soit de préjudiciable au service du Roi et de l'État, et qu'il ne peut que répéter la déposition faite par lui, lors de la première instruction par le Châtelet.

« Je suis, dit-il, parti de Lorient avec M. de Lally, et je suis arrivé dans l'Inde avec lui. Je n'étais plus dans l'Inde lors de la prise de Pondichéry; je l'avais quittée en mars 1760. Pendant tout mon séjour, je n'ai rien remarqué dans la conduite de M. de Lally qui ait paru contraire à ses devoirs. Je lui ai reconnu beaucoup de zèle et d'activité. Je l'ai vu partager les peines et les dangers de la colonie, et je n'ai remarqué en lui qu'un caractère peut-être un peu trop dur, qui lui aura attiré des ennemis.

« Quant aux abus d'autorité qu'on lui impute, je ne peux rien avancer à cet égard, car il faudrait que j'eusse connaissance de l'étendue des pouvoirs donnés à M. de Lally, pour pouvoir décider s'il en a abusé. Je n'ai aucune connaissance des prétendues malversations, concussions et déprédations reprochées à l'accusé.

« Si l'événement a été quelquefois contraire au bien du service du Roi, les vues de M. de Lally n'en ont pas été moins droites, et Lally a éprouvé des malheurs comme des succès.

« Je suis enfin bien éloigné de croire que l'on puisse justement accuser M. de Lally de haute trahison, par la connaissance que j'ai de la conduite de M. de Lally, de son caractère, de sa façon de penser. J'estime, au contraire, que de pareils soupçons sont très-mal fondés. Au surplus, je ne puis m'expliquer autrement sur les délits généraux énoncés en l'arrêt du Parlement. Je déclare que si l'on imputait à M. de Lally quelques crimes, dans quelques circonstances particulières qu'on indiquât, et si l'on me requérait, je pourrais alors m'expliquer d'une manière plus circonstanciée sur le fait particulier ou autres qui seraient à ma connaissance; mais qu'ignorant ce qu'on peut imputer en détail à M. de Lally, je n'ai autre chose à dire sur les délits vaguement énoncés dans l'arrêt de la Cour; qu'enfin, c'est tout ce que je sais. »

Le commissaire, ayant ouï Crillon, se tourne vers son greffier et lui dit : « Écrivez que monsieur n'a aucune connaissance de l'affaire du sieur de Lally. » Crillon proteste vivement. « Ce n'est là, s'écrie-t-il, ni le texte, ni le sens de mes paroles! Je n'ai pas dit un mot de cela! »

Le commissaire ne se démonte pas et répète au greffier : « Écrivez que monsieur n'a aucune connaissance de l'affaire du sieur de Lally. » L'impudence du commissaire irrite Crillon, qui se lève sur pied et, de l'air le plus haut, du ton le plus ferme, regardant en face le magistrat : « Monsieur, dit-il, ou j'ai le malheur de ne pas parler le français, ou vous avez celui de ne pas l'entendre. Je vous répète, pour la troisième fois, que je ne puis rien ajouter à ma déposition, parce qu'on ne m'a pas donné connaissance des faits qui ont été imputés depuis à M. de Lally; que je suis prêt à déposer aussitôt qu'on m'aura donné cette connaissance. Je vous déclare enfin que je ne signerai pas ce que vous voulez faire écrire. »

Le juge, légèrement honteux, dit au greffier : « Ceci mérite d'être remarqué; faites-y attention. — Oh! fait celui-ci, voilà déjà cinq ou six fois que la même chose arrive. »

On interroge ensuite Crillon sur le fait de la révolte de l'armée; on lui demande s'il approuve la proclamation de Lally aux troupes. Et comme, naturellement, il répondait « oui », le commissaire lui cite la phrase de Lally où celui-ci disait : « Je suis aussi prêt à me soulever que le soldat » et ajoute : « Que direz-vous d'un général qui, voyant son armée révoltée, lui écrit qu'elle a bien fait de se mutiner? » Crillon ne se laisse pas prendre au piége, ne se démonte pas. « Il est impossible, réplique-t-il, de juger une phrase qu'on détache de ce qui la précède, de ce qui la suit et des circonstances qui l'ont fait écrire; le général était bien éloigné d'approuver la défection des rebelles, cela ressort de la lettre elle-même, des négociations avec les chefs de la sédition. Moi-même, j'avais dans mes instructions un article qui m'enjoignait de leur faire sentir toute l'énormité de leur crime. — Eh bien, monsieur, reprend ironiquement le commissaire, vous conviendrez que votre succès doit s'attribuer moins à votre éloquence qu'à celle de l'argent que vous apportiez avec vous. »

Le rapporteur, Pasquier, dont d'Alembert et Voltaire ont tracé un sombre et repoussant portrait, caresse les témoins qui chargent l'accusé. Il menace ceux qui ne concluent pas dans le sens qu'il indique. Au mépris de l'équité, il accueille avec complaisance les mensonges, les faux témoignages les plus évidents.

Ainsi, le conseiller Moracin, l'ancien gouverneur de Mazulipatam, dépose qu'étant présent à un conseil mixte convoqué par Lally le 10 octobre, — Moracin se trompe de date; il veut dire le 8, — il s'y trouva [1] avec le brigadier Landivisiau, le chevalier Dure, le conseiller Courtin et le conseiller Nicolas. Ce dernier, prisonnier des Anglais et renvoyé sur parole, dit mystérieusement à Moracin et aux autres qu'étant prisonnier, il ne pouvait parler, mais qu'il avait un domestique fidèle qui pourrait bien révéler des choses importantes. « Le conseiller Nicolas, affirme Moracin dans sa déposition, s'étant retiré alors et ayant laissé son domestique, ce dernier dit qu'il arrivait du camp anglais; qu'il était sûr que cette nuit même la ville serait attaquée et escaladée; qu'il avait aidé lui-même à porter des échelles vers la porte de Villenour.

Cette découverte parut si importante « que je rentrai, dit Moracin, avec Courtin dans l'assemblée et que nous en fîmes part à ceux qui s'y trouvaient ». Il fut déterminé avant tout de pourvoir au salut de la place. Le brigadier Landivisiau prit sur lui de faire courir les sergents d'ordonnance pour avertir chacun de se trouver à son poste. Chacun étant accouru, on fut étonné de voir, sur les dix heures et demie, partir de la terrasse du Gouvernement deux fusées brillantes. Le sieur de Lally resta tranquille, bien que Landivisiau l'eût averti, vers les dix heures du soir, des ordres qui avaient été donnés. Le brigadier Landivisiau lui ayant demandé, le lendemain, ce

[1] Archives nationales; procès criminel : Lally, cartons 1396, 1397 X^{2B}.

que c'était que ces fusées, le sieur de Lally répondit : « Je suis un fin renard; j'en ai dépaysé bien d'autres. »

Il est difficile de trouver une déposition plus nette, plus claire, plus précise. Eh bien, elle est fausse! Landivisiau la dément absolument dans son interrogatoire : « C'est, dit-il, sur des rumeurs répandues dans la ville que je fis battre la générale et ordonnai que chacun passât la nuit à son poste... J'ai ouï dire que cette alarme avait été causée par le récit d'un noir de Pondichéry; mais je n'ai aucune connaissance personnelle du récit de ce noir, ni des circonstances qui ont produit l'alerte... Je ne sais si M. de Lally fut instruit de l'alerte... Je fus étonné de voir, au milieu de la nuit, partir deux fusées du Gouvernement; mais je ne pense pas que ces fusées eussent d'autres motifs que les inquiétudes ordinaires de M. de Lally et une précaution de plus pour tenir tout le monde en éveil. » Ainsi, il n'a pas vu le commandant en chef à dix heures; il ne lui a pas fait part des ordres donnés; il ne lui a pas demandé, le lendemain, pourquoi on avait tiré deux fusées à dix heures et demie du soir; il ne lui a pas entendu dire : « Je suis un fin renard. »

Moracin ne récolte que des démentis. Par exemple, il prétend qu'étant à dîner, le 18 janvier 1761, chez le capitaine de l'Inde Laff, le major anglais Gordon dit à lui et à Laff : « Nous comptions vous prendre par escalade la nuit du 7 au 8 octobre; les échelles étaient préparées pour l'attaque; mais deux fusées tirées du Gouvernement nous avertirent qu'on était sur ses gardes. » Le capitaine Laff, dans sa déposition, affirme qu'il n'a rien entendu de ce propos...

Le regard que le rapporteur jette sur Lally est le coup d'œil que l'on jette sur un criminel. Il est tenté, quand il interroge, de dire au déposant : Il faut conclure sur ce fait comme le Père Lavaur. Il recueille gravement les propos les plus saugrenus. Quelques fusées tirées pendant le blocus de Pondichéry, sur l'ordre de Lally, lui apparaissent comme la preuve capitale de la trahison. Autant de fusées, autant de signaux pour avertir les Anglais. Des militaires s'efforcent en vain de justifier le phénomène par des considérations techniques; il leur impose silence d'un ton indigné.

Son attitude est encore plus odieuse devant les contradictions des déposants; car à chaque instant, sur le fait le plus simple, les témoins se contredisent. Par exemple, à propos de la retraite qui suit la levée du siége de Madras, le palefrenier Michelard, — une autorité pour le rapporteur, — affirme que le général ramena l'armée à tire-d'aile dans Pondichéry. Landivisiau déclare que le commandant en chef gagna à toute vitesse Conjivaron. Un autre soutient que Lally évita Conjivaron, oubliant dans le trouble de la déposition que cette place était en notre pouvoir. La vérité, c'est qu'on gagna Conjivaron par étapes[1].

Deux témoins, Denis et Lecomte, déposent que lors de l'attaque des limites de Pondichéry, Lally ne parut que lorsque le combat fut terminé. Un autre, Le Noir, déclare qu'il resta tranquillement dans son lit pendant toute l'affaire. De Mesme affirme que le général se

[1] *Mémoire pour obtenir la révision du procès de Lally*, par son fils. Rouen, 1779.

promenait paisiblement sur la terrasse du Gouvernement à la vue de tous les habitants. Noirfosse, un conseiller de l'Inde, soutient que Lally était, non sur la terrasse, non dans son lit, mais à la tête des troupes; il ajoute même que, pendant l'action, il montra au général la facilité d'enlever cent cinquante Anglais qui, s'étant trop avancés, pouvaient être facilement enveloppés, mais que Lally méprisa cet avis et ordonna de ne point bouger.

Autre exemple typique, frappant, des contradictions des témoins, à propos du traité conclu par Lally avec le Maïssour, et dont le but était l'approvisionnement de Pondichéry. Vingt-quatre témoins déposèrent sur ce fait. Deux affirment que les Maïssouriens n'avaient plus de vivres, que leur convoi était disparu, lorsqu'ils se rassemblèrent sous les glacis de Pondichéry. Trois soutiennent, au contraire, que le convoi n'avait pas été entamé, qu'il arriva tout entier, qu'il ne trouva aucun obstacle pour entrer dans la ville. Trois prétendent que les Maïssouriens amenèrent quatre mille bœufs. Deux autres déclarent qu'il n'y en avait pas deux cents. Landivisiau, Boyelleau, Miran, Tasservelle, le chevalier Dure déposent qu'on n'a pas pu savoir ce qu'était devenu le convoi, qu'il a disparu on ne sait comment; qu'on n'en a eu aucune trace. Moracin, Noirfosse, Courtin, Denis, Le Noir prétendent qu'il a été vendu. Noirfosse dit que la vente a eu lieu sous les glacis de Pondichéry. Le Noir déclare, au contraire, que c'est à Trividy. Denis, Courtin ont entendu dire que cette vente avait été faite par les affiliés du sieur de Lally au profit de ce dernier. Genet soutient que ce fut le général du Maïssour qui trafiqua lui-même du convoi.

Moracin dit que Lally laissa les Maïssouriens mourir de faim et de misère. Dure, Courtin, Boyelleau, Gallard, Genlis savent que Lally a tiré des vivres des magasins de Pondichéry pour nourrir ces troupes auxiliaires.

Interrogé sur l'attaque des limites [1], Courtin et Lecomte accusent Lally d'avoir, la veille de l'attaque, affecté de placer hors des limites et dans les limites nombre de grosses pièces de canon, pour le seul résultat de les faire prendre par l'ennemi! Le chevalier de Genlis, qui commandait le principal poste des limites, reproche à Lally de ne lui avoir laissé pour toute artillerie qu'une pièce de vingt-quatre sans affût.

Le rapporteur semble prendre autant de plaisir à ces contradictions qu'aux dépositions de laquais discourant sur la stratégie. Les critiques du palefrenier Michelard lui paraissent le chef-d'œuvre de la raison. Le drôle, fier de l'effet qu'il produit, entre dans les détails, blâme les dispositions de Lally à la bataille de Vandavachy, dit que l'ordre était mauvais; que le général pouvait éviter l'explosion des caissons, qui amena la déroute, en laissant les poudres à quatre lieues de là, à Chetoupet, où l'argenterie de Lally était déjà en sûreté. Les munitions nécessaires au tir pendant le combat reportées à quatre lieues du champ de l'action! Une assertion si baroque suffisait pour justifier le renvoi du témoin. Le rapporteur, au contraire, l'invite à continuer son étrange cours de guerre.

[1] Les limites étaient une haie de sept toises d'épaisseur, formée des tiges du poivrier épineux, avec quelques épaulements pour les batteries.

Ce qui est singulier, c'est que cet homme, s'il émet des appréciations absurdes sur les faits de la campagne, a une connaissance extraordinaire des dates, des événements. Jamais espion ne fut renseigné comme lui. La vérité du fond, il l'ignore; mais il n'y a pas dans l'Inde une opération de guerre, un traité, un projet militaire ou politique, important ou secondaire, secret ou non, que Michelard n'ait appris, sur lequel il n'ait apporté son récit, donné son avis, exercé sa critique. Michelard est un théoricien, un chercheur des causes. Et s'il savait lire, on serait tenté de croire que lui aussi a rédigé, comme le Père Lavaur, un journal quotidien. Où ce drôle aurait-il pris tout ce qu'il a dit? Il n'est pas jusqu'aux effectifs des troupes dont il ne soit prêt à donner le chiffre. Et, chose bizarre! ses dépositions, Michelard les prononce d'abondance et en bonne langue, lui, le palefrenier.

Le fait frappa Lally. Dans la confrontation avec son domestique, il proteste énergiquement contre l'audition de ce témoin. « Il est impossible, s'écrie-t-il, que cet homme ait pu rassembler, et dans de bons termes, un amas d'impostures pareilles au contenu de sa déposition. Il est impossible pour un valet d'écurie de citer et de rendre compte de faits de guerre et de traités dont il ne pouvait y avoir même un officier de l'armée instruit, hormis ceux qu'il m'a plu d'employer à ces besognes. Il est plus qu'incroyable qu'un homme attaché au soin d'une écurie ose déciderdes postes avantageux ou désavantageux que je faisais prendre à l'armée... L'affectation de placer trois ou quatre absurdités, qui sont de son état, dans une multitude de faits rappelés avec précision, prouve que cette déposition n'est pas de lui... Je dédaigne de répondre à un piqueur d'écurie sur les bonnes ou mauvaises dispositions que j'ai prises avec l'armée. Il n'est jamais sorti de son écurie, et, à l'entendre, on dirait qu'il n'est jamais sorti de mon cabinet[1]. »

On recueillit les dépositions de plus de deux cents témoins. Celle de Bussy fut très-modérée ; il se contenta de raconter les faits où il avait été acteur. Dure fit son apologie, soutint que le point d'attaque à Madras avait été mal choisi, qu'on eût dû l'écouter. Landivisiau, dans un discours venimeux, s'appliqua à faire ressortir les fautes de son chef; mais pas un militaire n'accusa Lally de trahison. Ce fut, au contraire, le thème de la plupart des conseillers. Ils insinuèrent que Lally n'avait pas voulu prendre Madras, n'avait pas voulu gagner la bataille de Vandavachy, avait vendu Pondichéry.

Le patient faisait tête à l'orage avec son énergie ordinaire. Il se défendait pied à pied, en désespéré, contre ce déluge d'accusations toujours perfides, parfois odieuses, souvent ridicules. On discuta gravement sur le fait de *dix mille cipayes* trouvés dans les papiers dont Lally se serait emparé! Ainsi, Lally aurait mis dix mille hommes dans sa poche! Le rapporteur ignorait qu'un cipaye était un soldat indigène! Il fut question d'un présent nommé *waquil* reçu par Lally! Ainsi Lally aurait eu en cadeau un ambassadeur!

Lorsque Lally rendit compte dans son interrogatoire de ses dispositions à la bataille de Vandavachy, il dit, se servant du terme technique, que sa droite était en

[1] Archives nationales. Parlement; criminel. Procès de Lally.

l'air; on comprit dans l'air! Le commissaire crut à un sarcasme de l'accusé : « Votre talent pour l'épigramme, fit-il avec dureté, est connu; mais il ne s'agit pas de plaisanter avec la justice. »

Il a été question d'un « marché » que les Anglais avaient laissé établir entre leur camp et Pondichéry, dans le temps où ils voulaient affamer cette ville et lorsque le blocus resserrait le plus la cité, lequel marché n'avait pas duré longtemps, parce qu'on avait levé un impôt journalier sur chaque marchand pour l'emplacement de sa boutique, et parce qu'avant de lui faire payer le droit de vendre, on avait commencé par lui enlever toutes ses marchandises! On ramassait soigneusement toutes les sottises les plus énormes pour en faire des chefs d'accusation.

On reproche à Lally [1] comme une lâcheté de s'être placé sur le derrière de l'armée pendant une retraite. On lui a reproché d'avoir interdit un officier cassé [2]! S'il avait fait battre la générale [3], c'était sans doute pour occuper les assiégés et les empêcher d'entendre les mouvements de l'ennemi qui approchait ses batteries.

Si, pour prolonger la résistance de quelques jours [4], Lally avait fait mettre les fossés de Pondichéry à sec afin d'en pêcher le poisson, c'était sans doute pour satisfaire la haine qu'il avait manifestée aux habitants, en exposant la ville à une surprise.

Si, réduit à se rendre, il avait donné l'ordre de jeter

[1] Interrogatoire.
[2] *Id.*
[3] *Id.*
[4] *Id.*

à la mer les canons, munitions de guerre, agrès, etc., c'était sans doute afin de mettre l'ennemi de mauvaise humeur, pour qu'il maltraitât les habitants.

Si, ne pouvant plus tenir la campagne, il s'était replié en hâte sur Pondichéry, c'était sans doute pour finir la tragédie au plus vite, pour hâter un dénoûment qui l'embarrassait.

Un officier n'avait point exécuté les ordres que Lally lui avait donnés. Le commissaire chargé de l'interrogatoire trouvait bientôt et sans peine la raison de cet acte d'indiscipline; c'est que l'officier était de connivence avec le général pour ne pas obéir.

Lally avait échangé quelques mots en anglais avec Coote, au moment de la capitulation[1]. C'était, pour les magistrats du Parlement, prétexte à un fondement de plainte. Lally, sans aucun doute, avait dû dire au général anglais qu'il ne voulait pas de capitulation, et qu'il le suppliait de faire piller la ville et d'en abattre les maisons.

L'abomination se joignait au grotesque. Comme si l'affront de la sellette n'était pas assez cruel, on fit subir au malheureux général des insultes plus sanglantes encore. Alors qu'il n'était ni jugé, ni condamné, ni dégradé, on lui arracha la plaque de l'Ordre, qu'il portait sur la poitrine. Dans un interrogatoire, Pasquier, se retournant comme un furieux vers Lally, s'écriait : « Eh bien, je vous ferai rouer[2]! »

Au mépris du droit des gens, on refusa un conseil à

[1] Plainte du 24 avril 1764.

[2] *Mémoire pour la révision du procès de Lally*, par son fils. Rouen, 1779.

Lally. On eut l'infamie de priver un chef d'armée d'une garantie dont jouit le plus vil des criminels.

Enfin la religion du rapporteur fut éclairée ; il déposa son rapport.

La prétention de Pasquier, c'est d'avoir, à l'aide des interrogatoires et des témoignages, rétabli la synthèse du drame dont Pondichéry avait été le théâtre. Ce qu'il veut, ce n'est plus s'occuper des détails, mais examiner l'*ensemble.* Il déclare que ce qui ressort de l'ensemble, c'est que *Lally a accéléré la perte totale de la colonie, indépendamment des autres causes qui y ont contribué*, par ses abus d'autorité en tout point. Peut-on l'accuser de trahison ? Il faut distinguer, « car les principes, sur ce qu'on appelle trahison, sont si déliés, qu'ils ne s'aperçoivent pas du premier coup d'œil. Il y a plus d'une trahison. L'une, c'est la grossière, c'est la tradition lâche ou frauduleuse d'une place confiée au commandant ; l'autre est indépendante de celle qui devient évidente par la livraison de la place ou du poste, celle qui se prouve par l'ensemble des faits [1] ». Et alors le rapporteur dessinait un tableau des opérations de Lally, comme il les voyait lui-même à travers les mensonges et les perfidies du Père Lavaur. Cependant il n'ose parler que d'indices, que de soupçons, que d'intelligences suspectes, que de probabilités qui approchent de l'évidence. Il accuse le général de mauvaise volonté, de mauvaise humeur, de haine contre Pondichéry. Il affirme que les négociations de Lally furent ridicules, ses ordres absurdes, ses opérations mal combinées, ses

[1] Archives nationales. *Procès de Lally.*

expéditions des tissus de folies, sa capitulation un galimatias inexplicable. Il le représente comme un être inconséquent, comme un roi de théâtre, comme un malheureux atteint de démence. Mais il ne précise aucun crime, aucun délit. Il n'articule pas une fois le mot de traître, le mot de concussionnaire. L'incapacité, la démence ne sont pourtant pas punies par la loi! Mais cela n'empêche pas le rapporteur d'affirmer dans ses conclusions que s'il n'y a pas eu une trahison évidente, il y a une conduite digne de punition, il y a un crime de lèse-majesté au second chef[1], toujours de par l'ensemble. «Enfin, s'écrie Pasquier, la perte de l'honneur, l'opprobre, l'infamie, les peines pécuniaires les plus étendues ne seraient pas suffisantes pour expier un crime qui blesse la fidélité qu'un sujet doit à son Roi, d'un sujet qui, loin de répondre à la confiance dont on l'avait honoré, loin de reconnaître les grâces et les honneurs dont on l'avait comblé, a préféré se livrer aux dérèglements de son cœur et de son esprit, pour n'écouter que ce que lui inspiraient les noires passions de la haine, de la jalousie, peut-être même d'une basse cupidité!... Nous ne pouvons laisser passer sans une punition effrayante la conduite d'un homme qui n'a réuni l'autorité la plus étendue que pour en abuser, qui a fait servir l'éloignement où il était des regards du souverain pour détourner, s'il l'avait pu, sur des innocents la trame et la conviction de sa mauvaise conduite, et qui, ayant été assez mauvais chef pour préférer ses idées, ses vues tortueuses, ses volontés atroces au bien

[1] *Procès de Lally*. Archives nationales.

réel de la colonie, ne mérite pas d'être conservé au rang des humains. » Ainsi, le rapporteur déclara coupable d'avoir trahi les intérêts du pays un homme qu'on n'avait pu convaincre ni de concussions, ni d'intelligences avec l'ennemi, ni de trahison!

Cependant Lally, l'âme déchirée, plein d'horreur pour les hommes, se redressait, fort de son innocence, sous la boue qu'on lui jetait à la face. Ni les affronts, ni les calomnies, ni les épreuves de la prison, si dures pour un vieillard, ni la contention d'esprit qui lui avait été nécessaire dans les interrogatoires où s'usent les plus forts, n'avaient abattu son courage. Dans ce duel affreux avec le rapporteur, il n'avait pas cédé un instant; il avait gardé sa fierté d'attitude, la bonne foi, le sarcasme, le dédain pour ses juges, en même temps que le respect de lui-même. Et pourtant, en face de la haine qui l'enveloppait, il avait l'intuition qu'il était perdu. Il revit le Christ devant Pilate; il se souvint du Calvaire, du Juste mis à mort par les hommes. Si l'incarnation de l'innocence n'avait pu échapper à la méchanceté des humains, pourquoi y échapperait-il lui-même? « Il n'y a pas en France, écrivait-il à une amie [1], une personne assez courageuse, je ne dis pas pour oser prendre ma défense, mais pour oser seulement témoigner un intérêt un peu vif aux injustices que j'éprouve. Il n'y a pour me condamner qu'un moyen, celui de m'empêcher de me défendre... On l'a employé en me refusant un conseil. Que voulez-vous que j'ajoute à ce mystère d'iniquité? Tout mon crime, aujourd'hui, est d'être inno-

[1] Mademoiselle Dillon.

cent. Plaignez-moi, mais oubliez-moi le plus tôt que vous pourrez. »

La conviction de sa perte n'impliquait pas aux yeux de Lally l'abandon de la lutte. Avec ses idées de soldat, il estimait que le devoir lui commandait de résister jusqu'au bout pour la réputation de l'armée, la gloire de la couronne et l'honneur de lui-même. Beaucoup de foi dans des traditions reçues dans l'enfance, pratiquées toute la vie, une forte dose d'élévation morale, c'étaient là les uniques soutiens du prisonnier.

Pendant les longues heures de consomption à la Bastille, il avait écrit le récit de la campagne terminée par la capitulation de Pondichéry. Il le publiait, au début du procès, sous ce titre, qui était comme la philosophie du livre : *Tableau historique de l'expédition de l'Inde.* Il racontait les faits plus qu'il n'attaquait les hommes. Le ton modéré qui marquait ces pages avait fait peu d'effet sur l'opinion... Les calomnies du procès le décidèrent à publier un nouveau mémoire. Il l'intitulait : *Vraies causes de la perte de l'Inde,* et c'était, cette fois, un réquisitoire contre les conseillers et contre Bussy.

Ce dernier répliqua par la publication de sa correspondance[1] avec Lally et Leyrit. Il se contentait de la faire précéder d'une courte justification de ses actes, faite avec son tact et son habileté politique si redoutable. Le venin, il était dans les notes qui accompagnaient chaque lettre, qui rapprochaient les faits dans un enchaînement terrible. On suivait pas à pas les progrès de la haine de Lally contre son rival, le duel des

[1] *Mémoire pour Bussy.* Paris, Lambert, 1766.

deux politiques, les humiliations du conquérant du Dékan, sa patience, sa résignation, les fureurs, les injustices du général. Bussy n'accusait pas; il racontait. Il ne s'écriait pas, à la façon de Pasquier : « Le commissaire royal est un traître » ; il disait : « Voilà comment il m'a traité, moi, le dominateur de l'Inde. » Et de cette lecture on emportait l'impression que la conduite du général envers Bussy avait été odieuse, que Lally était le plus méchant des hommes. Et l'opinion redoublait de rage contre l'accusé. Paris accusait le Parlement de mollesse, réclamait furieusement la tête du scélérat[1]. La grande ville a de ces iniquités; car Paris a plus de cœur que de raison.

Alors Lally se décida à livrer la bataille suprême. Dans une requête dite d'atténuation, signifiée au procureur général le 31 mai 1766, il établissait ses moyens de défense par des preuves littérales. Ces pièces, c'étaient d'abord les trois volumes de mémoires in-4°, puis la délibération du conseil de guerre tenu pour la capitulation de Pondichéry, la correspondance militaire et administrative, enfin les instructions du Roi et des ministres, ces instructions auxquelles il n'avait que trop obéi, ces instructions qui justifiaient sa conduite, ces instructions qu'il ne s'était pas cru en droit de montrer jusque-là[2].

Pour lire ces documents, qui formaient la matière de plus de huit volumes, il eût fallu au moins dix jours. On trouva que ce serait trop long, qu'il était plus simple

[1] Lettre de madame du Deffand.

[2] Les instructions ne sont pas dans les pièces du procès gardées aux Archives nationales. Elles sont aux Archives de la marine.

de passer outre. Mais on recula devant un tel aveu. On trouva un expédient, ce fut d'insérer dans l'arrêt : « Vu la requête du sieur Lally et les pièces jointes et énoncées. » Point de doute sur ce fait, que ni le rapporteur ni le président Maupeou ne prirent connaissance des pièces. Elles furent remises le samedi 3 mai, à dix heures du soir. Le lundi 5 mai se passa en interrogatoires. Le jugement fut rendu le 6 mai au matin! On avait refusé un conseil; on n'écoutait pas la défense, c'était logique! Le doyen des substituts du procureur général, l'honnête Pierron[1], employa en vain son énergie pour sauver l'innocent. Un moment il espéra. Mais Lally ne pouvait pas être sauvé.

Le 6 mai 1766, au matin, l'arrêt fut rendu au parlement de Paris, la grand'chambre assemblée. Lally fut déclaré atteint et convaincu d'avoir trahi les intérêts du Roi, de son État et de la Compagnie des Indes, d'abus d'autorité, vexations et exactions envers les sujets du Roi et étrangers, pour réparation de quoi il était privé de ses états, honneurs et dignités, et condamné à avoir la tête tranchée par l'exécuteur de la haute justice, sur un échafaud dressé à cet effet en place de Grève. Un juge avait trouvé ce genre de mort trop doux. Il avait opiné pour le supplice réservé aux assassins les plus odieux, la roue! Tous les biens de Lally étaient confisqués et acquis au Roi, après prélèvement fait de 10,000 livres pour les pauvres de Paris et de 30,000 livres au profit des malheureux habitants de Pondichéry[2]. Le

[1] Voir le *Mémoire pour la réhabilitation de Lally*, par son fils.
[2] *Procès de Lally*. Archives nationales.

Parlement était plein de sollicitude pour les déshérités de ce monde, s'il foulait aux pieds les innocents!

On connut, à Paris, l'arrêt le jour même où il fut rendu. Mademoiselle Dillon, l'amie de la dernière heure, éperdue, hors d'elle-même, écrivit au Roi : « Sire, on m'empêche d'aller me jeter aux genoux de Votre Majesté... Ce n'est pas grâce que je demande, c'est justice. Que Votre Majesté fasse venir MM. de Montmorency et de Crillon; le premier dira s'il a été entendu, le second dira comment il l'a été. Sire, je vous en conjure, par le sang que mon cousin a répandu pour votre service, par celui de mes deux frères morts en combattant pour Votre Majesté, daignez nous accorder un délai de six semaines; il ne fera que manifester davantage l'équité des juges, si leur arrêt est trouvé juste après l'examen du procès. »

Louis XV n'était pas l'égoïste de la légende [1]; c'était un caractère sensible et bon, mais essentiellement faible. Il crut que le devoir lui commandait de faire taire les élans de son cœur et de laisser agir ses magistrats. Il se boucha les oreilles pour ne pas entendre les prières désespérées de mademoiselle Dillon; son trouble n'en frappait pas moins tous les yeux; il sentait peser sur lui tout le poids de l'iniquité. Il demeura agité pendant les trois jours qui s'écoulèrent entre le prononcé de l'arrêt et le supplice. La veille de l'exécution, à son coucher, il parut plus anxieux que le patient ne l'était lui-même. Lally dormit d'un sommeil paisible cette nuit-là. Le Roi se réveilla à plusieurs re-

[1] *Mémoires de Cheverny*.

prises, demandant avec angoisse quelle heure il était!

Le 8 mai 1766, on transféra Lally de la Bastille à la Conciergerie. Le gouverneur de la Bastille fut humain; il laissa au captif ce qu'on a coutume d'enlever aux condamnés à mort; il permit à Lally d'emporter des bijoux, quelques reliques, tristes épaves de tendresse et d'amour, et une cassette de mathématiques.

A la Conciergerie, une tourbe de geôliers entoure le condamné; on le fouille, on le dépouille de ses bijoux, on va jusqu'à lui arracher les boucles de ses souliers et de ses jarretières. Le 9, au matin, on le réveille, on lui annonce qu'il est temps de descendre à la chapelle. Il est debout. Un geôlier le culbute d'un coup de genou dans le ventre et lui prend sa montre. Lally reste impassible sous l'outrage.

Arrivé à la chapelle, il aperçoit, dans la pénombre, des greffiers, des gardes, et dans la pleine lumière de de la voûte, sept bourreaux et un confesseur. Brusquement, on lui ordonne de se mettre à genoux. Il laisse flotter un regard triste et ne prononce que ces trois mots : « A genoux!... Mon arrêt!... Un confesseur! » Le greffier lit d'une voix tremblante le jugement. Il arrive à ces mots : « Convaincu d'avoir trahi les intérêts du Roi. » Lally se soulève et s'écrie d'une voix vibrante : « Cela n'est pas vrai; je n'ai jamais trahi les intérêts du Roi! »

Un bourreau s'approche. Lally le contemple, silencieux d'abord; puis tout à coup : « Sur quelles têtes frappe donc la foudre, s'écrie-t-il, si elle épargne celles des assassins? » Il semble calme. Dominés par la grandeur de son attitude, les greffiers et les gardes lui laissent un moment de liberté... D'un geste brusque, il tire un compas de sa poche, et, les yeux levés vers le ciel, se frappe dans la région du cœur. Il chancelle; on se précipite sur lui. Il est debout...; la pointe du compas a rencontré une côte; le coup a dévié. Il secoue la tête d'un air égaré et ne prononce que ces mots : « Ce n'est pas ainsi que Dieu veut que je périsse. » Dès lors il s'abandonne à ses bourreaux.

On lui annonce les commissaires au procès. Il fait un geste de refus : « Dites à ces messieurs qu'ils se retirent. Je dois et veux les croire honnêtes; mais un honnête homme peut se tromper... il est triste que j'en sois la victime. »

Enfin, le bourreau s'approche, tenant dans la main un bâillon. Lally a un frémissement; il le domine et se soumet. Un dernier affront l'attendait. Il avait le droit d'être conduit au supplice dans son carrosse drapé de deuil; il trouve à la porte le tombereau réservé aux assassins! Il proteste contre l'injure. On le pousse sur la charrette...

Il arrive enfin à la place de Grève, au pied de l'échafaud. Il promène un regard tranquille sur la foule, qui hurle, heureuse de contempler l'alléchant spectacle d'un grand seigneur qu'on va décapiter. Il murmure de sa voix enchaînée : « Je meurs innocent. » Et, se retournant vers le bourreau : « Ote-moi ces liens. J'ai assez vu la mort de près pour qu'on me coupe la tête sans m'attacher les mains. » Le bourreau reprend : « Monsieur, c'est l'usage. » — « En ce cas, faites. » On lui bande les yeux. « Qu'attend-on? » demande-t-il au bout d'un moment. — « Il n'est pas temps encore. » Enfin, on lui ôte son bâillon. « Attends que j'aie fini de prier, et surtout ne frappe que quand je te le dirai. » On ne lui obéit pas; on ne veut pas lui accorder la suprême satisfaction de commander le coup qui doit lui donner la mort. La hache s'abat et porte à faux... Un bourreau saisit la tête par les oreilles, un autre les jambes, un troisième lui scie le cou. On lui arrache enfin la tête...

A ce moment un enfant de quatorze ans accourait, désespéré, sur la place, « pour embrasser un père sur l'échafaud, pour lui faire entendre la voix d'un fils parmi les cris des bourreaux ». Cet enfant, qui arrivait trop tard, c'était Gérard Trophyme, le fils légitimé de Lally, à qui l'infortuné avait légué sa mémoire et son innocence. L'enfant devait, après vingt ans d'efforts et d'éloquence, obtenir la révision du procès de son père.

Cependant Paris battait des mains « devant le grand acte de justice ». Le cadavre de Lally lui semblait un trophée pour la vanité de ses passions les plus basses, et madame du Deffand écrivait à Walpole[1] : « Lally est mort comme un enragé... On avait peur qu'il avalât sa langue; on lui mit un bâillon... On a été content de tout ce qui a rendu le supplice plus ignominieux, du tombereau, des menottes, du bâillon. Ce dernier a rassuré le confesseur, qui craignait d'être mordu... Lally était un grand fripon et, de plus, il était fort désagréable...! » Cette abominable lettre fut l'oraison funèbre de Lally.

Cette exécution en place de Grève d'un vieux soldat, c'était un assassinat avec des formes légales. Lally n'était pas un traître.

[1] *Lettres de madame du Deffand.* Édition LESCURE. E. Plon et Cie.

« Trahissait-il son Roi [1], lorsque, devant Saint-David, il piochait la terre, creusait la tranchée, tirait des chariots? Trahissait-il son Roi, lorsque, pendant ce même siége, il volait à Pondichéry, payait de son argent les matelots qui refusaient de servir et forçait l'escadre à reprendre la mer? Trahissait-il son Roi, lorsqu'il courait attaquer Madras, lorsqu'il avançait soixante mille roupies pour les frais de cette expédition?

« Trahissait-il son Roi, lorsque, avec son argent, il ramenait sous ses drapeaux une armée entière révoltée, à qui l'administration de Pondichéry devait dix mois de solde? Trahissait-il son Roi, lorsque, toujours avec son argent, il remplissait les magasins de la colonie, lorsque, n'ayant plus d'argent, il sacrifiait ses effets, sa vaisselle, sa montre, pour procurer à cette colonie quelques mesures de riz de plus, dans l'attente de l'escadre? Trahissait-il son Roi, lorsque, sans argent, sans vaisseaux, sans vivres, il défendait la place pendant neuf mois? Trahissait-il son Roi, lorsque, la surveille de la reddition, sur le bruit d'une entreprise formée par l'ennemi, accablé par la maladie, il se faisait transporter dans un lit sur les remparts pour faire distribuer aux canonniers exténués la dernière pièce de vin qui lui restât? »

On n'avait pas le droit de condamner cet homme. Oui, il avait manqué du sens politique le plus élémentaire; oui, il s'était montré organisateur incapable, général sans grandes vues; oui, il avait fait preuve d'enté-

[1] Discours du fils de Lally-Tollendal dans l'interrogatoire au parlement de Dijon, 13 août 1783.

tement, de rancunes, de jalousies, d'emportements de caractère, de faiblesses et d'illusions; mais en même temps il avait déployé une solidité de bravoure, d'ardeur, d'amour du bien public, qui aurait dû le faire absoudre par des juges plus soucieux d'obéir au devoir que de partager les passions d'une foule exaspérée. Il avait accumulé fautes sur fautes. Ainsi, dans ses rapports avec le conseil, il s'était montré dépourvu de sens politique; il n'avait su inspirer autour de lui ni la confiance ni la crainte; il n'avait su ni tourner ni briser les résistances.

Devant les abus, les concussions, les vols, il s'était emporté, il avait eu des accès de fureur. Mais c'étaient là des faits de caractère qui ne devaient surprendre personne. D'Argenson n'avait-il pas pris lui-même soin de signaler ces penchants à l'irascibilité, quand il avait dit aux délégués du comité secret de la Compagnie, qui venaient lui demander d'appuyer la nomination de Lally au commandement de l'armée de l'Inde : « Vous vous méprenez; je sais mieux que vous ce que vaut M. de Lally; mais il faut le laisser en Europe. C'est du feu que son activité. Il ne transige pas sur la discipline, a en horreur tout ce qui ne marche pas droit, se dépite contre tout ce qui ne va pas vite, ne tait rien de ce qu'il sent et l'exprime en termes qui ne s'oublient pas. Tout cela est excellent parmi nous. Mais, dans nos comptoirs d'Asie, que vous en semble? A la première négligence qui compromettra les armes du Roi, à la première apparence d'insubordination ou de friponnerie, M. de Lally tonnera, s'il ne sévit pas. On fera manquer ses opérations pour se venger de lui.

Pondichéry aura la guerre civile dans ses murs avec la guerre extérieure à ses portes. » Et ces prédictions fatidiques s'étaient entièrement réalisées.

Mais, dira-t-on, il y a une accusation plus grave à porter contre Lally : c'est de n'avoir rien compris à la question de l'Inde; c'est de n'avoir eu que des projets d'étroitesse au lieu de la politique large et puissante que conseillait Bussy; c'est, enfin, d'avoir voué à ce dernier une haine injustifiable! Eh! qui a dit que Lally était un grand homme? C'était surtout un orgueilleux, convaincu que la raison elle-même avait inspiré ses plans. Et ce fut précisément parce qu'il n'avait aucun doute sur la valeur de ses projets qu'il se montra si hostile à Bussy. Enfin, a-t-on le droit de reprocher à Lally l'infériorité de son génie politique? Il avait du bon sens, et, livré à lui-même, peut-être fût-il venu à l'application des idées de Dupleix. Mais il était enfermé dans ses instructions. Il était tenu de leur obéir et, par cela même, d'accumuler les fautes. Elles étaient le résultat inévitable de la ligne de conduite que le ministère lui avait imposée.

N'étaient-ce pas les instructions du cabinet qui lui avaient ordonné l'évacuation du Dékan et, par conséquent, la rupture forcée avec Bussy? N'étaient-ce pas ces instructions qui lui défendaient toute ingérence dans les démêlés des princes du pays, tout traité avec ceux-ci, et qui lui enlevaient ainsi tout moyen de nourrir et de payer ses troupes? N'étaient-ce pas ces instructions détestables qui lui représentaient comme dérisoire le plan de conquête mis en œuvre par Dupleix et Bussy? Et ces instructions fatales, le gouvernement ne les rappelait-il pas à l'infortuné général, dans une lettre écrite par M. de Boullongne, le 6 février 1758, un an et demi après le départ de l'expédition? « Le projet d'avoir de grandes possessions de terre[1], disait le ministre, et d'entretenir des troupes auprès du soubab du Dékan, n'a jusqu'ici produit d'autre effet que d'enrichir quelques officiers particuliers et d'épuiser la Compagnie en hommes, en argent et en munitions de toute espèce. Il y a apparence que si l'on avait pu envoyer au Bengale les secours que l'on a été obligé de faire passer à M. de Bussy, sous les ordres de M. Law, on aurait pu se garantir de l'échec essuyé à Chandernagor.

« La dernière révolution du Dékan a néanmoins produit le bon effet de faire sentir à Bussy même la nécessité de se retirer d'un pays qui ne couve que des trahisons et où l'on finirait par perdre toutes les troupes que la Compagnie y aurait.

« Il vous sera désormais d'autant plus facile de vaincre le préjugé sur ce dangereux système qu'il y a lieu de présumer que le conseil supérieur de Pondichéry concourra à tout ce que vous pourrez projeter pour y réussir. Vous ne pouvez mieux faire que de vous concerter avec lui et surtout avec M. de Leyrit, qui paraît par ses dernières lettres sentir les dangers et les inconvénients de maintenir une armée dans le pays de Golconde. L'objet de la Compagnie est de se borner à des établissements de commerce sur les côtes et à un terrain circonscrit autour de ces établissements. »

[1] Archives du ministère de la marine, fonds des colonies.

Se borner à ne vouloir être qu'un négociant modeste dans l'Inde et en même temps vouloir chasser les Anglais de ce pays, déjà presque entièrement soumis à leur joug, quelle prétention grotesque et quel aveu d'impuissance et de sottise ! Est-il possible qu'un gouvernement soit arrivé à concevoir et à appliquer un système de politique aussi puéril ?

Le grand tort de Lally fut de ne pas comprendre la situation de l'Inde et d'obéir aux ordres du gouvernement. Ce fut là son crime, celui que l'histoire a le droit de retenir et de juger. S'il eût jeté ses instructions à la mer, s'il eût repris la politique de Dupleix, s'il se fût inspiré des conseils de Bussy, ce n'est pas la reine d'Angleterre qui porterait aujourd'hui le diadème d'impératrice des Indes !

Mais qui donc reprochera à un soldat de se conformer à sa consigne ? Est-ce de sa faute si celle-ci conduit à la défaite ? La responsabilité de la perte de l'Inde, c'est sur le ministère qu'elle retombe tout entière. Il recommanda un système politique funeste, et quand il eut, comme à plaisir, créé le danger, il ne tenta rien pour le conjurer, il n'envoya ni un écu ni un homme de renfort au malheureux général, dont l'armée périssait de faim sous les balles.

Ainsi, l'humiliation pour la France, Pondichéry ruinée, incendiée, détruite de fond en comble, un grabat pour Dupleix mourant, la tête de Lally roulant sous la hache du bourreau : voilà le dénoûment tragique de cette lutte de dix ans pour la possession de l'Inde. Et ce dénoûment, il est forcé, inévitable, car il est dans la loi des choses. Aux peuples qui s'abandonnent, aux gouvernements qui n'ont ni la volonté des sacrifices, ni l'intelligence politique, ni la ténacité, ni le courage, le désastre à la fin. Il ne suffit pas à un ministre de dire : « Je fonderai un empire colonial » ; il lui faut une conception nette et virile des lois qui vont présider au développement de ce qui n'est encore qu'un embryon.

Cette conception, le cabinet de Versailles ne l'eut pas. Il ne sut point reconnaître les lois des formations coloniales, et par cela même il ne sut point organiser les établissements d'outre-mer. Il ne chercha pas à leur communiquer l'étincelle qui donne la vie. Il ne vit point que ses possessions du Canada, de la Louisiane, des Antilles, de l'Inde, étaient autant de cellules particulières, d'individualités propres, qui, pour vivre et croître, exigeaient chacune le libre développement de leurs organes.

Il resta sourd, aveugle, inerte, muet devant cet axiome : un régime politique spécial pour chaque colonie, car chaque colonie se meut dans un ordre de climat, de peuples, de mœurs, de caractères absolument dissemblables. Cela est si clair que, pour résoudre la question, il suffit de la poser. Peut-on donner le même organisme politique au Tonkin, à la Nouvelle-Calédonie, à l'Algérie, alors que sur ces terres habitent des peuples de race chinoise, calédonienne, arabe, aux mœurs, aux religions si opposées, aux instincts pacifiques ou belliqueux, alors surtout qu'il faut les soumettre sans trop de peine au joug du conquérant? Non! Mais cette loi, l'Angleterre l'a comprise la première. Si ce fut Dupleix qui, un des premiers, dirigea les courants dont les flots apportent les matériaux nécessaires à la fondation des empires d'outre-mer, Clive, plus heureux, éleva, en mettant à profit la science de son rival, un édifice grandiose et fort qui, pendant de longs jours, défiera encore les atteintes du temps.

Telle qu'une algue essaime ses sporules, l'Angleterre essaima ses colonies ; mais, supérieure à l'algue, qui ne peut vivre que dans certaines eaux, elle contraignit, à force d'intelligence et d'énergie, les rejetons détachés d'elle-même à se plier aux conditions du milieu nouveau où ils allaient vivre, tout en gardant la force originelle de leur mère. L'Angleterre s'est répandue sur toute la terre, en ne demandant aux peuples qu'elle asservissait que de rendre à l'Angleterre ce qui appartenait à l'Angleterre, en appropriant son système politique au milieu où il devait se développer.

Elle a conquis l'Inde par des protectorats savants ; il y a encore des États nombreux qui gardent leurs princes souverains et n'en obéissent pas moins au résident de la Reine. Elle détient toujours le Canada, où l'œuvre de domination semblait plus difficile, puisque là elle se heurtait à une population française plus nombreuse que les conquérants, et si ancrée dans ses traditions d'origine qu'elle a gardé malgré tout sa langue et son génie de race. Enfin elle a créé de toutes pièces cette magnifique colonie d'Australie, qui, déjà si forte, croît et croîtra longtemps encore en grandeur et en richesse.

Et la raison de tous ces prodiges, c'est que l'Angleterre a su organiser son empire, c'est qu'elle a su reconnaître la première qu'il faut ramener les différentes formes de colonies à ces trois types : le premier, où l'on peut exercer une domination entière, grâce à l'apathie des populations, comme l'Inde; le second, où il est nécessaire, pour régner, de laisser au vaincu une grande autonomie et une grande liberté, comme le Canada; le troisième, enfin, où il est possible d'exterminer la race aborigène pour s'établir sur ses ossements, comme l'Australie. Voilà la cause capitale de l'épanouissement de la famille anglaise sur le globe...

Aujourd'hui que la France semble vouloir reprendre au delà des mers le système d'expansion que sa situation géographique, la configuration de ses côtes baignées par trois mers, l'énergie de ses matelots, l'énergie du vieux sang gaulois lui commandent, il est peut-être bon de rappeler ces drames du passé. On y puisera du moins la conviction qu'un pays qui veut s'épandre aux extrémités du monde doit avant tout s'appuyer sur un code de politique coloniale mûrement étudié, nettement défini, dont le jeu ne gênera en rien ni la défense ni la liberté d'action de la métropole. L'histoire fournit les éléments de cette politique; mais aujourd'hui l'histoire a la destinée de Cassandre, dont on méprisait les avis, quand on daignait s'arrêter parfois pour écouter ses vaines prédictions.

FIN.

TABLE DES MATIÈRES

CHAPITRE III

ÉVACUATION DU DÉKAN.

CHAPITRE IV

PREMIÈRES DISCORDES.

CHAPITRE V

SIÉGE DE MADRAS.

CHAPITRE VI

MÉSINTELLIGENCE ENTRE BUSSY ET LALLY.

CHAPITRE VII

L'ABANDON ET L'ÉPUISEMENT.

CHAPITRE VIII

BLOCUS DE PONDICHÉRY.

CHAPITRE IX

PROCÈS ET EXÉCUTION DE LALLY-TOLLENDAL.

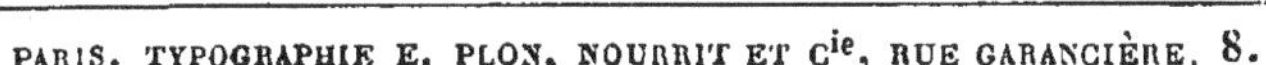

PARIS. TYPOGRAPHIE E. PLON, NOURRIT ET Cie, RUE GARANCIÈRE, 8.

www.ingramcontent.com/pod-product-compliance
Ingram Content Group UK Ltd.
Pitfield, Milton Keynes, MK11 3LW, UK
UKHW020428200726
13857UKWH00002B/326

9 782012 891074